Jerg Ratgeb – Spurensicherung

Ute-Nortrud Kaiser

JERG RATGEB – Spurensicherung

Ausstellung:

Karmeliterkloster, Frankfurt, Münzgasse
6. Juni bis 18. Juli 1985

Reuchlin-Haus, Pforzheim
21. Juli bis 1. September 1985

Historisches Museum Frankfurt am Main

Kleine Schriften des Historischen Museums Frankfurt am Main
Band 23

Ausstellung und Katalog: Dr. Ute-Nortrud Kaiser
Gesamtherstellung: HIGRA-Werbung, Runkel 7 - Ennerich 1985, Telefon 06482/2005
Verlag: C. A. Starke, Limburg 1985
ISBN - 3-7980-0225-8

Vorwort

Jerg Ratgeb ist ein Maler der Zeitenwende des frühen 16. Jahrhunderts. An der Schwelle vom Mittelalter zur Neuzeit ist er Weggenosse von Albrecht Dürer, Lucas Cranach d. Ä., Tilman Riemenschneider, Hans Baldung gen. Grien und Hans Holbein. Als Matthias Grünewald den Isenheimer Altar schuf, entstand Ratgebs Wandmalerei im Frankfurter Karmeliterkloster. Spätmittelalterlich-gotisches Stilempfinden und von der Passion Christi, von der eschatologischen Grundstimmung des Jahres 1500 geprägte Frömmigkeit ringen mit dem Rationalismus der Renaissance und der Humanisten. Es ist die Zeit des „Hexenhammers", der Inquisition und zugleich die der „Ratio studii" des Erasmus von Rotterdam. Neue Dimensionen der Raum- und Zeiterfahrung verändern das Weltbild von Grund auf: Columbus, Vasco da Gama, Maghelaes erschließen neue Kontinente und begründen die Weltmachtstellung Spaniens und Portugals.
Der im Handel erworbene Reichtum ermöglicht die Blüte der Kunst: Das Frankfurter Patriziat spielt eine herausragende Rolle als Stifter von Ratgebs Wandgemälden.
Dem Vorwärtsdrängen des Geistes, dem planvollen Aufbau des Fürstenstaates, dem Wandel der Heeresverfassung und der von den neugegründeten Universitäten her drängenden Systematisierung der Rechts- und Lebensverhältnisse stellt sich eine mächtige Bewegung mit dem Appell an das Hergekommene, an das alte Recht, an Einfachheit und Klarheit der Lebensführung entgegen: das Aufbegehren der Ritter, die Unruhe der Bauern, der Kampf des schwäbischen Städtebundes gegen Herzog Ulrich und – zumindest vom Anfang her – die Reformation des Martin Luther.
Frankfurt war zur Zeit der Entstehung von Ratgebs Wandgemälden Schauplatz einer tiefgreifenden politischen Zäsur der Reichsgeschichte. 1519 starb Kaiser Maximilian I. Im gleichen Jahre wurde Karl I. von Spanien als Karl V. zum Kaiser gewählt, unterstützt durch das Geld der Fugger, gegen Franz I. von Frankreich. Kardinal-Erzbischof Matthäus Lang von Salzburg, Bernhard von Cles, Bischof von Trient, Friedrich II., Pfalzgraf bei Rhein und Herzog von Bayern, Casimir, Markgraf von Bandenburg: die Karl V. tragende Koalition der Reichsfürten waren zugleich hervorragende Stifter für Ratgebs Wandmalerei. Unmittelbar vor der Reformation stand das Karmeliterkloster auf dem Höhepunkt seiner Macht und Geltung. Das Frankfurter Patriziat, allen voran Claus Stalburg der Reiche und die Familie Frosch erstrebten die Grablege bei den Karmeliten. Die Geschichte des Karmels, der Blick auf das Heilige Grab, schuf Gewißheit in der Rechtschaffenheit eigenen Tuns und bestärkte eigene Heilsgewißheit.

Jerg Ratgeb war ein Mann mittelalterlichen Denkens, ein Mensch voll Tatkraft, voll Energie, voll Stolz. Seine Kunst war religiös motiviert, war, gerade in ihrem expressiven Stil, ihren leuchtenden Farben, ihrer Unruhe und ihrer visionären Kraft ein Element des Beharrens in einer sich zu mehr Zweckrationalität wandelnden Welt. Sein Werk aus den Kämpfen um Privilegien, Rechte und Abgaben seiner Zeit zu deuten oder aus der verfehlten Rückprojektion moderner Begrifflichkeit im Kontext „frühbürgerlicher Revolution" zu sehen, wäre ebenso verfehlt wie eine Ikonographie der Wandgemälde, welche einen Interpretationszusammenhang zu dem fast ein Jahrzehnt später tobenden Bauernkrieg versucht. Auch Reformatori-

sches ist im Wandgemälde Ratgebs nicht erkennbar. Als Luther sein Verdikt gegen das Ausmalen der Kirchen und Klöster aussprach, traf er Ratgebs religiösen, künstlerischen und materiellen Lebensnerv.
Was mag diesen Mann, Jerg Ratgeb, veranlaßt haben, sich 1525 Herzog Ulrich und den ihm verbündeten Bauern anzuschließen, den Kampf gegen Habsburg aufzunehmen? Ein Zerwürfnis mit den Vertrauten des neuen Kaisers, die Veränderung des geistig-kulturellen Klimas in den Städten - so in Frankfurt durch Cochläus und die Prädikanten?
1526 wurde Ratgeb in Pforzheim wegen der Parteinahme für den geächteten Herzog und die Bauern zum Toder verurteilt. Die Urteilsvollstreckung ist nicht überliefert.
Jerg Ratgeb - Spurensicherung! Die Ausstellung soll Fragen an die Geschichte aufwerfen, soll vorschnellen, leicht instrumentalisierbaren Antworten begegnen.

Für die wissenschaftliche Konzeption, Betextung und Objektauswahl danke ich Frau Dr. Ute-Nortrud Kaiser. Die technische Realisation, Design und Ausstellungsarchitektur lagen in den Händen von Herrn Innenarchitekt Dietrich Grafe. Die Fotografien besorgten Frau Ursula Seitz-Gray, Frau Ursula Edelmann, Frau Margit Matthews, Herr Peter Seidel, Herr Heinz Vogelmann, Frau Adriani und die Restauratorin Frau Barbara Jachaz. Ein herzlicher Dank gilt den Leihgebern: dem Städel Frankfurt, der Staatsgalerie Stuttgart, der Pfarrkirche Schwaigern, dem Salzburger Museum Carolino Augusteum, namentlich: Herrn Prof. Dr. Gallwitz, Frau Dr. Stuffmann, Frau Dr. Edeltraut Rettich, Herrn Oberkirchenrat Pfisterer, Herrn Baudirektor Memmert, Herrn Pfarrer Mathes, Herrn Dr. Albin Rohrmoser. Der katholischen Hochschule St. Georgen, Frankfurt am Main, danke ich für wissenschaftlichen Beirat, ebenso dem Stadtarchiv Frankfurt, namentlich: Herrn Prof. Dr. Klötzer und Herrn Dr. Bund.

Dr. habil. Rainer Koch
(Museumsdirektor)

Einleitung

Die Legende von Jerg Ratgeb als dem „Sonderling" und Vereinsamten in der Garde der Maler des 16. Jahrhunderts war jene „fromme" Lüge des 20. Jahrhunderts, die versuchte vom Künstlerischen her den Unterbau zu schaffen, den man braucht, um die These vom Märtyrer der Bauernkriege zu erstellen.

Wer aber die Kunst des ausgehenden Mittelalters und der Renaissance – zweite Hälfte 15. und frühes 16. Jahrhundert – gut kennt, weiß, daß in der damaligen Zeit kein Künstler, Bildhauer oder Maler, frei vom Ideengut christlichen Glaubens und den Topoi in der Darstellung christlicher Szenen war; sein Bild von Gott, den Engeln, den Heiligen, den Menschen, Tieren und Pflanzen war festgelegt.
Der Symbolgehalt, der uns heute oft verschlossen bleibt, bewirkte bei den schwächeren Künstlern nicht selten eine Formelhaftigkeit, die zu durchbrechen nur den ganz Großen gelang; hier ist z. B. zu denken an Nicolaus Gerhaert, Martin Schongauer, Albrecht Dürer und „Grünewald". Gleichzeitig aber wurden auch die von diesen Präzeptoren geschaffenen Werke richtungweisend und regten die „Nachahmer" an, die nun wieder zur Formel werdenden Werke komplett oder auch nur als Versatzstücke zu übernehmen.

Wo ist nun Jerg Ratgeb einzuordnen? Er ist, betrachtet man seine wenigen auf uns gekommenen Werke, noch ganz eingebettet in das mittelalterliche Weltbild; sein Stil, vielfach noch eigenwilliger als der von Hans Baldung Grien, Niclas Manuel Deutsch und Urs Graf, läßt sich einwandfrei in den neuen expressiven Zeitstil des frühen 16. Jahrhunderts einordnen, eine Weiterentwicklung der spätgotischen Kunst, die noch voll von der Gesetzmäßigkeit der Dynamik bestimmt war im Gegensatz zu der von der Gesetzmäßigkeit der Statik gepägten italienischen Kunst, die, bedingt durch die vielen Italienreisen der deutschen Künstler, ebenfalls stark an Bedeutung für die deutsche Kunst gewann und zum Vorbild wurde. Unabhängig von diesen Nüancierungen, die zumeist dann auch wieder lokal gebunden waren, beginnt mit dem Manierismus, in den der expressive Stil am Ende des zweiten Jahrzehnts des 16. Jahrhunderts mündet, gleichzeitig wieder der Anschluß der deutschen Kunst an die Entwicklung der Kunst in Europa, ebenfalls eine Folge der Italienreisen.
Der expressive Zeitstil des frühen 16. Jahrhunderts, der erst durch die Schulung des Auges des Betrachters durch den Expressionismus der Klassischen Modernen, durch den sich das Auge an expressive Ausdrucksformen der Kunst gewöhnen mußte und dann bereit war, ähnliche Aussagemöglichkeiten der Gestaltung in der Kunst des 16. Jahrhunderts – jenem seismographischen Ausschlag einer Zeitenwende: das Jahr 1500 wurde als das Jahr des Weltuntergangs gefürchtet – zu erkennen und einzuordnen, wurde, da lange Zeit in der Kunstbetrachtung die klassische Kunst als das Nonplusultra für künstlerische Qualität angesehen wurde, erst schrittweise aufgearbeitet.
Allein die Schwierigkeit den expressiven Zeitstil zu definieren – spätgotischer Barock, spätgotischer Manierismus, Manierismus u. a. – zeigt, daß der Stil des frühen 16. Jahrhunderts nicht in dem Maße vom heutigen Betrachter erfaßt wurde, trotz intensiver Bearbeitung des Donau-

stils, wie es auch für die gerechte Beurteilung des Werkes von Jerg Ratgeb notwendig ist. Die Kennzeichnung seines Stiles, im Balanceakt zwischen mittelalterlicher Weltanschauung und dem Sich-Öffnen zur Neuzeit, schafft uns einen neuen Zugang zu der Künstlerpersönlichkeit, die auch durch die zusammengestellten Urkunden in einem völlig neuen Licht erscheint und nicht mehr nur für politische Thesen des 20. Jahrhunderts vereinnahmt werden kann. Die Monographie von W. Fraenger, die nach seinem Tode aus seinem Nachlaß herausgegeben wurde, diente als eine der wichtigsten Unterlagen zu der Neubearbeitung des Lebens und Werkes von Jerg Ratgeb; jedoch müssen alle Urkunden in neuem Zusammenhang gesehen, entsprechend der Jahre zusammengestellt, überprüft und durch die Arbeit in den verschiedenen Archiven ergänzt werden.

Die Faszination, die von der Gestalt und dem Künstler Jerg Ratgeb ausgeht, ist so bestechend, daß man vermeiden sollte mit vorgefaßten Meinungen und Thesen an sein Leben und Werk heranzugehen, da auch in der heutigen Zeit noch seine Bilder von einer Zeitlosigkeit und Schönheit - trotz dargestellter Grausamkeiten -, von einer Absolutheit sind, daß man an seiner eigenen künstlerischen und menschlichen Aussage trotz oder wegen seiner politischen Motivation nicht vorbeigehen sollte.
Die Vorbereitungen für diesen Katalog nahmen nur ein Jahr in Anspruch, ein viel zu kurzer Zeitraum, wenn man bedenkt, wie reichhaltig die Problematik, wie groß der Zündstoff ist, der in dem Thema stecken kann bei einseitiger Fixierung allein auf das politische Wirken des Künstlers im Bauernkrieg. Die intensive Beschäftigung mit dem Künstler Jerg Ratgeb aber zeigt, wie wichtig es ist, daß gerade der Künstler, nicht der Politiker stärker zu Wort kommt, da er in der Garde der Künstler des 16. Jahrhunderts eben doch nicht dritte Garnitur ist.

I. Die Familie Ratgeb

Bisher wurden alle Vertreter des Namens Ratgeb zwischen Salzburg und Leipzig (siehe Liste), sei es in Heidelberg, Speyer, Schwäbisch Gmünd, Herrenberg oder anderen süddeutschen Städten, als Verwandte von Jerg Ratgeb vereinnahmt .
Aufgrund der erreichbaren Urkunden, wenn auch die hier zusammengetragene Sammlung nicht den Anspruch auf Vollständigkeit erhebt, was nicht notwendig erscheint, da die Verfasserin nach Rücksprache mit einigen Historikern zu der Meinung gekommen ist, daß es sich hier wahrscheinlich nicht um eine einzige Familie handeln kann, stellt sich die Situation wie folgt dar:
Jerg Ratgeb, der mit Sicherheit der Familie Ratgeb in Schwäbisch Gmünd entstammt - dafür sprechen die Erwähnung des Ortsnamens in der Frankfurter Bürgermeisterliste des Nikolaus Frosch von 1586 und das Führen des Wappens der Gmünder Malerzunft (Trockensiegel) im Brief an Claus Stalburg den Reichen, den der Maler im Okt. 1518 von Herrenberg abgeschickt hat -, wurde wahrscheinlich auch in Schwäbisch Gmünd geboren. Dies stände auch dann in keinem Widerspruch dazu, selbst wenn der Vater im frühen 16. Jahrhundert in Herrenberg nachweisbar (wohnhaft) wäre. Die Kontroverse zwischen W. K. Zülch und W. Fraenger entbehrt der Grundlage, da beide in verschiedenen Details recht haben könnten, aber insgesamt möglicherweise zu falschen Schlüssen kamen. Die Frage nach der Heimat- oder Vaterstadt des Malers ist in diesem Fall so überhaupt nicht zu stellen.
Sein Vater war ein gewisser Jacob Schürtz, genannt Ratgeb, wie es aus den offiziellen Urkunden von 1522, (Stuttgart, Bedebuch) und 1526 (Akten vom Prozeß nach dem schwäbischen Bauernkrieg) hervorgeht; er selbst wird hier als Jürgen Schürtz, des Jacob Schürtzen Sohn, angesprochen.
Es ist auffällig, daß der erste Namensvertreter der Ratgeb-Familie in Schwäbisch Gmünd sowohl als Conrad Schultheiss, dictus Ratgeb, als auch als Conrad Ratgeb, gen. Bule, in den Urkunden geführt wird.
Da in den dortigen Urkunden auch seit 1371 ein „Schürtzenhaus" erwähnt wird, in dessen unmittelbarer Nähe ein gewisser Ratgeb wohnte, ist anzunehmen, daß der Familienname des Künstlers, trotz anderen Gebrauchs in den Stuttgarter Urkunden, Ratgeb gewesen ist; dafür spricht auch der Gebrauch des Namens Ratgeb bei seinem Sohn Christoph Ratgeb. Es ist durchaus denkbar, daß eine Tochter des ebenfalls in den Urkunden von 1336 erwähnten Johannes Schürtz oder John Schürtz (1363) einen Mann aus der Familie Ratgeb geheiratet und das „Schürtzenhaus" mit in die Ehe gebracht hat. Ein ehemaliger Familienname wäre dann zum Hausnamen geworden und gleichzeitig zum Zweitnamen der Familie, der dann im frühen 16. Jahrhundert, bezogen auf den Maler Jerg Ratgeb und seinen Vater - Jacob Schürtz, gen. Ratgeb = Jacob Ratgeb, gen. Schürtz - fast gleichwertig neben dem ursprünglichen Familiennamen - Ratgeb - gestanden hätte.
Sieht man diese Einheit zwischen dem Familiennamen Ratgeb und dem Hausnamen „Schürtzenhaus", dann fallen die Spekulationen über den früh verstorbenen Vater des Künstlers, das Aufwachsen in der Familie der Mutter (geb. Ratgeb) oder gar seine uneheliche Geburt weg und man gewinnt weiterhin ein Stück realen Boden für den Lebensweg von Jerg Ratgeb.

Es ist nicht ganz auszuschließen, daß es sich bei Jacob Ratgeb, der einen Meierhof in Herrenberg bewirtschaftete, nicht doch um den Vatervon Jerg Ratgeb handeln könnte, denn die Leiter eines Meierhofes waren selbst freie Bürger, die als Verwalter zwar dem Grundherren unterstellt waren, aber selbst die niedere Gerichtsbarkeit über die Hintersassen - die Leibeigenen - ausübten. Da die Grundherrschaft in Herrenberg den Württembergern - Herzog Ulrich von Württemberg - unterstellt war, könnte der hier in Herrenberg 1503 erwähnte Jacob Ratgeb sehr wohl der Vater von Jerg Ratgeb gewesen sein, der hierher gezogen wäre. Würde man diese These vertreten - die noch schlüssig zu beweisen wäre -, dann würden sich auch einige Ungereimtheiten im Lebenslauf des Künstlers besser erklären lassen, z.B. die Tatsache, warum er 1503 in Stuttgart Bürger war, warum er von Stuttgart nach Heilbronn zog. Wie verhält es sich mit dem in den Heilbronner Urkunden erwähnten „Weib" - einer Leibeigenen, obwohl es weder in Schwäbisch Gmünd noch in Stuttgart Leibeigene gab (Hinweis von W. K. Zülch)? So könnte z.B. Jerg Ratgeb nach dem Tod einer ersten ehelichen Frau, nur so konnte er nach den Zunftgesetzen sich als Meister in einer Stadt niederlassen, deren Bürgerrecht er noch darüber hinaus besitzen mußte, vom Hof seines Vaters eine Leibeigene zur Überbrükkung in seinen Stuttgarter Haushalt geholt haben.
Die These von W. K. Zülch, Herrenberg als die Heimatstadt von von Jerg Ratgeb zu deklarieren, scheidet aufgrund der Quellenlage aus, dennoch sind die verwandtschaftlichen Beziehungen zwischen Jerg Ratgeb und Jacob Ratgeb neu zu überprüfen. Die These von W. Fraenger von der Verheimlichung des Namens von Jerg Ratgeb in Frankfurt - im Frankfurter Karmeliterkloster - hat sich in der Wissenschaft nicht durchsetzen können, dazu hat die klare, sachliche Darstellung von B. Bushart wesentlich beigetragen.
Herrenberg als Vaterstadt von Jerg Ratgeb zu deklarieren, scheidet heute aufgrund der eindeutigen Quellenlage aus, während dies zwischen W. K. Zülch und W. Fraenger noch eine Kontroverse auslöste; jedoch haben die aufgeführten Wissenschaftler sich noch der These von W. K. Zülch angeschlossen:

Lit.: W. K. Zülch, J. R., Th.-B., Bd. 28, Lpz., 1934, S. 30 (Herrenberg wahrscheinlicher als Schwäb. Gmünd). - **W. K. Zülch,** Frankfurter Künstler 1223-1700, Ffm. 1935, S. 276 (Herrenberg, Ratgeb auf Meierhöfen in Herrenberg). - **W. K. Zülch,** J. R. Maler, **Westdt. Jb. f. Kg.,** 12/13. Jg., Mchn. 1943, S. 166 (Herrenberger, um 1480 geb.). - **A. Wolters,** Schicksale und Wiederherstellung der Wandmal. J. Ratgebs zu Ffm., **Dt. K.- u. Dpfl.,** Jg. 1938, H. 9f., S. 227 (Herrenberg oder Schwäb. Gmünd). - **F. Lübbecke,** J. R., **Das Kunstwerk,** 1. Jg., 1946/47, H. 4, S. 20 (Übernahme der These von Zülch). - **A. Wolters,** J. R. Vermächtnis, **Ffm. - lebendige Stadt,** Jg. 1959, H. 1, S. 16. - Vgl.: **W. Fraenger a.a.O. 1972/81,** S. 244-247.

Liste der Namesvertreter Ratgeb

Altdorf, Krs. Böblingen	Ratgeb	
Calw/Schwarzwald	Ratgeb	
Ehingen, Krs. Böblingen	Ratgeb	
Esslingen	Auberlin Ratgeb	
	Agnes Ratgebin	
Grötzingen	Auberlin Ratgeb aus Grötzingen	
	Agnes Ratgebin	
Heidelberg	Paulus Ratgeb da Gamundia	1473
	Johannes Ratgeb aus Speyer	1503
Herrenberg	Jacob Ratgeb	
Leipzig	Alexis Ratgeb aus Nördlingen	1487
Metz	Christoph Ratgeb, Maler	1455
Nördlingen	Alexis Ratgeb in Leipzig	1487
Nurfingen	Ratgeb	
Pforzheim	Ratgeb	1367
	Rupertus Ratgeb	1503
Schwäbisch Gmünd	der Rautgebe	1325
	Ratgeb	1327
	Johannes Schürtz	1336
	Conrad Ratgeb, gen. Bule	1358
	Conrad Schultheiss dictus Ratgeb	1358
	Clara Schultheissin	1358
	Ratgeb	1361
	Ratgeb	1362
	John Schuertz	1363
	Ratgeben-Haus/Schürtzenhaus	1371
	Clara Schultheissin	1406
	Clara Schultheissin	1407
	Anna Schürtzin	A. 15. Jh.
	Hans Ratgeb (d. Ä.)	1410
	Peter Ratgeb (d. Ä.)	1410
	Hans Ratgeb (d. Ä.)	1411
	Peter Ratgeb (d. Ä.)	1411
	Peter Ratgeb (d. Ä.)	1423
	Hans Ratgeb (d. Ä.)	1423
	Peter Ratgeb (d. Ä.)	1433
	Peter Ratgeb (d. Ä.)	1435
	Peter Ratgeb (d. Ä.)	1436
	Peter Ratgeb (d. Ä.)	1437
	Peter Ratgeb (d. Ä.)	1439

	Peter Ratgeb (d. Ä.)	1440
	Peter Ratgeb (d. Ä.)	1443
	Peter Ratgeb (d. Ä.)	1447
	Peter Ratgeb (d. J.)	1451
	Peter Ratgeb (d. J.)	1457
	Paulus Ratgeb de Gamundia	1472
	Paulus Ratgeb	1475
	Margareta Rautgebin ∞ Hans Rossnagel gen. Hulter	1478
	Klaus Ratgeb	1497
	Klaus Ratgeb	1506
	Agnes Ratgeb ∞ Walther Spengler	(o. J.)
	Peter Ratgeb (d. J.)	1510
	(Hans Ratgeb	1541)
Speyer	Ratgeb	1437
	Ratgeb	1471
	Johannes Ratgeb	1503
	Rupertus Ratgeb aus Pforzheim	1477
Stuttgart	Hans Ratgeb	1586
	Jacob Ratgeb	1592
Speyer	Ratgeb	1437
	Ratgeb	1471
	Johannes Ratgeb	1503
Tübingen	Rupertus Ratgeb aus Pforzheim	1477
Unterwiesenheim b. Bruchsal	Ratgeb	
Rohrau, Krs. Böblingen	Ratgeb	
Zweibrücken	Christoph Ratgeb, Maler	1541

Urk.Nr. 1
Altdorf, Krs. Böblingen
Ratgeb
Lit.: W. Fraenger, J. Ratgebs Vaterstadt, **Gmünder Heimatbll.**, 23, Nr. 3, 1962, S. 20. - **W. Fraenger a.a.O. 1972/81,** S. 247(7) nur pauschale Angabe des Namens.

Urk.Nr. 2
Calw/Schwarzwald
Ratgeb
Lit.: W. Fraenger, J. Ratgebs Vaterstadt, **Gmünder Heimaltbll.**, 23, Nr. 3, 1962, S. 20. - **W. Fraenger a.a.O. 1972/81,** S. 247(7) nur pauschale Erwähnung des Namens.

Urk.Nr. 3
Ehingen, Krs. Böblingen
Ratgeb
Lit.: W. Fraenger, J. Ratgebs Vaterstadt, **Gmünder Heimatbll.**, 23, Nr. 3, 1962, S. 20. - **W. Fraenger a.a.O. 1972/81,** S. 247(7) nur pauschale Erwähnung des Namens.

Urk.Nr. 4
Heidelberg, Universität
1472 Feb. 16.
Paulus Rautgeb de Gamundia in Heidelberg immatrikuliert.
Lit.: G. Toepke, Die Matrikel der Univ. Heidelberg v. 1386 b. 1662, bearb. u. hrsg., Bd. 1, Heidelberg 1884, S. 340. - **W. Fraenger,** J. Ratgebs Vaterstadt, **Gmünder Heimatbll.**, 23, Nr. 3, 1962, S. 18, 20. - **W. Fraenger,** Der Name Ratgeb in Gmünder Urkunden, II. Teil, **Gmünder Heimatbll.**, 23, Nr. 4, 1962, S. 26.

Urk.Nr. 5
Heidelberg, Universität
1503
Johannes Ratgeb aus Speyer an der Heidelberger Universität immatrikuliert.
Lit.: G. Toepke, Die Matrikel der Univ. Heidelberg v. 1386 b. 1662, bearb. u. hrsg., Bd. 1, Heidelberg 1884, S. 340. - **W. Fraenger,** J. Ratgebs Vaterstadt, **Gmünder Heimatbll.**, 23, Nr. 3, 1962, S. 20.

Urk.Nr. 6
Herrenberg, Meierhöfe
1480
Jakob Ratgeb (identisch mit Jakob Schürtz, gen. Ratgeb ?)
Lit.: W. K. Zülch, Frankfurter Künstler, 1223-1700, Ffm. 1935, S. 276. - **W. Fraenger,** J. Ratgebs Vaterstadt, **Gmünder Heimatbll.**, 23, Nr. 3, 1962, S. 17-20. - **K. J. Herrmann,** J. Ratgebs Heimatstadt, Herrenberg oder Schwäb. Gmünd? - Eine Thesenzusammenfassung, **Gmünder Heimatforum**, Eine kulturhist. Beil. der **Rems-Ztg.**, Nr. 9/10, Aug. 1976.

Urk.Nr. 7
Frankfurt
1471

Der Straßburger Kaufmann Hans Ratgeb setzt den Frankfurter Kaufmann Johann Grünewald zu seinem Vertreter ein.

Lit.: W. K. Zülch, Frankfurter Künstler, 1223–1700, Ffm. 1935, S. 276.

Urk.Nr. 8
Leipzig, Universität
1487

Alexis Ratgeb aus Nördlingen an der Univ. Leipzig immatrikuliert.

Lit.: W. Fraenger, J. Ratgebs Vaterstadt, **Gmünder Heimatbll.**, 23, Nr. 3, 1962, S. 20.

Urk.Nr. 9
Metz, Karmeliterkloster, Ausmalung Kreuzgang
1455

Urk.Nr. 10
Nördlingen

Alexis Ratgeb aus Nördlingen an der Universität Leipzig immatrikuliert.

Lit.: W. Fraenger, J. Ratgebs Vaterstadt, **Gmünder Heimatbll.**, 23, Nr. 3, 1962, S. 20.

Urk.Nr. 11
Nurfingen, Krs. Böblingen

Ratgeb

Lit.: W. Franger, J. Ratgebs Vaterstadt, **Gmünder Heimatbll.**, 23, Nr. 3, 1962, S. 20. – **W. Fraenger a.a.O. 1972/81,** S. 247(7) nur pauschale Erwähnung des Namens.

Urk.Nr. 12
Pforzheim

Ratgeb

Lit.: A. Stolz, Gesch. der Stadt Pforzheim (nach A. Allgaier), Pforzheim 1901.

Urk.Nr. 13
Pforzheim
1487

Rupertus Ratgeb aus Pforzheim ist 1487 an der Universität Tübingen immatrikuliert.

Lit.: W. Fraenger, J. Ratgebs Vaterstadt, **Gmünder Heimatbll.**, 23, Nr. 3, 1962, S. 20. – **W. Fraenger a.a.O. 1972/81,** S. 247(7, nur pauschale Erwähnung des Namens Ratgeb).

Urk.Nr. 14

Schwäbisch Gmünd

Stiftungsurkunde der Stadt Gmünd an das Frauenkloster, Pergament mit eingenähtem Siegel 1325 Juli 8.

Agnes, Witwe Konrads des Dürren, Bürgerin zu Dinkelsbühl, stiftet zu einem Seelgerät an Priorin und Konvent des Frauenklosters bei Gmünd 4 Güter zu Bettringen, die der Ruhe, der Wolf, der Rautgebe und der Wegener bauen, und ein Gut zu Iggingen, das Siegfried am Wege baut. Die Nutznießung sollen auf Lebenszeit Schwester Agnes, die Tochter der Ausstellerin, und Schwester Hedwig und Adelheid, ihres Sohnes Kinder, haben. Geben 1325, Montag nach Ulrich.

Zeugen: Bruder Berthold, Prior der Prediger zu Gmünd, Walther von Rinderbach, Bürgermeister, Siegfried der Burger, Taler genannt, Konrad der Mülner, Bürger zu Gmünd.

Lit.: W. Fraenger, Der Name Ratgeb in Gmünder Urkunden, II. Teil, **Gmünder Heimatbll.**, 23, Nr. 4, 1962, S. 25. - **W. Fraenger a.a.O. 1972/81,** S. 244 (nur pauschale Erwähnung des Namens).

Urk.Nr. 15

Schwäbisch Gmünd

1327

Ratgeb

Lit.: W. Fraenger a.a.O. 1972/81, S. 244 (nur pauschale Erwähnung des Namens).

Urk.Nr. 16

Schwäbisch Gmünd

1336

Johannes Schürtz, Haus am Graben vor dem Kapellentor, Stiftung Heilig Geist-Hospital.

Lit.: W. Fraenger, J. Ratgebs Vaterstadt, **Gmünder Heimatbll.**, 23, Nr. 3, 1962, S. 18ff. - **K. J. Herrmann,** J. Ratgebs Heimatstadt, Herrenberg oder Schwäb. Gmünd? - Eine Thesenzusammenfassung, **Gmünder Heimatforum,** Eine kulturhist. Beilage der **Rems-Ztg.**, Nr. 9/10, Aug. 1976.

Urk.Nr. 17

Schwäbisch Gmünd

1358

Conrad Ratgeb, gen. Bule - Conrad Schultheiss, dictus Ratgeb, Schnyder (im Münster neben dem Magdalenenaltar bestattet, uxor Clara Schultheissin, diese vermacht als Witwe an das Heilig Geist-Hospital zehn Schilling Heller aus Kunz Schneiders Haus am Ring bei Hans Ratgebs Haus).

Siehe auch **Schwäbisch Gmünd**
Aniversar der Münsterpfarrei
Messe 1530

Lit.: W. Fraenger, J. Ratgebs Vaterstadt, **Gmünder Heimatbll.**, 23, Nr. 3, 1962, S. 17f., 20. - **W. Fraenger a.a.O. 1972/81.** - **K. J. Herrmann,** J. Ratgebs Heimatstadt, Herrenberg oder Schwäb. Gmünd? - Eine Thesenzusammenfassung, **Gmünder Heimatforum,** Eine kulturhist. Beil. der **Rems-Ztg.**, Nr. 9/10, Aug. 1976.

Urk.Nr. 18
Schwäbisch Gmünd
Stadtarchiv, HSTA XIX, fasc. 1
1359 Sept. 12.

Ratgeb Conrad, genannt Bule, Bürger zu Gmünd, kauft von Ulrich von Rechberg ein Gütlein zu Steinbach.

Lit.: W. Fraenger, J. Ratgebs Vaterstadt, **Gmünder Heimatbll.**, 23, Nr. 3, 1962, S. 17f. - **W. Fraenger,** Der Name Ratgeb in Gmünder Urkunden, II. Teil, **Gmünder Heimatbll.**, 23, Nr. 4, 1962, S. 25. - **W. Fraenger a.a.O. 1972/81,** S. 244 (nur pauschale Erwähnung des Namens).

Urk.Nr. 19
Schwäbisch Gmünd
Dokumentenbuch des Heilig Geist-Hospitals
S. LXXXII b

Conrad Ratgeb

Lit.: W. Fraenger, Der Name Ratgeb in Gmünder Urkunden, II. Teil, **Gmünder Heimatbll.**, 23, Nr. 4, 1962, S. 25 (nur Erwähnung, Dokument nicht abgedruckt).

Urk.Nr. 20
Schwäbisch Gmünd
1361

Ratgeb

Lit.: W. Fraenger, a.a.O. 1972/81, S. 244 (nur pauschale Erwähnung des Namens).

Urk.Nr. 21
Schwäbisch Gmünd
1362

Ratgeb

Urk.Nr. 22
Schwäbisch Gmünd
A. 15. Jh.

Anna Schürtzin

Lit.: K. J. Herrmann, J. Ratgebs Heimatstadt, Herrenberg oder Schwäb. Gmünd? - Eine Thesenzusammenfassung, **Gmünder Heimatforum,** Eine kulturhist. Beil. der **Rems-Ztg.**, Nr. 9/10, Aug. 1976.

Urk.Nr. 23
Schwäbisch Gmünd
Spital-Archiv II, 4
1406 Juni 15.

Klara Schultheissin, Witwe des vorigen (Ratgeb/Conrad, genannt Bule), stiftet dem Heilig Geist-Hospital als ewiges Almosen 30 Schilling Heller und 10 Pfund Unschlitt aus der städtischen Schranne, damit in der Siechenstube sommers und winters bei Nacht ein ewiges Licht gebrannt werde.

Lit.: W. Fraenger, J. Ratgebs Vaterstadt, **Gmünder Heimatbll.**, 23, Nr. 3, 1962, S. 18. -
W. Fraenger, Der Name Ratgeb in Gmünder Urkunden, II. Teil, **Gmünder Heimatbll.**, 23, Nr. 4, 1962, S. 25.

Urk.Nr. 24
Schwäbisch Gmünd
Spital-Archiv II, 4
1407 März 19.

Klara Schultheissin erneuert den armen Siechen im Spital und ihrer Vorderen Sitftungen, zusammen 4 Pfund 5 1/2 Schilling jährlichen Zins zu Brot und Fleisch, darunter 10 Schilling Heller aus Kunz Schneiders Haus am Ring bei Hans Ratgebs (Sohn von Conrad Ratgeb?) Haus.

Lit.: W. Fraenger, J. Ratgebs Vaterstadt, **Gmünder Heimatbll.**, 23, Nr. 3, 1962, S. 18. -
W. Fraenger, Der Name Ratgeb in Gmünder Urkunden, II. Teil, **Gmünder Heimatbll.**, 23, Nr. 4, 1962, S. 25.

Urk.Nr. 25
Schwäbisch Gmünd
Stadtarchiv
HSTA XVII, Nr. 2395, Büschel 277
1410 Juli 31.

Margaretha von Roden verkauft ihr Haus am Markt zu Gmünd. Unter den Bürgen: Hans Ratgeb, der Ältere, und sein Sohn Peter Ratgeb.

Lit.: W. Fraenger, J. Ratgebs Vaterstadt, **Gmünder Heimatbll.**, 23, Nr. 3, 1962, S. 18 (Hans Ratgeb seit 1410 in den Urkunden erwähnt, Vermutung Hans Ratgeb sei der Bruder von Conrad Ratgeb ist ebenfalls fraglich, vermutlich handelte es sich bei Hans Ratgeb um den Sohn von Conrad Ratgeb). - **W. Fraenger,** Der Name Ratgeb in Gmünder Urkunden, II. Teil, **Gmünder Heimatbll.**, 23, Nr. 4, 1962, S. 25.

Urk.Nr. 26
Schwäbisch Gmünd
1410

Hans Ratgeb, Söhne: Peter Ratgeb, Tuchscherer; Hans Ratgeb d.J., Schneider.

Lit.: W. Fraenger, J. Ratgebs Vaterstadt, **Gmünder Heimatbll.**, 23, Nr. 3, 1962, S. 18. -
W. Fraenger a.a.O. 1972/81, S. 244f.

Urk.Nr. 27
Schwäbisch Gmünd
Spital-Archiv XV, 1
1411 Feb. 1.

Hans Köler, der Metzger, verkauft an Balthasar Rüdiger und Berthold Stahel ein Gütlein zu Hussenhofen. Bürgen: Hans Ratgeb und sein Sohn Peter Ratgeb.

Lit.: W. Fraenger, Der Name Ratgeb in Gmünder Urkunden, II. Teil, **Gmünder Heimatbll.**, 23, Nr. 4, 1962, S. 25.

Urk.Nr. 28
Schwäbisch Gmünd, Stadtarchiv
HSTA NR. 2403, Büschel 278
1423 Dez. 14.

Konrad Suntheimer (Sontheim bei Heilbronn) und Klaus Megklin verkaufen ihr Holz im Friesbach an das Kloster Gotteszell bei Gmünd. Bürgen: Peter Ratgeb, der Tuchscherer, und Hans Ratgeb, der Schneider, Gebrüder.

Lit.: W. Fraenger, Der Name Ratgeb in Gmünder Urkunden, II. Teil, **Gmünder Heimatbll.,** 23, Nr. 4, 1962, S. 25.

Urk.Nr. 29
Schwäbisch Gmünd, Stadtarchiv
HSTA VII, fasc.5
1433 März 25.

Rügger, Heinz verkauft an Spitalmeister Ulrich Schreiber ein Haus und eine Hofreite zu Gmünd. Unter den Bürgen: Peter Ratgeb, Bürger zu Gmünd.

Lit.: W. Fraenger, Der Name Ratgeb in Gmünder Urkunden, II. Teil, **Gmünder Heimatbll.,** 23, Nr. 4, 1962, S. 26.

Urk.Nr. 30
Schwäbisch Gmünd, Stadtarchiv
HSTA XIX, Nr. 3670, Büschel 271
1435 Mai 24.

Heinrich Stahel verkauft eine halbe Hube zu Straßdorf. Unter den Bürgen: Peter Ratgeb, Bürger zu Gmünd.

Lit.: W. Fraenger, Der Name Ratgeb in Gmünder Urkunden, II. Teil, **Gmünder Heimatbll.,** 23, Nr. 4, 1962, S. 26.

Urk.Nr. 31
Schwäbisch Gmünd
Stadtarchiv
Kopialbuch des Dominikanerklosters, S. 33b.
1435
Lit.: W. Fraenger, Der Name Ratgeb in Gmünder Urkunden, II. Teil, **Gmünder Heimatbll.,** 23, Nr. 4, 1962, S. 26.

Urk.Nr. 32
Schwäbisch Gmünd
Stadtarchiv
Bürgermeister- und Stättmeisterlisten zweier Chroniken des 16. Jhs.
1436

Peter Ratgeb – Stättmeister (Mitregent des Bürgermeisters).

Lit.: W. Fraenger, J. Ratgebs Vaterstadt, **Gmünder Heimatbll.,** 23, Nr. 3, 1962, S. 17f.

Urk.Nr. 33
Schwäbisch Gmünd, Stadtarchiv
Kopialbuch des Dominikanerklosters, S. 69a
1437 Okt. 21.

Heinrich Stahel, der Schneider, zahlt an den Predigerorden zu Gmünd 2 Pfund Heller Zins. Unter den Bürgen: Peter Ratgeb, Bürger zu Gmünd.

Lit.: W. Fraenger, Der Name Ratgeb in Gmünder Urkunden, II. Teil, **Gmünder Heimatbll.**, 23, Nr. 4, 1962, S. 26.

Urk.Nr. 34
Schwäbisch Gmünd
1437

Peter Ratgeb, Stättmeister (Mitregent des Bürgermeisters).

Urk.Nr. 35
Schwäbisch Gmünd, Stadtarchiv
HSTA XVII, Nr. 2421, Büschel 279
1439 April 22.

Hans Mack verkauft an Konrad Göringer und Peter Ratgeb, Bürger zu Gmünd, als Pflegern der gemeinen Viehweide den Galgenberg.

Lit.: W. Fraenger, Der Name Ratgeb in Gmünder Urkunden, II. Teil, **Gmünder Heimatbll.**, 23, Nr. 4, 1962, S. 26.

Urk.Nr. 36
Schwäbisch Gmünd, Stadtarchiv
Bürgermeister- und Stättmeisterlisten zweier Chroniken des 16. Jhs.
1440

Peter Ratgeb, Stättmeister (Mitregent des Bürgermeisters).

Lit.: W. Fraenger, J. Ratgebs Vaterstadt, **Gmünder Heimatbll.**, 23, Nr. 3, 1962, S. 17f.

Urk.Nr. 37
Schwäbisch Gmünd, Stadtarchiv
HSTA XVI, Nr. 2164, Büschel 264
1443 Okt. 4.

Peter Goyr zinst 10 Pfund Heller aus einem Haus. Unter den Bürgen: Peter Ratgeb, Bürger zu Gmünd.

Lit.: W. Fraenger, Der Name Ratgeb in Gmünder Urkunden, II. Teil, **Gmünder Heimatbll.**, 23, Nr. 4, 1962, S. 26.

Urk.Nr. 38
Schwäbisch Gmünd, Stadtarchiv
Kopialbuch des Dominikanerklosters, S. 105a
1443

Lit.: W. Fraenger, Der Name Ratgeb in Gmünder Urkunden, II. Teil, **Gmünder Heimatbll.**, 23, Nr. 4, 1962, S. 26.

Urk.Nr. 39
Schwäbisch Gmünd
1447

Peter Ratgeb (d. Ä.), Amtmann.

Lit.: W. Fraenger, J. Ratgebs Vaterstadt, **Gmünder Heimatbll.**, 23, Nr. 3, 1962, S. 17f. (1447 letztmals erwähnt).

Urk.Nr. 40
Schwäbisch Gmünd, Stadtarchiv
HSTA XIV, Nr. 1167, Büschel 164
1451 Mai 26.

Kloster Gotteszell gibt den Gmünder Bürgern Peter Ratgeb und Peter Wissmann als Pflegern der städtischen Viehweide 10 Schilling Heller.

Lit.: W. Fraenger, Der Name Ratgeb in Gmünder Urkunden, II. Teil, **Gmünder Heimatbll.**, 23, Nr. 4, 1962, S. 26.

Urk.Nr. 41
Schwäbisch Gmünd
Spital-Archiv VIb, 2
1457 Okt. 13.

Peter Büchler verkauft an Peter Gaist sein Gut zu Täferrot. Unter den Bürgen: Peter Ratgeb, Bürger zu Gmünd.

Lit.: W. Fraenger, Der Name Ratgeb in Gmünder Urkunden, II. Teil, **Gmünder Heimatbll.**, 23, Nr. 4, 1962, S. 26.

Urk.Nr. 42
Heidelberg, Universität
1472 Feb. 16.

Paulus Rautgeb de Gamundia in Heidelberg immatrikuliert.

Lit.: G. Toepke, Die Matrikel der Univ. Heidelberg v. 1386 b. 1662, bearb. u. hrsg., Bd. 1, Heidelberg 1884, S. 340. - **W. Fraenger,** J. Ratgebs Vaterstadt, **Gmünder Heimatbll.**, 23, Nr. 3, 1962, S. 18, 20. – **W. Fraenger,** Der Name Ratgeb in Gmünder Urkunden, II. Teil, **Gmünder Heimatbll.**, 23, Nr. 4, 1962, S. 26.

Urk.Nr. 43
Steinhausen, Stadtarchiv
Steinhäuser-Prozeß
1475

Paulus Ratgeb, Priester der Diözese Augsburg (Schwäbisch Gmünd gehört ihr bis zum Jahre 1810 an) fungiert als Zeuge bei der Übergabe einer Appellationsurkunde durch den Kaiserl. Öffentl. Notar Berthold Tanzenfelder an den Abt von Donauwörth in Sachen mißbräuchlicher Verwendung Gmünder Stiftungsgelder für Studierende.

Lit.: W. Fraenger, Der Name Ratgeb in Gmünder Urkunden, II. Teil, **Gmünder Heimatbll.**, 23, Nr. 4, 1962, S. 26.

Urk.Nr. 44
Schwäbisch Gmünd
Kath. Kirchenpflege
1478

Hans Rossnagel, genannt Hullter, Bürger zu Gmünd, und seine Frau Margareta Rautgebin verkaufen ein Haus.

Lit.: W. Fraenger, J. Ratgebs Vaterstadt, **Gmünder Heimatbll.**, 23, Nr. 3, 1962, S. 18. - **W. Fraenger,** Der Name Ratgeb in Gmünder Urkunden, II. Teil, **Gmünder Heimatbll.**, 23, Nr. 4, 1962, S. 26. - **W. Fraenger,** J.R., Ein Maler u. Märtyrer aus dem Bauerkrieg, hrsg. v. G. Fraenger u. I. Fraenger-Baier, Dresden 1972, Mchn. 1981, S. 245 (nur pauschale Erwähnung).

Urk.Nr. 45
Schwäbisch Gmünd, Stadtarchiv
1497

Metzger Klaus Ratgeb besaß eigenes Haus.

Lit.: M. v. Rauch, Z. Gesch. des Malers J.R., **Württ. Vjh. f. Landesgesch.**, 1909. - **W. Fraenger,** J. Ratgebs Vaterstadt, **Gmünder Heimatbll.**, 23, Nr. 3, 1962, S. 18. - **W. Fraenger a.a.O. 1972/81,** S. 245.

Urk.Nr. 46
Schwäbisch Gmünd, Stadtarchiv
HSTA Stadt Gmünd, Büschel 212, S. 1617
1497 April 19.

Die Metzgerzunft klagt gegen den Rat von Gmünd wegen des Verbots, Unschlitt und Schmer zu freien Preisen zu verkaufen. Unter den 18 Metzgern ist ein Klaus Ratgeb aufgeführt.

Lit.: W. Fraenger, Der Name Ratgeb in Gmünder Urkunden, II. Teil, **Gmünder Heimatbll.**, 23, Nr. 4, 1962, S. 26.

Urk.Nr. 47
Schwäbisch Gmünd
Spital-Archiv IX, 1
1506 Juni 27.

Christina Endriss verkauft ihr Haus, das zwischen den Häusern des Jakob Hermann und des Klaus Ratgeb liegt, an Lorenz Liebermann.

Lit.: W. Fraenger, Der Name Ratgeb in Gmünder Urkunden, II. Teil, **Gmünder Heimatbll.**, 23, Nr. 4, 1962, S. 26.

Urk.Nr. 48
Schwäbisch Gmünd
1510

Peter Ratgeb d.J., Tuchscherer.

Lit.: W. Fraenger, J. Ratgebs Vaterstadt, **Gmünder Heimatbll.**, 23, Nr. 3, 1962, S. 18.

Urk.Nr. 49
Schwäbisch Gmünd
Anniversar der Münsterpfarrei aus dem Jahre 1530
ohne Datum († vor 1406)
Messe

Jahrtag des Conrad Schultheiß, dictus Ratgeb, der schnyder. Grab ad Beat. Mariam Virgn. Neben St. Magdalenenaltar links.

Lit.: W. Fraenger, Der Name Ratgeb in Gmünder Urkunden, II. Teil, **Gmünder Heimatbll.**, 23, Nr. 4, 1962, S. 26.

Urk.Nr. 50
Schwäbisch Gmünd
Anniversar der Münsterpfarrei
ohne Datum

Ratgeb Agnes und Katharina, zweier Frauen des Walther Spengler. Grab ad St. Joh. bei den Staffeln vor dem Beinhaus.

Lit.: W. Fraenger, J. Ratgebs Vaterstadt, **Gmünder Heimatbll.**, 23, Nr. 3, 1962, S. 18. - **W. Fraenger,** Der Name Ratgeb in Gmünder Urkunden, II. Teil, **Gmünder Heimatbll.**, 23, Nr. 4, 1962, S. 26. - **W. Fraenger a.a.O. 1972/81,** S. 245.

Urk.Nr. 51
Schwäbisch Gmünd
1542 Feb. 14.

Angebliche Inschrift auf einer Wand der Schmalzgrube: Morgen werd ich hingerichtet wegen Hexerei. Hans Ratgeb.

Lit.: W. Fraenger, Der Name Ratgeb in Gmünder Urkunden, II. Teil, **Gmünder Heimatbll.**, 23, Nr. 4, 1962, S. 26.

Urk.Nr. 52
Schwäbisch Gmünd
Chronik der Stadt Gmünd
ca. 1551/1560
Chronist Schindleber

Chronik 1595
S. 15f., bes. 119.

Urk.Nr. 53
Speyer
1437

Hans Ratgeb

Lit.: W. K. Zülch, Frankfurter Künstler, 1223–1700, Ffm. 1935, S. 276. – **W. Fraenger,** J. Ratgebs Vaterstadt, **Gmünder Heimatbll.,** 23, Nr. 3, 1962, S. 17. – **W. Fraenger a.a.O. 1972/81,** S. 244.

Urk.Nr. 54
Speyer
1450

Heinrich Ratgeb

Lit.: W. K. Zülch, Frankfurter Kunstler, 1223–1700, Ffm. 1935, S. 276.

Urk.Nr. 55
Speyer
1471

Ratgeb

Lit.: W. Fraenger, J. Ratgebs Vaterstadt, **Gmünder Heimatbll.,** 23, Nr. 3, 1962, S. 17.

Urk.Nr. 56
Speyer
1503

Johannes Ratgeb aus Speyer an der Heidelberger Universität immatrikuliert.

Lit.: W. Fraenger, J. Ratgebs Vaterstadt, **Gmünder Heimatbll.,** 23, Nr. 3, 1962, S. 20.

Urk.Nr. 57
Straßburg
1471

Der Straßburger Kaufmann Hans Ratgeb setzt den Frankfurter Kaufmann Johann Grünewald zu seinem Vertreter ein.

Lit.: W. K. Zülch, Frankfurter Künstler, 1223–1700, Ffm. 1935, S. 276.

Urk.Nr. 58
Tübingen
1487

Rupertus Ratgeb aus Pforzheim an der Univ. Tübingen immatrikuliert.

Lit.: W. Fraenger, J. Ratgebs Vaterstadt, **Gmünder Heimatbll.,** 23, Nr. 3, 1962, S. 20.

Urk.Nr. 59
Rohrau, Krs. Böblingen

Ratgeb

Lit.: W. Fraenger, J. Ratgebs Vaterstadt, **Gmünder Heimatbll.,** 23, Nr. 3, 1962, S. 20. – **W. Fraenger a.a.O. 1972/81,** S. 247(7, nur pauschale Erwähnung des Namens).

Urk.Nr. 60
Unterwiesheim bei Bruchsal

Ratgeb

Lit.: W. Fraenger a.a.O. 1972/81, S. 247(7, nur pauschale Erwähnung des Namens).

Tabellarischer Lebenslauf

Meister Georgius, Georg, Jorg, Jörg, **Jerg Ratgeb Maler**, Sohn von Jacob Schürtz aus Schwäbisch Gmünd (nach 1500 wohnhaft in Herrenberg?) oder **Meister** Jorg, Jörg, Jerg, **Jürgen Schürtz, gen. Ratgeb**, Maler zu Stuttgart

* um 1470/75	in Schwäbisch Gmünd (im Schürtzenhaus am Häfertürlin?), Vater Jacob Schürtz, gen. Ratgeb (stammte aus der Gmünder Ratgeb-Familie oder war aufs engste mit ihr verwandt; zu diesem Zeitpunkt Bürger in Schwäbisch Gmünd); Generation von Albrecht Dürer (1471–1528) und „Grünewald" (Meister Mathis Gothard Neithard, um 1470–1528 oder Meister Mathis Grün, + 1532)
um 1485/90	Anfang der Lehrzeit, vermutlich in Schwäbisch Gmünd (Wappen der Gmünder Malerzunft als Trockenstempel am 3. Okt. 1518 im Brief an Claus Stalburg d. Reichen in Frankfurt benutzt)
um 1490/95	Wanderjahre, wahrscheinlich am Oberrhein noch mit dem bereits 1491 in Breisach verstorbenen Martin Schongauer zusammengetroffen, der dort im Münster das große Wandgemälde mit dem Weltgericht ausführte; vermutlich in dieser Zeit auch mit Albrecht Dürer (1494 Rückkehr nach Nürnberg, Heirat mit Agnes Frey, erste Italienreise) und mit „Grünewald" hier am Oberrhein zusammengetroffen
um 1495/98	Wanderschaft in Schwaben und Franken?
um 1498/99	Aufenthalt in Ulm und Augsburg?
1499–1502	Geselle in der Werkstatt von Hans Holbein d. Ä.
1499–1501	Mitarbeit am neuen Hochaltar für die Frankfurter Dominikanerkirche
1501	an der Aufstellung in Frankfurt beteiligt?
1502/03	Erwerb der Meisterschaft, Ort unbekannt, wahrscheinlich in Schwäbisch Gmünd (Trockensiegel mit dem Wappen der Gmünder Malerzunft von 1518) und Aufnahme in die Bürgerschaft (als Sohn eines Bürgers von Schwäbisch Gmünd)?
um 1503	Aufgabe des Bürgerrechts in Schwäbisch Gmünd?
1503	Übersiedlung nach Stuttgart, Erwerb des Bürgerrechts, Anfang einer eigenen Werkstatt? (dann bereits zu diesem Zeitpunkt verheiratet, Ehefrau vermutlich Tochter eines freien Bürgers oder Witwe eines Malers?)
1503	Weiterzug nach (Mainz oder) Frankfurt a. M.

1503	Rückseite des Dreikönigsaltares von Martin Caldenbach, gen. Heß, für die Mainzer Stephanskirche?
1504	Porträtbildnisse des ehemaligen Stalburg-Altares für die Privatkapelle der 1496 erbauten Großen Stalburg am Kornmarkt von Claus Stalburg dem Reichen
1504/05	Ausmalung der Wohnräume in der großen Stalburg, insbesondere der große Saal mit den Inschrifttafeln (Wortlaut bekannt) unter den Gemälden von Coriolan und dem gerechten Richter für Claus Stalburg
um 1505	Altarauftrag für die Weißnonne Lucia Heller (Schwester von Jacob Heller) für die Frankfurter Weißfrauenkirche in unmittelbarer Nähe des Karmeliterklosters? (Nachzeichnung/Werkstattzeichnung der Visierung des Altarflügels)
zw. 1505 u. 1507	vermutlich weiterhin im Rhein-Main-Gebiet tätig; Reise nach Köln und an den Niederrhein?
1508	in Stuttgart erwähnt
1508	im Gefolge von Kaiser Maximilian und Herzog Ulrich von Württemberg am Romzug beteiligt? Ende in Südtirol; vermutlich wäre das Kennenlernen von Matthäus Lang und Bernhard von Cles bereits zu diesem Zeitpunkt ins Auge zu fassen? Rückkehr nach Stuttgart im gleichen Jahr
1509	Aufenthalt in Stuttgart; Übersiedlung mit der Werkstatt und dem Haushalt von Stuttgart nach Heilbronn
1509	Aufenthalt in Frankfurt? Vergabe des Altares in Rödelheim bei Frankfurt an einen „meister jorg maler" (identisch mit Jörg Würzburger oder Jerg Ratgeb?), Ausführung zwischen 1509 und 1512, ebenso die Vergabe der Bemalung eines Heiligenstock an der Nidda an den gleichen Meister
1509–1512	Aufenthalt in Heilbronn, als Hintersasse nicht als Bürger aufgenommen, weil er die Leibeigene, mit der er zu dieser Zeit zusammenlebte, nicht aus der Leibeigenschaft bei Herzog Ulrich freikaufen konnte (Kinder erwähnt; nach 1512 schweigen die Urkunden über dieses „Weib", vermutlich verstorben; Leibeigene nicht in Schwäbisch Gmünd und Stuttgart, aber in Herrenberg); vermutlich für die Heilbronner Karmeliter/Haus zur Nessel tätig (im Zweiten Weltkrieg verbrannten Briefe aus der Heilbronner Zeit auf Papier mit dem Wasserzeichen des Hauses zur Nessel), neuer Hochaltar, gestiftet von den Herren von Gemmingen? (Stammsitz in Gemmingen bei Heilbronn, vier Kilometer von Schwaigern, Wappen auch in der dortigen Kirche; Uriel von Gemmingen von 1508 bis 1514 Erzbischof von Mainz, 1519 Ablaß seines Nachfolgers, Albrecht von Brandenburg, für das Heilbronner Karmeliterkloster, das zum Bistum Würzburg, nicht zum Bistum Mainz gehörte); Nachzeichnung/Werkstattzeichnung der Visierung der beiden Altarflügel mit der Geburt Mariens und der Geburt Christi (Visitation des neuen Hochaltares 1525 durch eine Frau von Gemmingen); vermutlich auch für den Heilbronner Bürgermeister Conrad Erer tätig (Heilbronner Rat und der Bürgermeister verantwortlich für die Ausstattung des Karmeliterklosters; Conrad Erer = Vater von Ursula Erer ∞ Frankfurter Patrizier Wicker Frosch † 1510, im Frankfurter Karmeliterkreuzgang begraben unter dem Wandgemälde von Jerg Ratgeb von 1515/16)
1510	Ausführung des Barbaraaltares für die Kapelle von Schloß Neipperg oder

	die Pfarrkirche von Schwaigern (Grablege der Grafen von Neipperg), gestiftet von Anna Barbara, Freiin von Schwartzenberg ∞ Graf von Neipperg, Georg Wilhelm, gen. Schwarzer
1512	Anfang des Jahres letztes Sitzgeld bezahlt, Wegzug aus Heilbronn, Rückkehr nach Stuttgart, Aufgabe des Bürgerrechts; Rückkehr nach Frankfurt (dritter Frankfurt-Aufenthalt)?
1512	Ausführung des Altares in Rödelheim bei Frankfurt? (Meister Jorg Maler identisch mit Jerg Ratgeb?)
1513/14	Aufenthalt in Mainz? Ausmalung des Sommerrefektoriums? (Brand Ende 1513, Wiederherstellung und Ausmalung 1025 Gulden)
1514–1518(Mitte)	Frankfurt-Aufenthalt, wahrscheinlich nur mit einer Unterbrechung: 1516 wahrscheinlich Reise nach Herrenberg (Visierung für Altar und Chorgestühl für Probst Johannes Rebmann † 1517, im Testament Geld für Hochaltar bereitgestellt); Ausmalung des Frankfurter Karmeliterklosters
1514/15	westliche Partie der Südwand, Anbetung für Claus Stalburg(Grablege, 1524 hier begraben) im Kreuzgang
1515/16	Westwand des Kreuzgangs (Frankfurter Patrizier: Frosch/Holzhausen/von Rein/von Schwarzenberg u.a. und Auswärtige, Karmeliter; Ausschmükkung der Grablege oder Denkmalcharakter)
1516	kleiner Flügelaltar (aus engl. Privatbesitz, heute Stuttgart) für die Frankfurter Karmeliterkirche gemalt? († 1516 Walter von Schwarzenberg, in der Kirche begraben, Denkmal auf der Westseite im Kreuzgang); Altar gleichzeitig mit der Nordseite entstanden
1516	Nordseite des Kreuzgangs; (Frankfurter Patrizier, Karmeliter u.a.) zu diesem Zeitpunkt auch Tod des Gesellen Jörg Glasser von Bamberg durch die Pest, im Kreuzgang begraben unter dem großen Weltgericht im Eck (östliche Partie der Südwand), das Jerg Ratgeb für ihn malte
1517	Geschichte des Karmels im Sommerrefektorium, gestiftet von der Annabruderschaft
1517	letzter Aufenthalt von Kaiser Maximilian in Frankfurt, Aufnahme bei Jakob Heller im Nürnberger Hof
1517	Aufenthalt von Matthäus Lang von Wellenburg in Frankfurt bei seiner Rückreise von Rotterdam nach Mühldorf (Erwähnung im Brief von Erasmus von Rotterdam an Thomas Morus), Auftragserteilung für Wandgemälde an Jerg Ratgeb (wahrscheinlich zweite Begegnung)
1517/18	„Vervollständigung" des Zykluses auf der Ost- und Südseite (Mitte) (Ostseite: Matthäus Lang, Bernhard v. Cles, Casimir v. Brandenburg, Pfalzgraf Friedrich von der Pfalz, Herzog v. Bayern, Jacob Heller)
1518	Farbeneinkauf für den Herrenberger Altar auf der Frankfurter Ostermesse; Abschluß der Frankfurter Arbeiten im Frühsommer; Ankunft in Herrenberg Juli/Aug.; Benedikt Farner/Vertrauter von Herzog Ulrich von Württemberg treibt Arbeiten und Geldbeschaffung voran; erste Zahlung (bis 1524)
1518/19	Ausführung des Herrenberger Altares am Ort, Aufstellung in der Kirche, Begutachtung des Altares durch den Maler Jerg Ratgeb und seine Gesellen, der vermutlich vor seiner endgültigen Rückreise nach Frankfurt noch Zwischenstation in Stuttgart gemacht hatte (Begutachtung des Altares durch fremde Maler Fehlinterpretation der Urkunde, Trinkgeld für Bildschnitzer

	Heinrich Schickhard aus Siegen in Westfalen spricht für die Ausführung eines geschnitzten Mittelschreins durch ihn; er hat bereits 1517 das Chorgestühl, vermutlich nach Rissen von Jerg Ratgeb, ausgeführt)
1519	(nach der Mitte des Jahres oder im Spätherbst) Rückkehr nach Frankfurt, bis 1521/22 weiterhin im Rhein-Main-Gebiet nachweisbar
1519/20	Ausführung der Bemalung einer Nische mit Ornamentik in der Frankfurter Karmeliterkirche
1520	Raumfassung (Säulen, Fenster, West- und Ostwand) im Sommerrefektorium des Frankfurter Karmeliterklosters)
1521	Wandgemälde in Kaseintemperamalerei (wie im Frankfurter Karmeliterkloster) im Kapitelsaal des Mainzer Domes
1521/22	Auflösung der Frankfurter Werkstatt (vermutlich zehn Mitarbeiter: Lehrlinge, Gesellen und ungelernte Arbeiter als Handlanger); Rückkehr nach Stuttgart, wenig über die hier ausgeführten Arbeiten zwischen 1522 und 1525 bekannt
1522–1525	Werkstatt in Stuttgart; möglicherweise für die Esslinger Karmeliter tätig? (neuer Hochaltar, den die Herzogin Elisabeth von Württemberg, Witwe von Eberhard II., gestiftet hatte?)
1525	(März, April, Mai) Verwicklungen in den württembergischen Bauernkrieg, kämpfte auf der Seite von Herzog Ulrich von Württemberg um die Rückeroberung von dessen angestammtem Territorium; Niederlage der Bauern, Flucht und Denunzierung, Gefangennahme und Prozeß in Pforzheim, Verurteilung; soll in Pforzheim auf dem Markt gevierteilt worden sein (Name von Jerg Ratgeb nicht in der Liste der im Bauernkrieg hingerichteten Opfer verzeichnet)
1541	erneute Aufrollung des Prozesses und nachträgliche Rehabilitation des Künstlers; Sohn des Künstlers Christoph Ratgeb ebenfalls Maler (für ihn bedeutet die Rehabilitation des Vaters, daß er selbst zunftfähig wird), Hofmaler in Zweibrücken

Kritische Auseinandersetzung mit dem neu erstellten Lebenslauf des Malers Jerg Ratgeb

Der neu erstellte Lebenslauf des Künstlers soll die Grundlage für eine wieder einsetzende Diskussion um Leben und Werk dieses doch bedeutenden Künstlers des frühen 16. Jahrhunderts sein.

Durch die Untersuchung von W. Fraenger wurde nicht nur die einzige umfassende Monographie unseres Jahrhunderts vorgelegt, sondern zugleich auch eine einseitige Fixierung auf das politische Engagement, das bei Ratgeb ohne Zweifel bestanden hat, vorgenommen und damit die Wissenschaft in eine Sackgasse geführt.

In der Frankfurter Ausstellung wird ein anderer Weg beschritten: durch die Spurensicherung soll versucht werden der historischen, nicht der fiktiven Gestalt Ratgebs näherzukommen, da der Künstler in keinem luftleeren Raum gelebt hat, sondern an der Zeitenwende vom Mittelalter zur Frührenaissance, die ja bereits der Neuzeit zugerechnet wird.

Für die Erstellung des Diagramms war der politische Aspekt von außerordentlicher Bedeutung, da Kunst im Kontext der Geschichte gesehen werden soll.

Das Zeitalter von Maximilian, dem letzten Ritter, ging zu Ende; 1517 weilte der alternde Kaiser noch einmal in Frankfurt und wohnte bei Jacob Heller im Nürnberger Hof. Er hat wohl lange vorher mit seinem eigenen Tod gerechnet, da er durch die Doppelhochzeit von Wien 1515 und die Entscheidung für seinen Enkel Karl als seinen Nachfolger 1517 sein Haus bestellte und ab 1518 ein ganzes Jahr lang bei seinen Reisen seinen eigenen Sarg mit sich führte, bis er am 19. Januar 1519 in Wels in Österreich starb.

Die Kunst seines Zeitalters war bestimmt durch verschiedene Kunstströmungen. Im Reich seines Vaters, Friedrichs III., haben so wichtige Künstler wie Nicolaus Gerhaert - der bedeutendste Vertreter auf dem Gebiet der Skulptur - und Martin Schongauer - auf dem Gebiet der Malerei - gelebt und epochale Werke am Ober- und Mittelrhein, in Schwaben und im Raum Passau und Wien hinterlassen. Zu diesem Aspekt kam hinzu, daß seit der Heirat von Maximilian mit Maria von Burgund 1477 die Orientierung an der burgundischen Hofkunst einsetzte; auch die Kunst der niederländischen Erblande übte einen nicht zu unterschätzenden Einfluß auf die deutsche und sogar auf die italienische Kunst im ausgehenden 15. und im frühen 16. Jahrhundert aus. Seit der Heirat mit der Italienerin Bianca Maria Sforza aus Mailand beeinflußte auch die italienische Kunst in immer stärkerem Maße die deutsche Kunst. Die zahlreichen Italienreisen fast aller namhaften deutschen Künstler und die von ihnen nach ihrer Rückkehr geschaffenen Werke sind dafür Beweis.

Mit der Wahl seines Enkels, Karls V., in dessen Reich die Sonne nicht unterging, 1519 in Frankfurt, begann auch eine neue Ära der Kunst. Er vergab nicht wie sein Großvater Aufträge an alle namhaften Künstler Süddeutschlands, sondern er orientierte sich fast ausschließlich an der italienischen Kunst, von den Künstlern schätzte er besonders Tizian. Fast alle großen deutschen Künstler, Maler und Bildschnitzer, verstarben im dritten bzw. zu Beginn des vierten Jahrzehnts des 16. Jahrhunderts.

Die dritte politische Komponente, die den Verlauf des Lebens von Jerg Ratgeb bestimmte, war die Geschichte des Herzogtums Württemberg. Der junge Herzog Ulrich, der stark um die

Macht in dem ihm angestammten Land zu kämpfen hatte, schreckte auch nicht vor dem Mord an Hans von Hutten und dem Einsetzen der Bauern für seine Belange oder deren Opferung zurück.
Jerg Ratgeb, dessen Werke noch voll in der Kunst der Maximilianischen Zeit verwurzelt waren, geriet in den Sog der Ereignisse um Herzog Ulrich von Württemberg. Der auf große Prachtentfaltung seit dem Konstanzer Reichstag (1507) fixierte Herzog hat wahrscheinlich Jerg Ratgeb nie in seine Dienste genommen, dennoch bediente er sich seiner im Bauernkrieg, als er mit dem Rücken an der Wand kämpfte, wohl wissend, daß die Bauern und Ratgeb durch ihn in Gefahr gebracht wurden.
Bei diesem aus der Spurensicherung resultierenden Lebenslauf interessiert neben der künstlerischen Leistung des Malers und seinen politischen Verwicklungen eine weitere Komponente im Leben von Jerg Ratgeb: dies ist die menschliche Seite.
So stellt sich die sehr interessante Frage: inwieweit versuchten die zahlreichen, doch fast alle sehr einflußreichen Gönner und Mäzene dem Maler vom Menschlichen her zu helfen? Waren sie alle bereits tot oder zu gelähmt von der Nachricht von seiner Verwicklung in den schwäbischen Bauernkrieg, daß sie erst gar nicht versuchten ihm zu helfen, oder erfuhren sie erst zu spät von seiner Verurteilung? Diese Frage dürfte wohl sehr schwierig sein. Mit ihrer Beantwortung kann erst nach der geführten Diskussion gerechnet werden.
Bereits 1975 in den Rezensionen von B. Bushart und 1976 in denen von H. Kiesling und K. J. Herrmann wurde auf die Schwierigkeiten, die die Thesen von W. Fraenger mit ihrer nicht logisch durchgezogenen Konzeption mit sich brachten, was auch dazu führte, daß sie sich nicht auf Dauer in der Forschung durchsetzen konnten, hingewiesen.
Anhand der Urkunden soll der Lebensweg des Künstlers so umfassend wie möglich nachgezeichnet werden. Oft waren aber mehrere Deutungen der Fakten möglich; auch hier muß die Diskussion entscheiden.
Wie schwierig sich die Ratgeb-Forschung in der Vergangenheit dargestellt hat, zeigen die sehr divergierenden Meinungen von O. Benesch, E. Buchner, W. K. Zülch und A. Stange, alle beste Kenner der Kunst des 16. Jahrhunderts.
Es ist jedoch zu hoffen, daß die Wissenschaft nicht weiter durch die Arbeiten von Fraenger gespalten wird, denn viele schließen sich auch heute noch seinen Thesen an, ohne selbst eigene zu entwickeln.

Oeuvreverzeichnis von Jerg Ratgeb

1. Mitarbeit am Hochaltar für die Frankfurter Dominikanerkirche in der Werkstatt von Hans Holbein d. Ä.	1499–1501
2. Mitarbeit am Hochaltar für die Zisterzienserkirche in Kaisheim in der Werkstatt von Hans Holbein d. Ä.?	1502
3. Mitarbeit am Dreikönigsaltar für St. Stephan in Mainz von Martin Caldenbach, gen. Heß; Rückseite von Jerg Ratgeb eigenhändig (?)	1503
4. Flügelinnenseiten des nur fragmentarisch erhaltenen Stalburg-Altares aus der Großen Stalburg am Kornmarkt in Frankfurt **Stalburg-Bildnisse)** von Jerg Ratgeb;	1504
Außenseiten von einem zweiten Mitarbeiter der Holbein-Werkstatt (Schmerzensmann und Schmerzensmutter)	1499 bis ca. 1502/03
5. Ausmalung der Wohnräume in der Großen Stalburg für Claus Stalburg (nicht erhalten, Text der Inschrifttafeln im großen Saal bekannt)?	um 1504
6. Lucia-Altar für die Frankfurter Weißfrauenkirche für Lucia Heller? (Nachzeichnung der **Visierung eines Altarflügels, Dresden Kk.**)	um 1505
7. Altar für die Cyriakuskirche in Rödelheim bei Frankfurt? (Urkunde: Meister Jorg Maler / identisch mit Jerg Ratgeb?)	1509/12
8. Heiligenstock an der Nidda von 1512? (Urkunde: Meister Jorg Maler / identisch mit Jerg Ratgeb?)	1512
9. Hochaltar für die Heilbronner Karmeliterkirche, Haus zur Nessel, gestiftet von den Herren von Gemmingen? (Nachzeichnung der **Visierung der Altarflügel, Dresden Kk.**)	1509–1512
10. **Barbaraaltar in der Pfarrkirche in Schwaigern** für Anna Barbara, Freiin von Schwartzenberg, verheiratet mit dem Grafen von Neipperg, Georg Wilhelm, gen. Schwarzer	1510
12. Altarauftrag in Stuttgart? (Jerg Ratgeb oder Jörg Boden?)	1512/13
13. Ausmalung des Sommerrefektoriums im Mainzer Karmeliterkloster?	1513/14

14. **Ausmalung des Kreuzgangs bei den Karmelitern in Frankfurt**
a) **westlicher Teil der Südwand für Claus Stalburg** 1514–1515
b) **Westwand** 1515/16
c) **Nordseite** 1516
d) **östlicher Teil der Südwand** (Großes Weltgericht im Eck) 1516
e) **Ostseite** 1517/18

15. **Ausmalung des Sommerrefektoriums bei den Karmelitern in Frankfurt** 1517

16. **kleiner Flügelaltar** (aus engl. Privatbesitz für Stuttgart angekauft, gleichzeitig mit der Nordwand des Kreuzgangs in Frankfurt, ursprünglich für eine Frankfurter Kirche gemalt?, z. B. für den 1516 verstorbenen Walter von Schwarzenberg? **Vorzeichnung Jerg Ratgeb**/Infrarotaufnahme) 1516

17. **Herrenberger Altar** 1518/19

18. **Ornamentnische in der Franfurter Karmeliterkirche** (nicht erhalten, Archivfoto) 1519/20

20. **Raumfassung des Sommerrefektoriums im Frankfurter Karmeliterkloster** 1520

21. **Wandgemälde im Kapitelsaal des Mainzer Domes** 1521

22. Bildnisdiptychon der Grafen von Rieneck? 1521/22

23. Hochaltar für die Karmeliterkirche in Esslingen? 1522–1525

Anmerkungen zum Œuvreverzeichnis

Die in der Ratgeb-Literatur fast durchgängig dem Künstler zugeschriebenen drei Werke –
1. die Tafel mit der Darstellung des Abendmahls in Amsterdam,
2. die im Zweiten Weltkrieg zerstörte Tafel mit der Darstellung des Passahfestes in Berlin,
3. die Tafel mit der Darstellung des Abschieds Christi von seiner Mutter in Bern –
fehlen in dem jetzigen Œuvreverzeichnis aus folgende Gründen:
Die These von der Schulung Jerg Ratgebs am Oberrhein und in der Werkstatt von Hans Holbein d. Ä. beginnt sich in immer stärkeren Maß zu verdichten. B. Bushart und E. Rettich vertreten diese These, letztere begründet sie mit der Farbigkeit; H. Keller hält die Augsburger Schulung für nicht ausgeschlossen (mündliche Aussage). P. Eich schreibt die beiden Stalburg-Bildnisse einem Schüler von Hans Holbein d. Ä. zu. Besonders von den formalen Kriterien her läßt sich eine Beeinflussung durch die Augsburger Kunst nachweisen. Zu denken ist hier an die Architekturen bei der Nachzeichnung in Dresden von den Visierungen zweier Altarflügel mit der Darstellung der Geburt Mariens und der Geburt Christi, die wahrscheinlich mit dem Hochaltar des Karmels in Heilbronn in Verbindung zu bringen sind, und an die Architekturrahmungen und die Ornamentik im Frankfurter Karmeliterkloster – besonders stark bei der zerstörten Ornamentnische in der Karmeliterkirche und der Raumfassung des Refektoriums – sowie an die Architekturen und die Ornamentik des Herrenberger Altares.
Diese Kriterien führen dazu, daß die Tafel in Amsterdam und Berlin aus dem Œuvre von Jerg Ratgeb ausgeschlossen werden müssen, da sich hier keine Augsburger Schulung nachweisen läßt. Auch stimmt die Farbigkeit mit dem in den anderen Werken dieses Malers nachweisbaren Kolorit nicht überein. Wenn dennoch verschiedene Züge an den Malstil von Ratgeb zu erinnern scheinen, dann stellt sich die berechtigte Frage, ob diese Komponente nicht von den Tendenzen des allgemeinen expressiven Zeitstils in den beiden ersten Jahrzehnten des 16. Jahrhunderts herzuleiten ist.
Auch bei der Berner Tafel mag dieses Kriterium – der expressive Stil – dazu bewogen haben, daß man versuchte, sie Ratgeb zuzuschreiben. Der Stil ist aber einwandfrei der Schweizer Malerei zuzurechnen, die ihrereseits nicht ohne eine Beeinflussung durch die oberrheinische Kunst geblieben ist.
Die Kunstlandschaften Oberrhein und Wien aber brachten fast gleichzeitig den expressiven Zeitstil hervor, der nicht ohne die Beeinflussung des Nachlebens der Werke von Nicolaus Gerhaert geblieben ist. Der Künstler, der symptomatischerweise in beiden Kunstlandschaften aktiv geworden war, hat damit den Stil der Donauschule – hier kommt noch das Nachwirken der Auflösung der Stoß-Werkstatt in Krakau 1496 fördernd hinzu, der Callimachos-Epitaph von 1498 enthält schon verschiedene Kriterien des Donaustils, so die Ornamentik – und den Stil am Oberrhein geprägt bzw. initiiert.

Schulung und Wanderjahre

Über das Leben von Jerg Ratgeb sind nur wenige Fakten bekannt, so daß in der Vergangenheit in der Forschung es die unterschiedlichsten Thesen darüber gab.
Als gesichert kann betrachtet werden, daß der Maler in der freien Reichsstadt Schwäbisch Gmünd geboren wurde, denn darauf deutet die Bezeichnung „J.R.M.V. Schwaebisch Gmindt" in der Bürgermeisterliste des Nikolaus Frosch von 1586 in Frankfurt a. M. hin.

Jedoch wird in der Literatur von fast allen Wissenschaftlern das Geburtsdatum mit 1480/85 angegeben, eine These, der man nur schwer folgen kann, wenn man bedenkt, daß Jerg Ratgeb als Künstlerpersönlichkeit zum ersten Mal in dem von seinem wichtigsten Lehrer Hans Holbein d. Ä. in Augsburg gefertigten Dominikaner Hochaltar für Frankfurt a. M. zwischen 1499 und 1501 und im Kaisheimer Altar von 1502 faßbar wird und wir hier mit der Arbeit eines etwa fünfundzwanzigjährigen Mannes rechnen müssen, denn Ratgeb scheint unmittelbar nach seiner Tätigkeit in der Werkstatt von Holbein um 1502/03 das Meisterrecht in seiner Heimatstadt Schwäbisch Gmünd erworben zu haben, da er das Wappen der Gmünder Malerzunft als persönliches Wappen führte (im Brief an Claus Stalburg den Reichen in Frankfurt, am 3. Oktober 1518 aus Herrenberg abgeschickt).
Aus diesem Grund wird vorgeschlagen, das Geburtsdatum nicht wie bisher um 1480 anzunehmen, sondern es etwa früher anzusetzen, um 1470/75; damit wäre Ratgeb zur gleichen Generation wie Albrecht Dürer und Mathis Gothard Neidhart zu rechnen.
Es scheint auch aufgrund des geführten Gmünder Malerwappens nicht auszuschließen zu sein, daß er seine erste Ausbildung in einer Malerwerkstatt in Gmünd erhalten hat, ehe er auf die Wanderschaft ging.
Da um 1490 der Oberrhein und Martin Schongauer die jungen Künstler magisch anzog, selbst Albrecht Dürer konnte sich dem nicht entziehen, dürfte es auch wahrscheinlich sein, daß der junge Ratgeb an den Oberrhein ging, zumal viele stilistische Merkmale dafür sprechen, die in einer gesonderten Untersuchung durchleuchtet werden müssen.
Eine Schulung Ratgebs durch den Hausbuchmeister am Mittelrhein, die durchweg in der älteren Literatur angenommen wurde, kann nach dem heutigen Stand der Forschung ausgeschlossen werden, da der Stil von Ratgeb durchaus von der schwäbischen, augsburgischen und oberrheinischen Komponente geprägt wird, nicht aber von der mittelrheinischen, die jedoch durch seine verschiedenen Aufenthalte im Rhein-Main-Gebiet ihrerseits nicht ohne jeden Einfluß auf seine Werke blieb, da gerade die Kommunikation der deutschen Künstler des frühen 16. Jahrhunderrs erst zu den Höchstleistungen führte, die in den ersten drei Jahrzehnten des Jahrhunderts nachzuweisen sind.

Abb. A 1-10 Hans Holbein d. Ä. und Werkstatt, Hochaltar für die Frankfurter Dominikanerkirche (1499-1501)

A 1

A 2

A 3

SI HVNC DIMITTIS NŌ ES AMICV

A 5

A 6

A 7

A 8

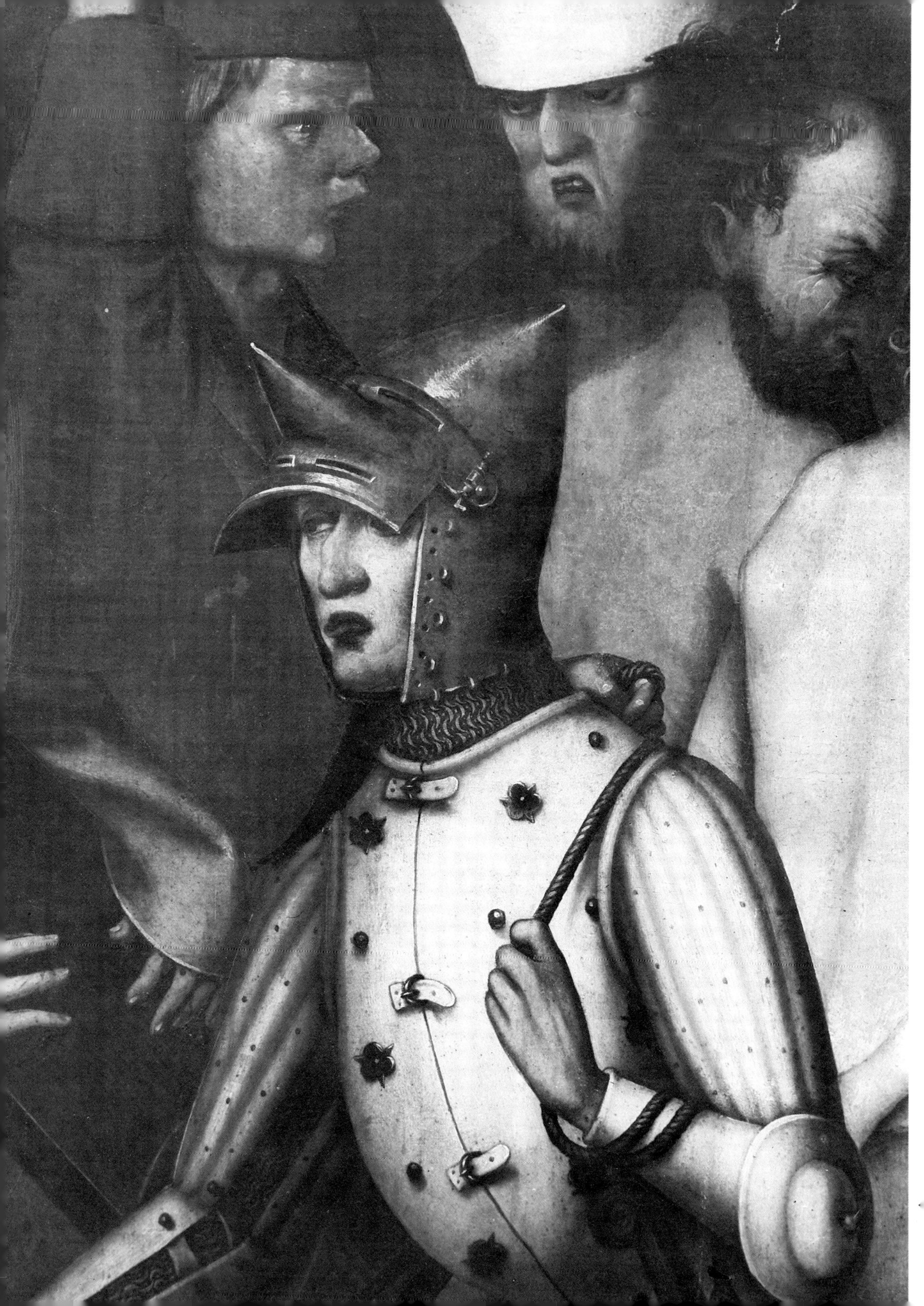

A 10

Die ersten Frankfurt-Aufenthalte 1502, 1503 bis 1507 und 1509?

Da die Urkunden über den frühen Zeitraum im Leben von Jerg Ratgeb und sein Werk schweigen, kann nur anhand der Stilkriterien, der Farbigkeit und der Verarbeitung von Vorlagen eine Hypothese über den Ablauf zu diesem Zeitpunkt erstellt werden, die aber keinesfalls einen Anspruch auf Schlüssigkeit erheben kann, da sich nur einzelne Glieder der Kette erschließen lassen.

Die These von den Werkstattzusammenhängen zwischen dem Meister Hans Holbein dem Ä. und dem noch als Lernender, wahrscheinlich als Geselle tätigen Jerg Ratgeb stellt sich noch ziemlich eindeutig dar. Fraglich aber wird es bereits bei der Aussage, Jerg Ratgeb habe auch 1502 an der Aufstellung des Hochaltares in der Frankfurter Dominikanerkirche teilgenommen. Dennoch, blickt man auf den weiteren Lebenslauf, der sich zumindest ab 1514 für die Frankfurter Verhältnisse und ab 1509 für die Verbindungen zum Heilbronner Karmel klar darstellt, dann erscheint auch die Vermutung, er habe bereits zu diesem Zeitpunkt Kontakte zu den Frankfurter Patriziern geknüpft, nicht mehr so unwahrscheinlich.

Es steht außer Zweifel, daß der sehr selbstbewußte Claus Stalburg bei der Vergabe des repräsentativen Auftrages für ein Wandgemälde am Ort der Grablege im Frankfurter Karmeliterkloster bestimmt keinen ihm unbekannten Meister betraute. Aus diesem Grund stellt sich unabhängig von der Zuschreibung der Stalburg-Bildnisse (Frankfurt, Städel) an Jerg Ratgeb die Frage, wann und wo der Mäzen und der Maler zum ersten Mal zusammentrafen. Nimmt man noch den Stalburg-Altar in die Argumentation hinein, dann ist heute durch die Untersuchungen von P. Eich einwandfrei erwiesen, daß er von zwei Malern, die aus der Holbeinwerkstatt kamen, angefertigt wurde. Durch die Außenseiten des Altares mit der in Anlehnung an Holbeinsche Madonnen geschaffenen Schmerzensmutter – mit Sicherheit nicht von der Hand Ratgebs – schließt sich ein Kreis, der nur noch die Vermutung zuläßt, daß es 1502 bei der Aufstellung des Holbein-Altares in Frankfurt zu einer Begegnung zwischen dem Maler Holbein oder seinen Mitarbeitern und Claus Stalburg bereits gekommen sein muß, denn nur zwei Jahre später entsteht der datierte Stalburg-Altar.

Ob Ratgeb aber noch einmal mit Holbein nach Augsburg zurückgekehrt ist, kann ebenfalls nur vermutet werden, da er wahrscheinlich auch noch am Kaisheimer Altar mitgearbeitet hat. In bezug auf die weiteren Stationen im Leben von Jerg Ratgeb ist es unwahrscheinlich schwer, die Verbindungsfäden weiter zu knüpfen. Sicher ist, daß er in Augsburg nicht die Meisterschaft erwarb und aus diesem Grund eine andere Stadt angenommen werden muß, denn ohne die Meisterschaft und das Bürgerrecht konnte kein Handwerker sich in irgendeiner Stadt niederlassen und eine Werkstatt gründen. Da Ratgeb auch noch in späteren Jahren – 1518 in dem Brief an Claus Stalburg – das Wappen der Gmünder Malerzunft als persönliches Wappen führte, ist es nicht auszuschließen, daß er in seiner Geburtsstadt Schwäbisch Gmünd die Meisterschaft erwarb.

Blickt man auf den Lebenslauf von Jerg Ratgeb insgesamt zurück, dann ist besonders auffällig, daß er wie kaum ein anderer Künstler seiner Zeit durch die Lande zog, um an den verschiedensten Orten seine Werke zu schaffen; darin ist er nur dem bereits 1473 verstorbenen Nicolaus Gerhaert vergleichbar, der in Trier, Nördlingen, Straßburg, Konstanz, Baden-Baden,

Passau und Wien seine Werke hinterließ. Die Reisewege von Kaiser Maximilian und Matthäus Lang von Wellenburg, dem schnellsten Reiter seiner Zeit, zeigen, daß es für das frühe 16. Jahrhundert nicht so verwunderlich ist, wenn auch ein Künstler reiste und an verschiedenen Orten tätig wurde. Für Albrecht Dürer sind drei Italienreisen und eine Reise in die Niederlande nachzuweisen.

Aus diesem Grund kann man das, was sich von 1509 bis 1525 eindeutig darstellt, auch für die frühe Zeit erschließen.

Da von den Stilkriterien her einige Fakten für eine Zuschreibung der Rückseite des Caldenbach-Altares (Mainz, Landesmuseum; Frankfurt, Städel), der um 1503 für St. Stephan in Mainz entstanden ist, an Jerg Ratgeb sprechen, müßte der Maler von Schwäbisch Gmünd weiter nach Stuttgart gezogen sein - wofür die Stuttgarter Urkunden sprechen - und dann nach Mainz oder Frankfurt.

1504 entstand in Frankfurt der datierte Stalburg-Altar, der aufgrund der Schulung des ausführenden Künstlers in der Holbein-Werkstatt ziemlich eindeutig Jerg Ratgeb zugeschrieben werden kann. Die Kühnheit der Komposition spricht sowohl bei der Rückseite des Caldenbach-Altares, den Stalburg-Bildnissen, sie ist auch bei der Gesamtplanung der Raumausstattung des Frankfurter Karmeliterklosters - Kreuzgang und Refektorium - und dem Herrenberger Altar vorhanden, für eine Zuschreibung an Jerg Ratgeb.

Es ist, betrachtet man auch die Œuvre anderer Künstler, nicht verwunderlich, wenn zu Beginn der künstlerischen Laufbahn bereits Werke entstehen, die über das Anfangsstadium eines Künstlers hinausgehen. Blickt man aber zurück auf den Frankfurter Dominikaner Hochaltar von Holbein, dann scheint die Diskrepanz zwischen den Bildnissen und dem Schwaigerner Altar nicht mehr so gravierend zu sein; denn der Künstler hat zunächst noch voll unter dem Einfluß seines Lehrmeisters gestanden und erst im Schwaigerner Altar nachweisbar den Wandel zur eigenen Handschrift vollzogen. Nur vier Jahre später, mit der Anbetung für Claus Stalburg 1514/15, hat er dann bereits den Höhepunkt in seinem Schaffen erreicht.

Ein weiteres Kriterium für die Kunst Ratgebs ist, daß er in keinem seiner erhaltenen Werke auf das dekorative Moment der Schrift verzichtet, die aber zugleich auch Bedeutungsträger ist. Aufgrund der schriftlichen Quellen zur Frankfurter Geschichte ist bekannt, daß im großen Saal der Großen Stalburg am Kornmarkt, erbaut 1498, sich Tafelgemälde befanden, deren Inschriften uns überliefert sind. Dargestellt war die Geschichte von Coriolan und dem gerechten Richter. Auch diese Tatsache spricht dafür, daß Claus Stalburg nach dem Altar für seine Privatkapelle nicht auf die Mitarbeit von Ratgeb verzichtete und ihn auch mit der Ausmalung seines Hauses, das sich nach den Beschreibungen als sehr außergewöhnlich erweist, beauftragte. Eine gewisse Skurrilität, die Claus Stalburg zu lieben schien, geht auch dem künstlerischen Werk von Jerg Ratgeb nicht ab. War dies der verbindende Aspekt, der Mäzen und Maler wahrscheinlich dreimal zusammenführte?

Um 1503 dürfte auch das Original für die Visierung von einem Altarflügel mit der Legende der Heiligen Lucia - Nachzeichnung Dresden - entstanden sein. Da es im Frankfurter Patrizierkreis und in der Verwandtschaft von Claus Stalburg eine Frau mit dem Namen Lucia, Luckel Heller, gab, die noch um 1519/22 als Priorin den Mainzer Weißnonnen vorstand, stellt sich die berechtigte Frage, ob der ausgeführte Altar nicht in der Frankfurter Weißfrauenkirche seine Aufstellung gefunden hatte.

Mit Jacob Heller verbindet sich für Ratgeb auch noch die Stiftung eines nicht erhaltenen Wandgemäldes auf der Ostseite des Kreuzgangs bei den Frankfurter Karmelitern aus dem Jahre 1517. So stellt sich auch hier die Frage, ob die Familie Heller, die noch drei weitere bekannte Altäre stiftete - 1495 Altar für den auf einer Romreise ermordeten Geistlichen Wolfgang Heller in Aschaffenburg, 1498 den Epitaphaltar seines Vaters, Berthold Heller und den

sog. „Heller-Altar", den sein Bruder, Jacob Heller, von Albrecht Dürer und Mathis Gothard Neithard 1509 anfertigen ließ – auch diesen Flügelaltar hat anfertigen lassen.
Die Stifterbildnisse von Jacob Heller und seiner Hausfrau Katharina von Melem auf dem „Heller-Altar" von Dürer erinnern an den Schwaigerner Altar, die Mauernische mit den gemalten Rissen an die Nische auf der Tafel mit der Darstellung des Ecce Homo auf der Innenseite des linken Flügels der kleinen Tafeln in Stuttgart, die wahrscheinlich 1516 für den verstorbenen Walter von Schwarzenberg gemalt wurden.
Die noch nicht abgeschlossenen Versuchsreihen mit Röntgen- und Infrarotaufnahmen werden hier noch einige Erkenntnisse bringen.
Wie lange Ratgeb sich in Frankfurt aufgehalten hat, ist ebenfalls nicht klar abzugrenzen. Bekannt ist nur, daß er 1509, von Stuttgart kommend, nach Heilbronn gezogen ist.
War Ratgeb noch vor seiner Rückkehr nach Stuttgart in Köln oder in den Niederlanden? Diese Frage zu beantworten, dürfte schwierig sein, da die graphischen Vorlagen im Vermittlungsprozeß eine nicht zu unterschätzende Rolle spielen und der niederländische Einfluß so nur ein mittelbarer sein konnte.
Daß darüber hinaus in Stuttgart zwischen 1503 und 1512 und in Frankfurt zwischen 1503 und 1522 ein zweiter Maler tätig war mit dem Namen Jörg, gehört zu den Aspekten, die die Sachlage komplizieren, statt sie zu vereinfachen. In den Stuttgarter Urkunden wird ein Meister Jörg Boden, in den Frankfurter Urkunden ein Meister Jörg Würzburger als Maler erwähnt. Ob nun ein Altar von 1512/13 in Stuttgart Boden oder Ratgeb zuzuschreiben ist oder der Altar in Rödelheim und der Bildstock an der Nidda von Würzburger oder Ratgeb geschaffen wurde, ist ein schwieriges Unterfangen, da in den Urkunden nur pauschal ein Jörg Maler erwähnt wird. Möglicherweise kann die intensive Forschung über das Leben und Werk dieser beiden Zeitgenossen, trotz der katastrophalen Quellenlage nach den Zerstörungen des Zweiten Weltkrieges, uns dennoch ein Stück weiterbringen, da die Fakten im Kontext der Geschichte gesehen doch mit Sicherheit zu weiteren Ergebnissen führen werden.
Die Rückkehr nach Stuttgart im Jahre 1508 bzw. 1509, die Übersiedlung von Stuttgart nach Heilbronn bringt uns auf den gesicherten Boden im Leben von Jerg Ratgeb. Die politische Dimension seiner Bindung an das Haus Württemberg und das Haus Habsburg, für die bereits zu diesem Zeitpunkt die Weichen gestellt wurden, endete dann im Jahre 1525 in seiner Entscheidung für Württemberg und gegen Habsburg tragisch, indem er seine Bindung an den früheren Initiator, den bereits 1519 verstorbenen Kaiser Maximilian und seinen Enkel, Karl V., und die wichtigsten Stifter im Frankfurter Karmeliterkloster, Lang, Cles, Brandenburg und den Pfalzgraf von Rhein, die die Wahl des Maximilian-Enkels Karl mittrugen, aufgab und sich auf die Seite von Herzog Ulrich von Württemberg stellte.

Urk.Nr. 1
Stuttgart, Stadtarchiv
Bedebücher (1503–1512)
Kriegsverlust
Lit.: H. Rott, Urkundenbücher der Stadt Stg., **Württ. Geschichtsquellen**, Bd. 13, Stg. 1912, S. 543 (Exzerpt). – **H. Rott,** Quellen u. Forschgn. z. südwestdt. u. Schweizer Kg. im 14. u. 15. Jh., Bd. II (Altschwaben u. die Reichsstädte), Stg. 1934, S. 283.

Urk.Nr. 2
Nach einer vagen Äußerung von **W. K. Zülch** soll sich Ratgeb 1504 im Gefolge vom Herzog Ulrich vor Maulbronn befunden haben.
Diese These ist nicht haltbar, da für das Jahr 1504 die Stalburg-Bildnisse angesetzt werden müssen; hinzu kommt, daß nach dem heutigen Stand der Wissenschaft die Ausmalung der Brunnenkapelle und des Herrenrefektoriums mit dem angeblichen Selbstbildnis nicht mehr dem Œuvre von Jerg Ratgeb zugerechnet werden kann.
Lit.: W. K. Zülch, J. R. Maler, **Rep. f. Kw.**, 40, 1917, N.F.V, S. 172.

Urk.Nr. 3
Solms-Laubach Archiv, Laubach/Oberhessen
Rechnungen der Cyriakuskirche in Rödelheim 1502–1512
1509

> Item 3 Guld(en) geb(ben) dem maylle(r) vnnd sin Knecht(en) zu drankgelt als man die tayffeln verdinget vnnd zu weinekauff
> Item 10 guld(en) Entpang(en) vonn henn freylingshusern gelt vnnd an die thayffeln gewandt
> Item 3 guld(en) 5ß 3 Hgeg(en) meiste(r) Jorgen dem mayll(er) zu Frankfurt am heylg(en) stock am steyge vnnd anders Inhalt eins zyttels

Verding für eine Altartafel – Flügelaltar (?) von 50 Gulden
Meister Jorg Maler zu Frankfurt, die Identität zwischen ihm und Meister Jerg Ratgeb muß noch erst in vollem Umfang nachgewiesen werden, da zwischen 1503 und 1522 in Frankfurt ein Maler mit dem Vornamen Jorg gelebt hat, den man aber hier den „Würzburger" nannte nach dem Haus „Klein Würzbzurg" neben dem „Güldenen Löwen" am Kornmarkt (mit Hof, Badestube, Keller, Stall, Küche, Stuben). Der Familienname wurde in den Frankfurter Urkunden nie genannt.
Lit.: O. Graf zu Solms-Laubach, Der Meister M3 – Jerg Ratgeb?, **Wall.-Rich.Jb.,** 34, 1972, S. 97, 102f., Abb. 32.

Urk.Nr. 4
Solms-Laubach Archiv, Laubach/Oberhessen
Rechnungsheft der Cyriakuskirche in Rödelheim 1502–1512
Zettel

> Item gen Rydelhain gemach (gemach ist durchgestrichen) in den pildstock pey dem stege alls man uber dye Nyedt ged eyn hergot am kreytz Marya und Johannes dar pey stond sand Zyriacus (Randvermerk von anderer Hand: zu dem heiligenstock)

Sand Kyreyn sand Valentinus und Sant Lorenzen
Item eyn eysen gerems dar vor mit zynober angestrichen und oben uff eyn eysen panyr gemalt zu beiden seyten von den allen zusame 2 gulden und 8 schilling
Item 4 pogen pabeyr von schonem bla angestrichen jee von eynem 4 albus - 16 albus (zum schanck inn der kirchenn im dahayll) (in kleiner Schrift von anderer Hand)
Item mer 8 Sollmyscg botten buchsen uff das schonst und beeßt gemacht (Text durchgestrichen, am Rand von anderer Hand: steett unserm gnedigen hern) je fyr 12 heller (12 albus) (in kleinerer Schrift)
Soma 5 gulden 10 albus
Item mer 2 eysen rot angestrichen und mit vorgulden ligen oder rossen (Lilien und Rosen) dar vir 8 albus (inn die kirchen) (in kleiner Schrift)
Soma 5 gulden 5 schilling bezalt 3 heller (mach 5 gulden 16 schilling deß habe ich meister Jorgen gegeben vor unnd nach 4 gulden) (in kleiner Schrift, dünn und 4 gulden dick durchgestrichen) M J

Lit.: O. Graf zu Solms-Laubach, Der Meister M3 - Jerg Ratgeb?, **Wall.-Rich.Jb.,** 34, 1972, S. 97, 102f., Abb. 32.

Problematik der Urkunden mit der Erwähnung des Malers „Meister Jorg Maler"

Für Meister Jorg Maler ist kein Familienname bekannt, er wird in den Frankfurter Urkunden von 1503 bis 1522 genannt und wird hier als „Jörg auf dem Berg" (= Samstagsberg) oder „Jörg Würzburger" bezeichnet, in beiden Fällen nach den Häusern benannt, in denen er wohnte: er wohnte im Mußgäßchen beim Steinernen Haus und besaß das Haus „Klein Würzburg" am Kornmarkt.

Er stammte auf keinen Fall aus Würzburg wie der gleichzeitig in den Frankfurter Urkunden erwähnte Magister Georg Aschaffenburger von Würzburg und der Goldschmied Georg Ziechlein von Würzburg, auch letzterer wurde in verschiedenen Urkunden Jörg Würzburger genannt, läßt sich von diesem aber klar durch die Berufsbezeichnung „Meister Jörg Maler" unterscheiden.

Da nach dem neuesten Stand der Wissenschaft Jerg Ratgeb von 1502/03 bis 1507/08, zwischen 1512/13/14 und 1518 und dann von 1519 bis 1522 in Frankfurt gelebt haben muß, stellt sich die berechtigte Frage: Handelt es sich bei

> Meister Jörg Maler = Meister Jörg Maler auf dem Berg = Meister Jörg Maler gen. Würzburger

in den Frankfurter Urkunden und

> Meister (Jorg, Jörg) Jerg Maler = Meister (Jörg, Jorg) Jerg (Georg, Georgius) Ratgeb Maler, gen. Schürtz (gen. Schürtzenjürgen) = Meister Jörg Schürtz, gen. Ratgeb (des Schürtzen Jacobs Sohn)

um ein und dieselbe Person?

Urk.Nr. 1
Frankfurt, Stadtarchiv
Bürgerbuch
1503, Bl. 23

Meister Jörg Maler wird Frankfurter Bürger durch Einheirat (Hausfrau Anna [Sossenheimer?], identisch mit Anna [Ännchen/Engin] Malerin auf dem Berg und Anna zum Hirschhorn, Haus auf dem Liebfrauenberg?)

Lit.: W. K. Zülch, Rep. F. Kw., 40, 1917, N.F.V, S. 121. - **W. K. Zülch,** Frankfurter Künstler, 1223-1700, Ffm. 1935, S. 265, 286f. (vermutlich aus Mainz stammend).

Urk.Nr. 2
Mainz

Meister Jorg Maler erbt ein Haus in Mainz (Stammgüter).

Lit.: W. K. Zülch, Rep. f. Kw., 40, 1917, N.F.V, S. 121. - **W. K. Zülch,** Frankfurter Künstler, 1223-1700, Ffm. 1935, S. 265.
Die Erbschaft des Künstlers in Mainz nicht mehr anhand des Urkundenbestandes des Mainzer Stadtarchivs nachweisbar (Hinweis von Herrn Dr. Falk).

Urk.Nr. 3
Frankfurt, Stadtarchiv
(Kriegsverlust)
Bedebuch der Oberstadt
1509, Bl. 67
1510, Bl. 59

Meister Jorg Maler seit 1510 zahlt er 1 Gulden 6 Schilling Bede (Steuer).

Lit.: W. K. Zülch, Rep. f. Kw., 40, 1917. - **W. K. Zülch,** Frankfurter Künstler, 1223-1700, Ffm. 1935, S. 265.

Urk.Nr. 4
Frankfurt, Stadtarchiv
Relationen der Richter (929)
1511, Bl. 56, 57
Gerichtsbuch
1511, Bl. 36, 37, 43, 45, 52, 54
Prot. Justicialia
N. 921 (1511 IV. 4.)

Meister Jörg Maler - Meister Jörg Würzburger Maler und seine Frau Anna Zeugen eines Beleidigungsprozesses.

Klage des Malers Balthasar Nebel gegen den Maler und Bildschnitzer Mathis Grün.

Balthasar Nebel und Mathis Grün haben in Mainz bei einem ungenannten Maler als Gesellen gearbeitet; dort war Nebel eines Diebstahls bezichtigt worden, hatte sich aber vor Gericht durch einen Eid als unschuldig bezeichnet und war (1510 IV. 10.) freigesprochen worden.

Vermutlich auf der Ostermesse 1511 hatte Mathis Grün Balthasar Nebel bei den Meistern Hans Wurzgart Maler und Meister Jörg Würzburger Maler des Meineids und des Diebstahls aufgrund der vergangenen alten Sache verdächtigt. Balthasar Nebel, auf Reisen in Köln, hört nach seiner Rückkunft von der Verleumdung und klagt gegen Mathis Grün am Frankfurter Gericht 1511 (III.10.). Mathis Grün wird vom Frankfurter Gericht wegen Verleumdung zu einer Geldstrafe verurteilt (1511 IV. 4.).

Lit.: W. K. Zülch, Rep. f. Kw., 40, 1917, N.F.V, S. 120f. - **W. K. Zülch,** Frankfurter Künstler, 1223-1700, Ffm. 1935, S. 252, 265, 281f. - **Hermann,** Quellen z. Mainzer Topographie, 1914, S. 107, 123. - **Schrohe,** Mainzer Künstlerurk., **Mainzer Zs.**

Urk.Nr. 5
Frankfurt, Stadtarchiv
Relationen der Richter (929)
1512, Bl. 1,2
1516, Beilage
1517, Bl. 12
1518, Bl. 4
1522, Bl. 15

Meister Jorg Maler - Jörg Würzburger Maler

Lit.: W. K. Zülch, Rep. f. Kw., 40, 1917, N.F.V, S. 121. - **W. K. Zülch,** Frankfurter Künstler, 1223-1700, Ffm. 1935, S. 265.

Urk.Nr. 6
Frankfurt, Stadtarchiv
Relationen der Richter
1512, Bl. 2
1513, Bl. 1

Anna (Ännchen/Engin) Malerin auf dem Berg

Lit.: W. K. Zülch, Frankfurter Künstler, 1223-1700, Ffm. 1935, S. 285ff. (vermutlich die Frau von Georg Würzburger, etwa identisch mit der Malerin zum Hirschhorn, Haus auf dem Liebfrauenberg?).

Urk.Nr. 7
Frankfurt, Stadtarchiv
Gerichtsbuch 1508 (Misericord.)
1516, Bl. 178, 186

Meister Jorg Maler (Würzburger)

Lit.: W. K. Zülch, Rep. f. Kw., 40, 1917, N.F.V, S. 121. - **W. K. Zülch,** Frankfurter Künstler, 1223-1700, Ffm. 1935, S. 265.

Urk.Nr. 8
Frankfurt, Stadtarchiv
Urteilsbuch
1516, Bl. 37, 153; 1517, Bl. 173; 1518, Bl. 57ff.

Meister Jörg Maler = Jörg Würzburger Maler

Lit.: W. K. Zülch, Rep. f. Kw., 40, 1917, N.F.V, S. 121. - **W. K. Zülch,** Frankfurter Künstler, Ffm. 1935, S. 265.

Urk.Nr. 9
Frankfurt, Stadtarchiv
Rechenmeisterbücher
1518 (Einzelausgaben)

Der Rat bezahlt 12 Schilling Jörgen Würzburgern malern für 6 brieff, das unerkaufampt betreffen.

Lit.: W. K. Zülch, Rep. f. Kw., 40, 1917, N.F.V, S. 121. - **W. K. Zülch,** Frankfurter Künstler, 1223-1700, Ffm. 1935, S. 265.

Urk.Nr. 10
Frankfurt, Stadtarchiv
Urteilbuch, 1518, Bl. 57

Anna (Ännchen/Engin) Malerin auf dem Berg

Lit.: W. K. Zülch, Frankfurter Künstler, 1223-1700, S. 286f. (vermutlich die Frau von Georg Würzenburger auf dem Berg, etwa identisch mit der Malerin zum Hirschhorn, Haus auf dem Liebfrauenberg ?).

Urk.Nr. 11
Frankfurt, Stadtarchiv
Majorwährschaften
1518, Bl. 307
1521, Bl. 478
1522, Bl. 522

Meister Jorg Maler - Jörg Würzburger Maler

Lit.: W. K. Zülch, Rep. f. Kw., 40, 1917, N.F.V, S. 121. - **W. K. Zülch,** Frankfurter Künstler, 1223-1700, Ffm. 1935, S. 265.

Zur Problematik des Rödelheimer Altarretabels von 1509

Rödelheim, in unmittelbarer Nähe der freien Reichsstadt Frankfurt gelegen - heute eingemeindet -, war ursprünglich im Besitz der Grafen von Solms-Lich. Graf Johann von Solms-Lich war 1483 in Begleitung des Mainzer Kanonikus Bernhard von Breytenbach ins Heilige Land gezogen und dort verstorben. Die „Beschreibung der Reise ins Heilige Land" erfolgte 1486 in deutscher Sprache, nachdem zuvor eine lateinische Ausgabe erschienen war. Dieses Buch wurde durch die Holzschnitte von Erhard Reuwich aus Utrecht illustriert, der selbst an dieser Jerusalemfahrt teilgenommen hatte.
Wenn nun 1509 ein Altarauftrag an einen Meister Jorg Maler vergeben wurde, dann ist die Beurteilung, ob dieser Maler Jerg Ratgeb war, ungeheuer schwer, da in Rödelheim von diesem Künstler kein signiertes Altarwerk erhalten ist, wohl aber zwei Tafeln, die von einem Altarretabel stammen, das Hans Holbein d. Ä. zugeschrieben wird, mit der Darstellung des Martyriums der Apostel Judas Thaddäus und Simeon und das um 1500 entstanden sein soll. Durch diese Zuschreibung an Hans Holbein d. Ä. nähern wir uns aber zugleich wieder dem Ausgangspunkt unserer Betrachtung: Ratgeb wird von der Verfasserin als Schüler von Holbein deklariert, der auch am Frankfurter Dominikaner Hochaltar von Hans Holbein mitgearbeitet haben muß, wie die stilkritischen Untersuchungen zeigen.
Aus dieser Tatsache läßt sich aber noch keine Gleichsetzung des Meisters Jorg Maler und des Malers Jerg Ratgeb rekonstruieren, zumal dann die Gleichsetzung auch mit Meister Jorg Würzburger die logische Folge wäre.
Bevor man sich zu einem solchen Schritt entschließen kann, muß versucht werden, anhand der noch erhaltenen Quellen mehr über die Beziehungen zwischen Hans Holbein d. Ä. und Jerg Ratgeb bzw. zwischen diesem und dem Meister Jorg Maler oder Meister Jorg Würzburger in Erfahrung zu bringen, da nicht auszuschließen ist, daß sich außerhalb von Frankfurt möglicherweise noch Urkunden erhalten haben, die uns helfen, die Zusammenhänge eindeutig aufzuschlüsseln.
Lit.: Dehio-Gall, Hdb. Dt. Kdm., Bd. Hessen, bearb. v. M. Backes, 1975, S. 700.

Abb. A 11 Ausschnitt aus der Szene „Ecce Homo" vom Frankfurter Dominikaner Hochaltar von Hans Holbein d. Ä. und seiner Werkstatt (1499–1501)
Abb. A 12 Ausschnitt von der Nordseite des Frankfurter Karmeliterkreuzgangs von Jerg Ratgeb (1516)

1. Der Mainzer Caldenbach-Altar

Mittelrheinisches Landesmuseum, Mainz
Inv. Nr. 414, 415 (alter Museumsbesitz, 1803 aus Mainzer Kirchenbesitz ins Museum gekommen; aufgrund des Patroziniums von St. Anna und Stephanus wahrscheinlich aus der Mainzer Stephanskirche stammend)
Martin Caldenbach, genannt Heß (um 1470–1518)
um 1503
Fichte, Tempera mit Öllasuren
Mitteltafel: H. 1,55 m, Br. 1,52 m
rechter Flügel: H. 1,56 m, Br. 0,66 m
(linker Flügel: Städelsches Kunstinstitut, Frankfurt)

Gemalter Flügelaltar, dessen linker Flügel heute abgetrennt und gespalten ist. Die Flügelaußenseite wird von E. Buchner 1950 noch als in Privatbesitz befindlich angegeben, heute ist der Verbleib unbekannt. Die Flügelinnenseite befindet sich im Städel, Frankfurt a. M.
Auf der Werktagsseite war auf beiden Tafeln die Szene mit der Verkündung dargestellt, die kniende Maria ist bei Buchner abgebildet.
Auf der Feiertagsseite mit dem Goldgrund des Himmels wird auf der Mitteltafel die Anbetung der Könige, auf dem linken Flügel Anna selbdritt (Städel) und auf dem rechten Flügel die Steinigung des hl. Stephanus gezeigt.
Auf der ebenfalls gemalten Rückseite ist die Kreuzigung mit Maria u. Johannes dargestellt, die für unsere Betrachtung von besonderer Wichtigkeit ist, da hier die Frage nach der Autorschaft von Jerg Ratgeb gestellt werden muß.
In der Literatur wurde sie jeweils nur mit dem Namen „Grünewald" in Verbindung gebracht, was jedoch aufgrund des heute sehr gut erforschten Oeuvres dieses Malers ausscheiden muß.
Die Feiertagsseite stammt mit Sicherheit von Martin Caldenbach, gen. Heß, dem nach 1504 wieder in Frankfurt nachweisbaren Maler, Formschneider und Stadtbeamten; diese Zuschreibung wird in der Literatur nicht angezweifelt.
Das Muster des Fußbodens auf der rechten Flügelaußenseite (Mainz) erinnert an das auf der Werktagsseite des 1499–1501 entstandenen neuen Hochaltares, den Hans Holbein d. Ä. für die Frankfurter Dominikanerkirche malte. 1504 kehrte Martin Caldenbach, den Albrecht Dürer 1509 in seinem Brief an Jacob Heller erwähnt, nach Frankfurt zurück.
Die Datierung des Altares ist nicht einheitlich. Dennoch spricht vieles für eine Frühdatierung; der Altar muß unmittelbar vor der Rückkehr Caldenbachs nach Frankfurt entstanden sein. Das Haupt der hl. Anna wurde 1500 aus der Stephanskirche in Mainz gestohlen und kam nach Düren, wo es nach längerem Prozeß aufgrund eines ergangenen Urteils von 1506, das mit päpstlichem Einverständnis gesprochen wurde, blieb. Die Darstellung von Anna auf einem Altar der Mainzer Stephanskirche, die allgemein als Aufstellungsort des Altares angesehen wird, wäre nach 1506 wahrscheinlich aufgrund des nicht mehr bestehenden Patroziniums kaum noch anzunehmen. Die Nähe zur Kunst Albrecht Dürers, der Caldenbach seinen Schwager nennt, und das Aufgreifen verschiedener Anregungen von dem unmittelbar um

1500 geschaffenen Holbein Altar, der ab 1501 in Frankfurt zu sehen war, weisen ebenfalls auf eine Frühdatierung hin.
Die Kreuzigung auf der Rückseite, die immer in die Nähe von Grünewald - Mathis Gothard Neithard - gerückt, in einigen Fällen sogar ihm selbst zugeschrieben wurde, wirft heute die Frage auf: war nicht Jerg Ratgeb doch bereits 1503 in Mainz oder Frankfurt und hat am Altar von Caldenbach mitgearbeitet? Eine nicht unbegründete Frage, die dann auch erneut bei den Stalburg-Bildnissen (Frankfurt) zu stellen ist.
Der Vergleich der Kreuzigung mit der etwa zehn Jahre später im Frankfurter Karmeliterkreuzgang am Ende der Nordseite dargestellten Kreuzigung zeigt eine deutliche Verwandtschaft zu dem sehr weichen und fast teigig gebildeten Körper des Gekreuzigten. Die Farben, olivgrünfarbener Grund, die Gewänder in Schwarz und Rot, gehen noch gut mit denen beim Schwaigerner Altar von 1510, hier ist jedoch die Palette stärker variiert, zusammen.
Das schwarze Gewand Marias mit der weißen Kante des Mantelabschlusses ist in ganz ähnlicher Weise bei den beiden Stalburg-Porträts des ehemaligen Stalburg-Altares nachzuweisen. Die sehr dunklen Gewänder des Stifterpaares, in starkem Kontrast zu dem Goldgrund stehend und dem hellen Inkarnat, die ein wenig ins Olivgrün spielende Musterung des Fußbodens und die roten Rosenkränze zeigen, daß diese beiden Tafeln fast die gleiche Farbigkeit wie die Mainzer Tafel haben.
Daß auch hier unmittelbar die Kenntnis des Oeuvres von Albrecht Dürer vorausgehen mußte, zeigt die Kühnheit, mit der der Künstler der Stalburg-Bildnisse die beiden Stifter ganzfigurig und ohne das Kostüm eines Heiligen in ihrer Festtagskleidung zeigte. Dürer hat als erster 1501 bei seinem Paumgartner-Altar die beiden Söhne der Stifterfamilie - hier jedoch im Gewand des hl. Eustachius und Georg - dargestellt. Die ungeheure Kühnheit, mit der hier alte Regeln von einem Maler durchbrochen werden, verbindet nicht nur die Mainzer Tafel und die Frankfurter-Bildnisse, sondern sie ist auch bei dem Schwaigerner Altar, dem Heilbronner Altar (Nachzeichnung der Flügel in Dresden) und dem Herrenberger Altar nachzuweisen. Die Gestaltung der Wandgemälde im Frankfurter Karmeliterkloster hat ebenfalls dieses gemeinsame Merkmal, wenn auch die Farbigkeit hier eine andere ist, was aber auf das verschiedene Material und die verschiedene Technik zurückzuführen ist.
Die Frankfurter Kreuzigung ist uns leider nur noch von alten Fotos und der etwas verfälschenden Darstellung von Donner-von Richter bekannt. Hinzu kommt, daß bei den Frankfurter Wandmalereien nur noch wenig Originalsubstanz vorhanden ist aufgrund der widrigen Umstände; Zerstörungen durch die beiden Brände, unsachgemäße Behandlung seit 1712 und der letzte Weltkrieg haben deutliche Spuren hinterlassen.
Aus diesem Grund steht die Zuschreibung an Jerg Ratgeb nicht auf dem gesicherten Boden, den man für einen solchen Versuch benötigt, dennoch soll die Ausstellung einen Denkanstoß geben, sich mit der Problematik auseinanderzusetzen.
Das ausgezeichnete polnische Restauratorenteam wird die Forschungsarbeit in diesem Sommer an diesem letzten Wandstück fortsetzen. Die Ergebnisse sind abzuwarten.
Lit.: W. F. Zülch, Rep. f. Kunstw., 40, 1917, N.F.V, S. 38. - **E. Schilling, Jb. der Preuß. K.slgn.,** 1933. - **W. F. Zülch,** Frankfurter Künstler, Ffm. 1935, S. 262ff. - **Thieme-Becker,** Bd. XXXVII, S. 212. - **E. Buchner, Zs. f. K.,** 1950, S. 318. - **F. Arens,** Mainzer Kalender 1950, S. 22ff. - **Mus. Kat. Mainz 1954,** Nr. 12, S. 8, Abb. 6ff.

Abb. B 1 Rückseite des Caldenbach-Altares von Jerg Ratgeb?

B 1

2. Der Stalburg-Altar in Frankfurt

Frankfurt, Städel
Stalburg-Altar aus der Privatkapelle von Claus Stalburg in der Großen Stalburg am Kornmarkt
a) Stalburg-Bildnisse (Flügelinnenseiten)
Tannenholz, Malerei dünn, transparent, unter dem Goldgrunde Leinwandunterlage
Flügelinnenseiten eines Flügelretabels mit drehbarem Flügelpaar
Mitteltafel wahrscheinlich auch gemalt, Rahmen mit Rankenwerk geschnitzt und vergoldet
links: Claus Stalburg der Reiche
rechts: Margret von Rein, seine Hausfrau
Inschriften auf dem zwischen 1779 und 1813 erneuerten Rahmen, da das Flügelpaar gespalten wurde:
dusent. fünfzehnhundert. und fier. jar/clas. stalburgk/also. was. ich. gestalt, do ich 35. jar. was alt
dusent. fünf.hundert und fier. jar: margret stalburgern/was. ich. gestalt. do. ich. 20. jar was. alt
Maße: linke Tafel H. 1,89 m, Br. 0,56 m
rechte Tafel H. 1,88 m, Br. 0,55 m
Ursprüngliche Breite bei geöffneten Flügeln 1,50 m, Angabe von 1779 kann nicht stimmen, da aufgrund der Drehbarkeit der Altarflügel das Flügelpaar und die Mitteltafel über die gleiche Breite verfügen mußten, folglich hatte der Altar in geöffnetem Zustand eine Breite von zwei Metern; daß es sich um ein drehbares Flügelpaar gehandelt hat, dafür spricht eindeutig die erhaltene Werktagsseite mit der Schmerzensmutter und dem Schmerzensmann; bei einem Standflügelpaar wäre mit Sicherheit nicht die Rückseite gemalt gewesen, da diese in dem kleinen Kapellenraum nicht sichtbar war.
Zuschreibung der Stalburg-Bildnisse erneut an Jerg Ratgeb, da die Berner, Berliner und Rotterdamer Tafel nicht dem Werk von Ratgeb zugerechnet werden können.
Der sog. Stalburg-Altar war 1504 für die Privatkapelle von Claus Stalburg dem Reichen in seinem Haus, das erst 1496 erbaut wurde, die Große Stalburg am Kornmarkt, in Auftrag gegeben worden.
Zu diesen beiden ganzfigurigen Porträts auf der Feiertagsseite des Altares gehörte noch eine Mitteltafel mit einer Kreuzigungsgruppe, die jedoch 1813 im Haus des Hanauer Sammlers und Gelehrten Hundeshagen verbrannte, als die Franzosen Hanau stürmten.
Die Große Stalburg war 1787 von den Erben zum Abbruch für 45.000 Gulden verkauft worden, und aus diesem Grund war der Altar von seinem ursprünglichen Standort entfernt worden.
Durch den bei P. Eich abgedruckten Text von einer 1779 in Frankfurt stattgefundenen Versteigerung am 27. September kennen wir auch den Altartypus: „Hausaltar, von oben halbrund, mit zwei Türen und verschiedenem vergoldetem Schnitzwerk ... Im Mittelstück ist eine Kreuzigung mit vielen Figuren.".
Diese Beschreibung erinnert sehr stark an den Mainzer Altar von Martin Caldenbach. Die Maße divergieren jedoch; beim Frankfurter Altar sind wie beim Mainzer Altar die Predella und die Bekrönung verloren.

Wahrscheinlich war der Stalburg-Altar nicht oben gerundet, sondern nur die Mitteltafel wie beim Caldenbach-Altar. Die Zwickel waren mit vergoldetem Schnitzwerk ausgefüllt – in Mainz jedoch verloren, nur auf der Außenseite, auf der Tafel der Verkündigung, ist noch das gemalte Rankenwerk sichtbar; auf der Feiertagsseite sind sowohl bei der Mitteltafel mit der Anbetung der Könige als auch bei der Stephanuslegende die Zwickel durch einen neuen Rahmenabschluß verdeckt.
Der Stalburg-Altar wurde zwischen 1779 und 1813 zerlegt, dabei gingen wahrscheinlich fast alle Teile des geschnitzten und vergoldeten Rahmens verloren.
Die beiden Stalburg-Bildnisse waren 1829 im Lagerkatalog von Hofrat C. A. André aufgeführt; das Städelsche Kunstinstitut erwarb die Tafeln 1833 von diesem Händler.

b) Zwei Altartafeln mit der Schmerzensmutter und dem Schmerzensmann (siehe Albrecht Dürer, B. 20)
Tannenholz, dünne, tranparente Malerei
Maße: linker Flügel H. 1,89 m, Br. 0,56 m
rechter Flügel H. 1,88 m, Br. 0,56 m
Zuschreibung an unbekannten Meister, der aus der Holbein-Werkstatt hervorgegangen ist.
Diese beiden Tafeln, die das Städel erst im Dezember 1953 erwarb, gehören zum gleichen Altar. Zwischen 1779 und 1813 wurde der Altar nicht nur zerlegt, sondern auch die beiden Flügel wurden in vier Tafeln gespalten.
Die Schmerzensmutter und der Schmerzensmann waren bei geschlossenem Zustand des Altares sichtbar. Die Werktagsseite mit den fast aggressiven Farben – Mantel Mariens „karminrosa-farben" (Eich), das Kleid „violett-braun" (Eich), das Tuch weiß; das Tuch bei Christus ebenfalls weiß, das am Boden liegende Gewand violett, vor grünen Vorhängen –, die mächtige Dornenkrone bilden in zweierlei Hinsicht einen ungeheuren Kontrast zu den fast hierarchisch erscheinenden prunkvoll gekleideten Stifterfiguren und der glanzvollen Mitteltafel, wahrscheinlich ebenfalls mit geschnitztem und vergoldetem Rahmen.
E. Buchner, der das erhaltene geschnitzte Rankenwerk nicht für alt hielt, hat jedoch bereits 1927 die Zusammengehörigkeit der vier Tafeln erkannt. P. Eich hat das Schnitzwerk 1967 als alt bezeichnet und die Unstimmigkeit mit dem neuen Rahmen aufgewiesen. Hier sei noch hinzugefügt: eine neue Rahmung war um 1800 aufgrund der Spaltung des Flügelpaares in vier Tafeln notwendig geworden. W. Lücking schreibt das Schnitzwerk und die Gemälde neuerdings „Grünewald" zu, was mit Sicherheit ausgeschlossen werden kann.
Daß die Flügelinnen- und -außenseiten von einer Hand seien, scheinen auch die Untersuchungen von Eich, Behling, Lücking u. a. nicht vollkommen schlüssig beweisen zu können. Die Behandlung der Gewänder divergiert so stark zwischen Außen- und Innenseiten der Flügel, daß dies nicht allein auf die verschiedene Funktion der Flügelseiten zurückgeführt werden kann.
Die Steigerung von Werktags- zu Feiertagsseite ist nicht allein in der religiösen Einstellung der Stifter zu suchen; tagtäglich wurden sie bei ihrem Gebet an das Leid und die Vergänglichkeit der Welt durch Christus und seine Mutter erinnert, was sie jedoch als Menschen des frühen 16. Jahrhunderts und damit der Neuzeit in ihrem Selbstbewußtsein nicht hinderte, sich prunkvoll auf den Flügeln des geöffneten Altares darstellen zu lassen und sich selbst wie sonst nur Heilige zur Schau stellen zu lassen.
Es ist erstaunlich, mit welcher Offenheit der Künstler die etwas kalte, berechnende Art des Claus Stalburg und die etwas blasse, wässrige der Margret von Rein aufzeigt, die gerade wegen oder trotz des Prunkes noch stärker zum Ausdruck kommt. Man sieht, daß sich hier der reichste Mann von Frankfurt hat porträtieren lassen.

Man muß sich dieser Tatsache voll bewußt sein, um die Ungeheuerlichkeiten dieses Vorgangs zu erfassen, denn es handelte sich nicht um profane Bilder, die die Wohnräume zierten, sondern um Flügel eines Altarretabels, das, wenn auch in einer Privatkapelle aufgestellt, eine geweihte Altarmensa mit Reliquiensponsorium schmückte. P. Eich nennt die Beziehung zwischen den ganzfigurigen Bildnissen, die die Mitteltafel mit der Kreuzigung flankierten, nur „eigenwillig", ohne auf die Beziehung zum Paumgartner-Altar v. Dürer einzugehen.
Der Katalog von der Frankfurter Versteigerung von 1799 gibt einen „Hanns Grünewald" als Künstler an, und als Datum der Entstehung wird das Jahr 1504 genannt. Die Schmerzensmutter und der Schmerzensmann, die in die Sammlung von Schloß Meiningen gelangten, wurden dort im Katalog als fränkisch bezeichnet und um 1510 datiert.
Das Datum ist aufgrund der vom ursprünglichen Rahmen übernommenen Inschrift gesichert. Die angegebenen Lebensjahre und die Datierung stimmen einwandfrei mit den bekannten Lebensdaten von Claus Stalburg und Margret von Rein überein, deshalb ist an der Datierung nicht zu zweifeln. Eventuell wäre zu überlegen, ob zwischen 1779 und 1813 bei Erneuerung der Inschrift in der damaligen Zeit die Namensnennung von Rein gegen Stalburgery ausgetauscht wurde, was jedoch nicht mehr überprüfbar ist.
Die Nennung des Künstlernamens „Hanns Grünewald" hat in jüngster Zeit W. Lücking in seinem 1983 erschienenen Buch „Mathis" dazu bewogen, die Bildnisse „Grünewald" zuzuschreiben. Auffällig ist, daß sowohl bei der Rückseite des Caldenbach-Altars in Mainz als auch bei den beiden Stalburg-Bildnissen Mathis Gothard Neithard als Schöpfer der Bildnisse ins Auge gefaßt wurde, ebenso bei dem Wandgemälde im Kapitelsaal des Mainzer Domes von 1521, was durch W. Feurstein in die Diskussion gebracht wurde.
Er stellt sich in allen drei Fällen die Frage: wenn nicht Mathis Gothard Neithard, wer dann? Will man diese drei Werke nicht für einen „unbekannten Dritten" mit dem Notnamen „Meister der Stalburg-Bildnisse" in Anspruch nehmen, dann muß spätestens an dieser Stelle erneut die Frage der Autorschaft Jerg Ratgebs gestellt werden.
Wie läßt sich aber diese Tatsache mit dem Lebenslauf dieses Malers verbinden, da die Bedebücher von Stuttgart und Frankfurt vom Anfang bis zur Mitte des 16. Jahrhunderts nicht mehr erhalten sind? Die Stuttgarter waren schon Donner-von Richter nicht mehr zugängig, die Frankfurter sind erst im letzten Weltkrieg im Leinwandhaus verbrannt.
Da aber unabhängig voneinander F. Arens – durch die Anregung eines mündlichen Hinweises von A. Stange – und die Verfasserin des Kataloges im Sommer 1984 zu der gleichen Zuschreibung des Wandgemäldes in Mainz an Jerg Ratgeb gekommen sind, sollte diese These auf alle Fälle neu überdacht werden.
Rekapitulieren wir hier noch einmal die Literatur: Das Hin- und Herschieben der Bildnisse zwischen Jerg Ratgeb, Mathis Gothard Neithard und dem unbekannten Dritten mit dem Notnamen „Meister der Stalburg-Bildnisse" war doch erst durch das Aufnehmen von drei sogenannten Frühwerken in das Œuvre von Ratgeb entstanden: das Abendmahl in Amsterdam, der Abschied von der Mutter in Bern und das 1945 als Kriegsverlust gemeldete Passahmahl in Berlin. Diese Zuschreibungen sind nach dem heutigen Stand der Wissenschaft nicht mehr haltbar, damit stürzen viele Thesen von W. Fraenger.
Donner-von Richter hatte in seiner 1892 erschienenen Monographie über den Künstler die beiden Bildnisse Ratgeb zugeschrieben und damit einen Aufenthalt des Künstlers in Frankfurt rekonstruiert.
Erst als B. Kurth das Rotterdamer Abendmahl als Jugendwerk Ratgeb zuschrieb, mußte die Autorschaft an den Stalburg-Bildnissen angezweifelt werden. E. Buchner folgte und führte zum ersten Mal den Notnamen „Meister der Stalburg-Bildnisse" ein. Er sieht in ihm einen mittelrheinischen Künstler, der dem Meister W. B. und Martin Caldenbach nahe stehe, datiert

aber dann den Altar in das Jahr 1514, was aufgrund der bekannten Lebensdaten des Stifterpaares ausscheidet.
Die Beziehung zum Mittelrhein scheint in einer gewissen Hinsicht jedoch aufgrund der Rückseite des Caldenbach-Altares in Mainz bestanden zu haben, was unten noch weiter erläutert werden muß.
Die Tatsache, daß bereits E. Buchner bei beiden Flügelaußenseiten auf eine Verwandtschaft zu Hans Holbein hinweist, hat sich durch die Untersuchungen von P. Eich bestätigt. Er erkennt in der Schmerzensmutter eine wörtliche Kopie der Darstellung der trauernden Maria auf Golgatha (Hannover, Niedersächsisches Landesmuseum, um 1504), und damit weist er einwandfrei ein Lehrer-Schüler-Verhältnis bei dem Augsburger Maler Holbein und dem Meister der Stalburg-Bildnisse auf. Er nimmt zu Recht an, daß der Schüler 1501 bei der Aufstellung des neuen Hochaltares in der Dominikanerkirche nach Frankfurt kam. Er versucht aber dann zu beweisen, daß die Flügelinnenseiten und die Flügelaußenseiten vom gleichen Meister stammen, eine Folgerung, die genau überdacht werden sollte.
Sehr wichtig erscheint jedoch das Herausarbeiten der schwäbischen Komponente des Meisters; dem vielleicht hinzuzufügen wäre, daß die schwäbische Komponente auch bei zwei Meistern der gleichen Schule möglich ist.
Der Bezug zu dem Kupferstich von Albrecht Dürer mit dem Schmerzensmann (B. 20) auf der Tafel, die statt der starken Tektonik des Körpers eine etwas weichere Variante zeigt, die aus der Kenntnis des sehr weichen Körperbaues bei den Werken von Hans Holbein, dem Lehrer, herzuleiten ist, wird deutlich.
Der Vergleich mit der Mainzer Kreuzigung zeigt sogar noch eine weichere Gestaltung, ebenso wie die auf der nicht mehr erhaltenen Frankfurter Kreuzigung; auch der Vergleich der Hände mit denen von Claus Stalburg und Margret von Rein zeigt einwandfrei die Verwandtschaft auf.
Durch den Kupferstich von Dürer ist aber auch gleichzeitig nicht nur eine Beziehung zur Augsburger, sondern auch eine zur Nürnberger Kunst zu rekonstruieren, die durch die Mittlerrolle von Caldenbach erklärt werden kann.
Da vieles dafür spricht, daß Ratgeb am Frankfurter Holbein-Altar mitgearbeitet hat, wäre er bereits 1501 in Frankfurt gewesen und hätte möglicherweise in der Werkstatt von anderen Künstlerkollegen, z. B. um 1503 in der von Caldenbach, mitgearbeitet, ohne jedoch dessen Eigenart der Handschrift anzunehmen.
P. Eich weist immer auf den Unterschied zwischen der Malerei von Caldenbach und der auf dem Stalburg-Altar hin, sie sei dünner und transparenter, aber auch dieses Merkmal weist die Mainzer Kreuzigung auf.
Da unbekannt ist, wann und wo Ratgeb als Meister in der Malerzunft aufgenommen wurde, scheint er in Frankfurt noch keine eigene Werkstatt besessen zu haben. Es spricht einiges dafür, daß er nicht nur die beiden Tafeln des Hausaltares von Claus Stalburg gemalt, sondern auch dann in dessen Haus die Wohnräume künstlerisch ausgestaltet hat.
Im Haus des mächtigsten und reichsten Mannes in Frankfurt, der sowohl im Jahr 1505 als auch im Jahr 1515 Bürgermeister war, hat Ratgeb mit Sicherheit unter dem persönlichen Schutz seines Mäzen gestanden; die Urkunde von 1504 berichten von keinen Streitigkeiten zwischen einem gewissen Jerg Ratgeb und Frankfurter Malerkollegen.

Lit.: Lersner, II, 204. - Kat. einer anonymen Versteigerung in Ffm. v. 27. Sept. 1779, Nr. 1088. - Verz. einer kleinen Slg. ausgewählter Öl-Gemälde, welche durch die Musik- u. Kunsthandlung v. **C. A. André** in Ffm., im Ganzen oder einzelnen käufl. erworben werden können, 1829, S. 2 (Hans Holbein d.Ä.). - **Ph. Fr. Gwinner,** K.- u. Künstler in Ffm. v. 13. Jh. b. z. Eröffnung des Städelschen Kunstinst., Ffm. 1862, S. 45f. - **J. G. Battonn,** Oertl. Beschr. der Stadt Ffm., aus dem Nachlaß hrsg. v. **L. H. Euler,** Ffm. 1867, S. 82f. - **J. Janssen,** J. F. Böhmers Leben, Briefe u. kleinere Schriften, Bd. 2, Freiburg i. Br. 1880, S. 64 (Brief Nr. 29 an J. D. Passavant in Rom, 4. Aug. 1820/Hans Holbein d. Ä.). - **Slg. Schloß Meiningen** (in der Herzogsloge der Kapelle die beiden Taf. mit Schmerzensmutter u. Schmerzensmann), **Inv. Thüringen,** Herzogtum Sachsen- Meiningen, I, S. 148, 151 (fränk. Meister um 1510), Abb. - **O. Donner- v. Richter a.a.O. 1892.** - **W. Weizsäcker,** Cat. der Gem.gal. des Staedelschen Kunstinst. in Ffm., Ffm. 1892, Ffm 1900, S. 267-270 (oberdt. Meister, um 1500). **G. Glaser,** Die Altdt. Mal., Meisterwerke der K. aus Sachsen u. Thüringen, hrsg. **Döring u. Voß,** T. 3, 1909 (Flügelaußenseiten, fränkischer Meister vor 1510). - **B. Kurth,** Ein unbekanntes Jugendwerk J. Ratgebs, **Beitr. z. Gesch. d. dt. K.,** Hrsg. **E. Buchner u. K. Feuchtmayr,** Augsburg 1924, S. 190 (Bedenken gegen J. R., vorläufig noch ganz isoliert im Schaffen des Künstlers). - **A. Stange,** J. R. zugleich ein Beitr. z. Verarb. ital. Formmittel in Dtld., - **Fs. f. H. Wölfflin,** Mchn. 1924, S. 195 (2) (Datierung: 1514... kein Anhaltspunkt dafür, ob Ratgeb 1504 überhaupt in Ffm. war). - **G. Schoenberger,** Ratgeb-Stud., **Städel-Jb.,** 5, 1926, S. 55ff. (Zuschreibung an J. R.) - **E. Buchner,** Stud. z. mittelrhein. Mal. u. Graph. der Spätgot. u. Renss., V, Der Meister der Stalburg-Bildnisse (nicht ident. mit J. R./Niederschwabe - gliedert sich ohne Zwang in den mittelrhein. K.krs. ein, Verwandtschaft mit dem Monogrammisten WB und mit dem Meister der Mainzer Epiphanie). - **O. Benesch,** Z. Werk J. Ratgebs, **Zs. f. bild. K.,** 61, 1927/28, S. 52 (schwäb. Malkunst). - **N. v. Holst,** Frankfurter K.- u. Wunderkammern des 18. Jhs., **Rep. f. Kw.,** 52, 1931, S. 50. - **E. Buchner,** Das dt. Bildnis der Spätgot. u. der frühen Dürerzeit, Bln. 1953, S. 56, Nr. 42f. - **H. Wagenführ,** Handelsfürsten der Renss., Stg. 1957, S. 134. - **A. Stange-N. Lieb,** H. Holbein d. Ä., Mchn./Bln. 1960. - **Ch. Beutler-G. Thiem,** H. Holbein d. Ä., Die spätgot Altar- u. Glasmal., Augsburg 1960, S. 69f. (Hannoverische Taf. um 1504 dat.). - **P. Eich,** Die Flügel des Stalburgaltares, **Städel Jb.,** N. F. 1, 1967, S. 140-145, Abb. 1ff. - **W. Fraenger a.a.O. 1972/81,** S. 14, 276, Abb. 153f. - **B. Bushart,** Rez. z. W. Fraenger, J. R., Ein Maler u. Märtyrer aus dem Bauernkrieg, hrsg. v. G. Fraenger u. I. Fraenger-Baier, Dresden 1972, **Pantheon,** I, XXXIIII, 1975, S. 80 (Auch die Einordnung der Stalburgporträts von 1504 im Staedelschen Kunstinst. Ffm. ist nicht ausdiskutiert). - **W. Lücking,** Mathis, Nachforschgn. über Grünewald, Bln. 1983.

Abb. B 2,3 Stalburg-Altar, Porträts von Claus Stalburg und Margarete von Rein

B 2,3

Dok.Nr.1

Peter Cornelius

kopiert zwischen 1809 und 1811 die beiden Altarflügel mit den Stalburg-Bildnissen, die seit 1809 im Besitz des von Fürstbischof Dalberg gegründeten Museums sich befanden (so Angabe bei P. Eich).

1820 (4. Aug.) Brief von Josef Friedrich Böhmer an J. D. Passavant in Rom (Brief Nr. 29 bei **J. Jansen**, J. F. Böhmers Leben, Briefe u. kleine Schriften, Bd. 2, Freiburg i. Br. 1880, S. 64).

1829 im Lagerkat. des Hofrats C. A. André in Offenbach

1833 Altarflügel vom Städelschen Kunstinst. Frankfurt a. M. angekauft

Diese Angaben, bei Eich aufgeführt, können nicht ganz richtig sein; wenn die beiden Tafeln bereits zwischen 1809-1811 von Cornelius in dem 1808 von dem Fürstbischof von Dalberg gegründeten Museum kopiert wurden, dann müßte sie Fürstbischof von Dalberg zwischen 1811 und 1829 verkauft haben, da sie dann 1829 im Katalog von André erscheinen.

Lit.: P. Eich, Die Flügel des Stalburgaltares, **Städel-Jb.**, N.F. 1, 1967, S. 140, 142, 145.

Dok.Nr. 2

Die Inschriften auf dem Rahmen, zwischen 1779 und 1813 erneuert, wichtigste authentische Quelle, da kein Kontrakt zwischen Auftraggeber und Künstler erhalten ist.

Dok.Nr. 3

Katalog einer anonym am 27. September 1779 in Frankfurt a. M. stattfindenden Versteigerung Nr. 1088

Ein Hausaltar, von oben halbrund, mit zwei Türen, und verschiedenem vergoldetem Schnitzwerk versehen, von außen auf einem Flügel eine schmerzhafte Muttergottes, auf dem anderen ein Ecce homo, inwendig ein Herr mit einer Dame in alter Tracht, auf einem stark und noch sehr schönen goldenen Grund gemalt, im Mittelstück ist eine Kreuzigung Christi mit vielen Figuren. Von Hanns Grünwald, im Jahr 1504. Bei geöffneten Flügeln 187 x 150.

Lit.: N. v. Holst, Frankfurter K.- u. Wunderkammern des 18. Jhs., **Rep. f. Kw.**, 52, 1931, S. 50. - **P. Eich,** Die Flügel des Stalburgaltares, **Städel Jb.,** N.F. 1, 1967, S. 140, 145.

Dok.Nr. 4

Brief von Josef Friedrich Böhmer an J. D. Passavant in Rom 1820 (4. Aug.)

Herr v. Holzhausen sagte mir neulich, daß die zwei schönen Stücke seiner Sammlung, zwei lebensgroße Porträts aus der Stalburgischen Familie von 1500, wahrscheinlich vom alten Holbein, wahrscheinl. nach England gehen werden ...

Lit.: J. Jansen, J. F. Böhmers Leben, Briefe u. kleinere Schriften, Bd. 2, Freiburg i. Br. 1880, S. 64 (Brief Nr. 29 an J. D. Passavant). - **P. Eich,** Die Flügel des Stalburgaltares, **Städel-Jb.,** N.F. 1, 1967, S. 140, 145.

3. Weitere Aufträge von Claus Stalburg dem Reichen?

Jerg Ratgeb war auch in der Folgezeit für Claus Stalburg weiter tätig. Leider ist das Wohnhaus von Claus Stalburg, die große Stalburg am Kornmarkt, 1496 erbaut, zu Ende des 18. Jahrhunderts abgebrochen worden, so ist der Umfang der Arbeiten in der Großen Stalburg nicht mehr zu erforschen; aber die Frankfurter Quellen geben uns dennoch einen Anhaltspunkt, daß Jerg Ratgeb möglicherweise den großen Saal der Stalburg ausgemalt hat.
Durch die bei Battonn überlieferten Verse von der Wandvertäfelung wird uns ein weiteres Argument geliefert, das für den Maler spricht.
Betrachtet man die Summe der von ihm stammenden Werke - der Schwaigerner Altar, die Frankfurter Wandgemälde, der Herrenberger Altar -, weisen sie alle ein gemeinsames Kennzeichen auf: die Schrift, das Bibelzitat, der Vers sind fester Bestandteil der Werke. Die Inschrifttafeln in den Frankfurter Wandgemälden, bis an die Grenze des Möglichen in die Bilder integriert und als Bedeutungsträger genutzt, sind ein wesentlicher Bestandteil der Ratgebschen Kunst; sie werden dann beim Herrenberger Altar direkt zum Rahmen der Bilder auf den einzelnen Altartafeln und damit zu einem Mittel, Transzendenz im Bilde darzustellen. Wie aber verhält es sich mit den Versen im Saal der Großen Stalburg?
Der um das Wohl seiner Vaterstadt bemühte Claus Stalburg, er war 1505 und 1515 erster Bürgermeister, läßt durch die Verse unter den Wandgemälden klar zum Ausdruck bringen, daß seine Leitbilder Coriolan und der gerechte Richter sind, die dann mit Sicherheit auch in den Bildern zu sehen waren.
Was in Nürnberg Thema des Rathaussaales war, das wird in Frankfurt in den Privatraum eines Wohnhauses hineingetragen und ist aus diesem Grund um so bemerkenswerter, zumal uns sehr wenig von der Ausstattung der Häuser der reichen Kaufmannsschicht erhalten ist.
Lit.: J. G. Battonn, Oertl. Beschr. der Stadt Ffm., aus dem Nachlaß hrsg. v. **L. H. Euler**, Ffm. 1867, S. 82f.

Beschreibung der Großen Stalburg am Kornmarkt:
J. G. Battonn, Oertl. Beschr. der Stadt Ffm., aus dem Nachlaß hrsg. v. **L. H. Euler,** Ffm. 1867, Bd. 5, S. 82-88.
Lit. F. No. 9. Stalburg ([95] Bd.-Rolle von 1509. Clas Stalburgs H. uf dem Kornmargk. Mpt. XVII Sec. H. Gross-Stalburg auf dem Kornmarckt. S. Stalburg 10. 1. u. folg.)
Gross Stalburg. Sonst auch im Stammhaus genannt. Jetzt die Reformirte Kirche.
Vier Häuser, nämlich die Krone, der Stern, Friburg und Heussenstamm standen ehemals auf dem Platze, darauf Claus von Stalburg im J. 1496 sein Stammhaus erbaute und ihm den Namen Gross-Stalburg beilegte. Craft Stalburg, weil er keine Erben hatte, verordnete in seinem Testamente, dass jederzeit der alteste vom Mannesstamme dieses Haus besitzen sollte und er vermachte ihm dazu die Stalburger Oede vor dem Eschenheimerthore mit noch ansehnlichen Gefällen, um dasselbe in gutem Baue und Besserung zu unterhalten. Chr. II, 204. Das Haus war ganz von Stein nach gothischem Geschmacke gebaut und es sah mehr einem alten Kastelle, als einem Hausgebäude ähnlich. ([96] Das Haus Stalburg, im gewöhnlichen Leben das Stammhaus genannt, dessen Erbauer, Claus Stalburg, der reichste Einwohner dieser Stadt war; er gab in diesem Hause der Nachwelt das Bild einer luxuriösen Privatwohnung, wie man diese zu Ende des 15. Jahrhunderts als Muster aufstellen konnte. Ich erinnere mich des Innern dieses Hauses aus meinen Kinderjahren; die Decken der Zimmer gleicher Erde bestanden aus Kreuzgewölben, auch soll der Bau der Treppe in den ersten Stock sehr merkwürdig gewesen sein. Unbegreiflich ist es, dass Battonn seel. die Fresko-Gemälde des Saales, von denen er die drunter stehenden Reime aufführt, nicht näher beschrieb. - Der Altar in der Hauskapelle hatte ein Gemälde, die Kreuzigung Christi vorstellend, al tempra gemalt. Die Altarflügel stellten den Claus Stalburg und seine Frau vor. Diese letzteren Gemälde wurden bei dem Verkaufe von der Familie zurückbehalten. Die Altarflügel kaufte die Städel'sche Sammlung, die sie noch besitzt. Das Hauptgemälde erkaufte Herr Hundeshagen. Er brachte dieses nebst andern Kunst- und literarischen Schätzen in seine Wohnung nach Hanau in eine obere Kammer. Im Jahre 1813, wie Hanau von den Franzosen erstürmt und wieder verlassen ward, ging dieses ganze Haus in Feuer auf. Hundeshagen war abwesend und alle diese Schätze wurden so ein Raub des Brandes. Dieses Stalburgische Stammhaus war eine der grössten Merkwürdigkeiten Frankfurts und jeder Fremde würde, stände es noch jetzt, eilen es zu sehen, da der Sinn für die Produkte des Mittelalters und die Achtung für das Alterthum selbst wieder erwacht ist. Dieser Sinn fehlte aber ehemals hier durchaus und besonders bei dem, der dies Haus verkaufte. Die an diese Stelle hingebaute Kirche, bei deren Anblick der, welcher mit der Bestimmung des Gebäudes unbekannt ist, kaum errathen kann, zu welchem Zwecke hier Kalk und Stein zusammengesetzt wurden, ersetzt diesen Verlust keineswegs. - So wird auch statt eines gediegenen alten Werkes im Bücherschrank oft eine elende Missgeburt neuerer Zeit hingestellt. F. [Ueber das Haus Stalburg und das Altargemälde vgl. auch Gwinner, Kunst und Künstler in Frankf., S. 45.])
Die vordere Mauer war oben beim Dache durch Einschnitte getheilt und am Ende erhoben sich auf beiden Seiten kleine und ungedeckte Thürme von gleicher Bauart.
Das Thor, über welchem sich ein grosses Marienbild befand, war mit so vielem und so zierlich gearbeitetem Eisenwerke bedeckt, dass die Vorübergehenden öfters stehen blieben und das Schöne des Alterthums mit Bewunderung ansahen. Im mittleren Stocke nächst bei dem Hause Liebenstein war ein runder Erker mit einer hohen Thurmspitze zu sehen, in welchem ehemals der Altar der Hauskapelle stand. ([97] Ao. 1504 lässt Claus Stalburg und dessen ux. Margrethe vom Rhein für diese Capelle einen Altar mahlen, daran steht rechter Seits Claus in Lebensgrösse abgemalt mit dieser Schrift:

„1504 Claus Stalburg seines Alters 35 Jahr."

Linker Seits ist sie in Lebensgrösse gemalt und dabei:

„Margaretha ihres Alters 20 Jahr."

welches noch im Hause zu sehen. Lersner II, 204.)

Im Hofe verdiente auch der Brunnen unsere Aufmerksamkeit. Sein Gestell war von zierlich gehauenen Steinen zusammengesetzt und der Aufsatz von zwei mit Schwalbenschwänzen gezierten Thurmspitzen verschaffte ihm vollends das ehrwürdige Ansehen, das nur das Alterthum zu geben vermag. ([98] Das auf den Dachrinnen gesammelte Regenwasser floss durch Elephantenköpfe mit Rüsseln heraus. F.)

Zu den übrigen Seltenheiten des Hauses gehörte das Gemälde, das sich in dem grossen Saale oben unter der Decke auf einem 2 Schuh breiten Getäfel befand und drei Geschichten vorstellte, die durch die darüber gesetzten Verse erläutert wurden. Ich habe diese Verse beim Abbruche des Getäfels selbst abgeschrieben und theile sie den Liebhabern der alten Reimkunst in der Ordnung mit, wie sie auf dem Gemälde nacheinander folgten.

I.

Koriolanus wart von Rom ferdreben
So er doch gern wer by jm bleben
Dar vmb er Rom belegert hatt
Das der rat jn vm ein friden bat.

Die prister auch al tzu im gingen
Vnd suchten frid in dissen dingen
Er sprach latt bitten vnderwegen
Ir prister solt dem tempel plegen.

Ach her jr solt vns frawen ern
Vnd solt vns al des fredes gewern
Er sprach ich wil nit ab lon
Ich wil Rom zu eigen hon.

Veturia versont irs sones tzorn
Rom das wer sust gar ferlorn
Da mit verdint sie da tzu mol
Das man all frawen eren sol.

Koriolanus hat sin mutter wert
Det alles das ir herz begert
Da kam herusz der gantz senat
Vnd furten jn erlich jn die stat.

Die romer danckten der frawen ser
Vnd daden ir disse grosse eer
Das sie vnd alle frawen solten
Furters dragen was sie wolten

II.

Min phert das wolt ich springen lon
Da was einer armen witfrawen son
Von vngeschicht dar tzu komen
Dem hat min phert das leben genomen

O her ich arme ruf vch an
Das jr das recht wolt lassen gan
Drum klag ich her vch mine not
Vwer son hat mir min kind erdod.

Als ir mir fraw hie habt geklagt
So sy vch das tzu recht gesagt
Ich wil jn vch tzu eigen geben
Döt jn ader last in leben

So ich vch mit recht gewonnen han
So solt ir sein myn elich man
Nit bessers ich jn rechten fint
Dan das jr mir macht ein ander kind.

III.

Ich sitzen hie vons Keissers wegen
Das ich gericht vnd rechts sol plegen
So hat das gelt verfuret mich
Das ich den döt vnschuldiglich.

Ach her got wellest dich erbarmen
Vber mich vnschuldigen armen
Den döt ich nit verdinet hon
Des welst du mich her genissen lon.

Herr richter hört was wir vch sagen
Der Keiser hat fon uch horn klagen
Das jr die vnschuldigen brengt in pin
Des must jr sin gefangner sin.

Das du falsz vrteil hast gesprochen
Das sal nu werden an dir gerochen
Das du die vnschuldigen brengst in pin
Des mustu hie geschunden syn.

Der Keiser lisz den richter binden
Vnd offenbar fur jederman schinden
Das ein jecklicher richter for sich se
Das jm nit auch also geschee.

Die hut lisz er an richtstul neln
Dem son sins fatters ampt befeln
Das er Recht richtet iederman
Ader im wörd auch also gedon.

Also hat er das rich fursehen
Das iederman must recht gescheen
Vnd da jm Got der her gebot
Da lag der edel Keiser dot.

Also hat er gefurt sin leben
Vnd allen Keissern byspil geben
Vnd al richter straffen wolten
Die nit richtent als sie solten.

Wol vber V^c (500) jor darnach
Da man ein alt gebu umbzog
Da lag des Kysers haupt im loch
Vnd hat sin frise tzunge noch.

Da man das Keisers hapt da fant
Bracht man es dem babst zu hant
Der wart dar by verstan
Das er alweg hät recht gedan.

Der bobst bat got for den hiden
Das er in nit lis fon jm scheiden
Des wart der heilg bobst gewert
Was er fon got dem hern begert.

Ueber einem Fensterbogen war auch noch folgender Reim zu lesen:
Vf erden kan nit bessers sein
Dan ein wort das heist min (mein).

1787 am 15. Novbr. willigte der Rath in das Gesuch der beiden reformirten Gemeinden ein und erlaubte ihnen zwei Bethäuser oder Kirchen ohne Thürme und Glocken innerhalb der Ringmauern zu errichten. Beyerbach's Samml. der frf. Verord. III. Th. S. 508. Die deutsche Gemeinde war so glücklich, das alte Stammhaus, wie es die Leute zu nennen pflegten, durch einen Kauf von der Familie zu erhalten. ([99] Ueber die damaligen Ansichten von dem Werthe des Stammhauses gibt folgende Stelle aus der Vernehmlassung des Anwalts des Schöffenraths der Reichsstadt Frankfurt in Sachen von Barkhaus-Wiesenhütten c. den genannten Schöffenrath, in appellatorio zum Decret vom 17. Juli 1800, einen interessanten Aufschluss:
I^o. So viel den von Stalburgischen Fall betrifft, dass zwar dem kaiserlichen Rath und älteren Schöffen Joh. Adolph Friedrich von Stalburg per Sententiam Scabinatus francofurtani de publ. 22. Dec. 1788 verstattet worden, das auf dem grossen Kornmarkt zu Frankfurt belegene

von Stalburg'sche Stammhaus des Nexus fideicommissi ungeachtet, mit Consens der Fideicommissinteressenten an die dasige teutsche reformirte Gemeinde verkäuflich zu überlassen, dass aber hierzu die erheblichsten Beweggründe vorgewaltet haben, als nämlich
dass dieses Haus obschon per testamentum de 3. Aug. 1567 also vor mehr als 200 Jahren zum Vorteile des von Stalburg'schen Mannsstammes mit Fideicommiss belegt worden, folglich das Anführen des damaligen Fideicommissbesitzers, dass dieses Haus nach den veränderten Zeiten dem Zwecke schlechterdings nicht mehr entspreche, vielmehr nach seiner innern Einrichtung und nach seinem äussern Ansehen allen bürgerlichen Wohnungen weit hinten anstehe; dass ferner dasselbe so alt und dem Geschmack der Zeiten so wenig angemessen sei, dass wenn es zu einer wirklichen Wohnung für den von Stalburg'schen Mannsstamm zugerichtet werden wollte, dasselbe mit schweren Kosten neu erbaut werden müsse, sich sattsam gegründet fand, immassen deren nach einer durch die geschwornen Werkverständige desfals unternommenen Besichtigung, der Bericht dahin ausgefallen war, dass nichts als die Demolirung dieses alten Gebäudes übrig bleibe, und dass zur Wiederaufbauung ein Kostenaufwand von 30,000 fl. im fl. 22 Fuss erfordert werde. Da nun aber der Fideicommissstifter zu dieser Wiederaufbauung keinen besonderen Fond angewiesen hatte, und just damahlen die teutsche reformirte Gemeinde zu Frankfurt die Erlaubniss erhalten hatte, in der Stadt selbsten ein Bethauss erbauen zu dürfen, wozu dieselbe diesen Platz ersehen, und das ausserordentlich hohe Geboth von 45,000 fl. darauf gethan hatte, welche Summe, wenn sie statt des baufälligen und etliche hundertjährigen Hauses dem Fideicommiss substituirt ward, allerdings weit vortheilhafter sein musste, so konnte Scabinatus nicht umhin bei der Einwilligung sämmtlicher Interessenten und nach Erlassung einer besonderen Ediktalladung an alle etwaige unbekannte Interessentes. diese Fideicommissveränderung zu gestatten. Die Absicht des Fideicommissstifters sein Haus seinem Mannesstamme zur Wohnung zu bestimmen, ware gewiss in allem Betracht erreicht worden, da solches noch nach seinem Tode über 2 Secula hindurch in seiner Bestimmung belassen, und jetzo nachdeme der Zahn der Zeit es unbewonbar gemacht hatte, der, durch einen glücklichen Zufall erhaltene so hohe Verkaufspreiss von fl. 45,000 zum nämlichen Zwecke dem Fideicommis substituiret ward.)
und hierdurch verschwand im J. 1789 das alte Gebäude mit allen den vorher erwähnten Alterthümern und der Platz nahm nun die reformirte Kirche für die deutsche Gemeinde auf, über dessen Hauptthüre mit goldenen Buchstaben geschrieben steht:

(Dank dem Herrn.)

Sonst ist noch zu bemerken, dass im Jahre 1743 der Fürst Georg Doria, Erzbischof von Chalcedon und päbstlicher ausserordentlicher Nuncius, in dem alten Stammhaus logirte (der Stallburg). Unsere Praesenz erhielt jährlich auf Martini 2 fl. 46 kr. 3 ½ h nebst einem Pulle Grundzins von dem Hause, welchen nachmals die reformirte Gemeinde entrichtete.

4. Der Altar der Lucia Heller

Federzeichnung in Braun auf rötlich getöntem Papier
Werkstattzeichnung als Lehr- und Lernzeichnung nach einer Visierung für den linken Flügel eines Flügelretabels von der Hand Jerg Ratgebs (Kopie)
um 1505
29,0 x 11,3 cm
Dresden, Staatliche Kunstsammlungen, Kupferstichkabinett

Die Darstellung des Martyriums der hl. Lucia ist in der Altarbaukunst des 16. Jahrhunderts nicht besonders häufig und deutet aus diesem Grunde auf die Darstellung der Namenspatronin der Stifterin hin.
Da es sich bei der Dresdener Zeichnung um die Kopie der Visierung eines Altarflügels nach Jerg Ratgeb handelt, der noch durch eine große Nähe zu der Kunst seines Lehrers Hans Holbein d. Ä. zeigt, besonders auffällig bei der Darstellung der Landschaft und der Personengruppe im Vordergrund, ist eine Frühdatierung in die erste Frankfurter Zeit von Jerg Ratgeb anzunehmen.
Geht man daraufhin den Personenkreis der Frankfurter Patrizier durch, dann fällt auf, daß es in der Verwandtschaft von Claus Stalburg eine Frau gab, die Weißnonne Lucia Heller, die Schwester von Jacob Heller, des Stifters des sogenannten „Heller-Altares", von Albrecht Dürer und Mathis Gothard Neithard ausgeführt.
Das Frankfurter Weißnonnenkloster aber war direkt gegenüber dem Karmeliterkloster gelegen, das Ratgeb zwischen 1514 und Frühjahr 1518 und Ende 1519 bis etwa 1520/21 ausmalte.
Aus den aufgeführten bekannten Beziehungen scheint eine Zuschreibung an Lucia Heller als Stifterin eines Altares, von dem nur die Nachzeichnung der Visierung des linken Altarflügels erhalten ist, nicht so hypothetisch zu sein, wie dies auf den ersten Blick anmuten könnte, zumal wir über den Typus des Altares auch ohne diese aufgezeigte Querverbindung noch einiges aussagen können:
Es handelt sich mit Sicherheit um ein kleineres gemaltes Altarretabel - Flügel und Mitteltafel - ähnlich dem Caldenbach-Altar oder dem Stalburg-Altar. Möglicherweise aber verfügte es bereits wie der später entstandene Heller-Altar von Dürer und Grünewald und der Schwaigerner-Altar von Jerg Ratgeb über Standflügel, da das leicht überhöhte Format der Mitteltafel dies bei geschlossenem Zustand erforderlich machte, damit vom Ästhetischen her die nötige Breite erreicht wurde.
Der Mann mit der Kappe, links im Vordergrund, der als Büste zwischen den Felsen sichtbar wird, scheint der Maler selbst zu sein und wäre dann das einzige in Kopie erhaltene und gesicherte Porträt von Ratgeb, obwohl es aber auch zugleich dann die Frage aufwirft, ob nicht der von Albrecht Dürer 1514 gezeichnete Kopf eines jungen Mannes mit Kappe - ebenfalls Dresden, Staatliche Kunstsammlungen, Kupferstichkabinett - nicht die gleiche Person darstellt. Diese Frage, sie kann wie viele Fragen zu dem Leben und Werk von Jerg Ratgeb im Katalog nur angerissen werden, wird in einer eigenen Untersuchung abgehandelt und veröffentlicht.

Lit.: W. Fraenger, Eine neue Zchg. v. J. Ratgeb im Dresdner Kk., **Bild. K.** 1960, S. 803 ff. – **Altdt. Zeichnungen, Kat. Dresden,** 1963, S. 60, Nr. 178. – **W. Fraenger,** J. R., Ein Maler und Märtyrer aus dem Bauernkriege, Dresden-Mchn. 1972/81, S. 49 f. Abb. 13. – **Manuskript Schmidt-Linsenhoff** 1983. – K. der Reformationszeit, Kat. Bln., 1983, S. 112 f., 436, Abb. B 30.

Abb. B 5 Kopie der Visierung eines Altarflügels nach einer Zeichnung von Jerg Ratgeb, Dresden, Staatliche Kunstsammlungen, Kupferstichkabinett

Heilbronn-Aufenthalt zwischen 1509 und 1512

1. Jerg Ratgebs Tätigkeit in Heilbronn

M. v. Rauch bezieht in seine Überlegungen, was Jerg Ratgeb in Heilbronn geschaffen haben könnte, sowohl die heute noch erhaltene Kilianskirche als auch die zerstörten Klöster der Karmeliter und Barfüßer und die Franziskanerkirche ein. Da heute leider auch fast der gesamte Bestand der Heilbronner Urkunden im Stadtarchiv in Heilbronn zu den unwiederbringlichen Kriegsverlusten zählt, bevor sie gerade im Hinblick auf Jerg Ratgeb richtig ausgewertet waren, steht die Forschung hier vor einem kaum lösbaren Rätsel.

Aufgrund des erhaltenen Wappens, das der Heilbronner Bürgermeister Junker Conrad Erer - Wappen mit dem Bär - im Langhaus der Kilianskirche hat anbringen lassen, ist nach dem heutigen Forschungsstand die berechtigte Frage zu stellen: hat Jerg Ratgeb für die Kilianskirche einen kleinen Seitenaltar im Auftrag von Conrad Erer gemalt, der auch in seiner Eigenschaft als Vogt von Flein den Fleiner Altar 1517 von einem Schüler von Hans Seyfert für die Dorfkirche in Flein gestiftet hat? Da der große Hochaltar der Kilianskirche von 1498 - Schrein im Zweiten Weltkrieg verbrannt und von dem Restaurator Hammer in Ulm rekonstruiert, Skulpturen und Reliefs im Original erhalten - bereits vorhanden war, könnte Ratgeb folglich nur einen kleineren Altar angefertigt haben.

Besser sieht es hinsichtlich der Forschung über das Heilbronner Karmeliterkloster, Haus zur Nessel, aus, da aufgrund der erarbeiteten Kenntnisse über die Besonderheiten des Karmeliterordens und der heute noch in verschiedenen Archiven erhaltenen Urkunden dennoch die Vermutung, Jerg Ratgeb habe bereits in Heilbronn für den Orden gearbeitet, sich in erheblichem Maße verdichtet, obwohl eine Stiftungsurkunde im eigentlichen Sinne - eine Stiftung der Familie von Gemmingen, deren berühmtester Vertreter im 16. Jahrhundert der Mainzer Erzbischof Uriel von Gemmingen war - bis jetzt nicht gefunden wurde. Die erstellte Hypothese im Hinblick auf den nicht erhaltenen neuen Hochaltar der Heilbronner Karmeliterkirche soll zugleich zeigen, in welcher Richtung weiter gesucht werden muß.

Für die Hypothese von Rauch, Ratgeb könne auch für die Barfüßer und Franziskaner gearbeitet haben, hat sich bislang kein Anhaltspunkt finden lassen, obwohl es auch nicht ganz auszuschließen ist. daß er kleinere Aufträge auch hier ausgeführt haben könnte, bedenkt man die Verhältnisse einer mittelalterlichen Malerwerkstatt, in der ein Meister mit ausgelernten Malern, Gesellen, Lehrlingen und wahrscheinlich auch mehr oder minder ungelernten Arbeitskräften oft an mehreren Aufträgen gleichzeitig gearbeitet hat, um auf dem Kunstmarkt konkurrenzfähig zu bleiben.

Bis jetzt ist uns definitiv nur eine Arbeit, die Ratgeb während seines Heilbronner Aufenthaltes von 1509 bis 1512 ausführte, der 1510 entstandene kleine gemalte Flügelaltar, der sich heute an einem Pfeiler im Kirchenschiff der evangelischen Stadtkirche in Schwaigern befindet, bekannt. Von dem Aufwand der Anfertigung her gesehen, ist durchaus noch Zeit gewesen für die Herstellung von Flügeln zu einem geschnitzten Hochaltar bei den Karmelitern, in dessen Mitte das wundertätige Gnadenbild von 1448 gestanden hat. Daß Conrad Erer für seine 1510 in Frankfurt verstorbene und dort bei den Karmelitern begrabene Tochter in ihrer Heimatstadt Heilbronn einen Altar oder Epitaph für die Kilianskirche oder das Karmeliterkloster gestiftet hat, ist keineswegs so unmöglich, daß es hier nicht in die Überlegungen, was Ratgeb in

Heilbronn neben dem Schwaigerner Altar noch gefertigt haben könnte, einbezogen werden muß. Aufgrund der Auseinandersetzung von Jerg Ratgeb mit den Legenden der heiligen Lucia und der heiligen Barbara wäre dann an eine Darstellung des Lebens der heiligen Ursula, der Namenspatronin von Ursula Erer, zu denken, deren Komposition möglicherweise von der von Martin Schongauer angeregt worden sein könnte, da sie auch noch anderen Künstlern des ausgehenden 15. und 16. Jahrhunderts als Vorlage bei Altargestaltungen diente.

Urk. Nr. 1
Heilbronn, Stadtarchiv
Inventar des Franziskanerklosters
1544
Kriegsverlust

Das Heilbronner Franziskanerkloster war reich an Bildschmuck.

Lit.: M. Rauch, Z. Gesch des Malers J. R., **Württ. Vjh. f. Landesgesch.,** 1909.

Urk. Nr. 2
Heilbronn, Stadtarchiv
Kasten 263, Barfüßer 7
Kriegsverlust

Innenausstattung des Barfüßerklosters: Im Hinblick auf Jorg Ratgebs Tätigkeit in Heilbronn nicht mehr überprüfbar.

Lit.: M. V. Rauch, Z. Gesch. des Malers J. R., **Württ. Vjh. f. Landesgesch.,** 1909.

2. Die Karmeliter zu Heilbronn

Vergabe eines neuen Hochaltares zwischen 1509 und 1512 an Jerg Ratgeb?

Keine Zeit im Leben von Jerg Ratgeb ist durch Urkunden so gut gesichert wie die in Heilbronn.

1509 kam er von Stuttgart nach Heilbronn samt seinem Haushalt und seiner Werkstatt. Daß er sich hier in der Reichsstadt Heilbronn um das Bürgerrecht bewarb, geht eindeutig aus den – zwar nicht mehr im Original, jedoch aus Transkriptionen von M. v. Rauch und W. Fraenger – bekannten Urkunden hervor.

Ratgeb wurde für die Dauer von drei Jahren Hintersasse in der Reichsstadt Heilbronn; eine persönliche oder schriftliche Anfrage mußte er zuvor an den Rat gerichtet haben. Vor seinem Zuzug nach Heilbronn hatte er dann auch noch einen Bewilligungsbescheid Herzog Ulrichs von Württemberg zu erbringen, da er zum damaligen Zeitpunkt mit einer Leibeigenen liiert war. Drei Jahre wurden ihm daraufhin bewilligt, Ratgeb hatte ein Sitzgeld von jährlich 4 Gulden zu bezahlen.

Ratgeb hatte dann, von Stuttgart mit seinem Haushalt – irgendwann im Laufe des Frühjahrs oder Sommers 1509 – kommend, dem Rat von Heilbronn die Bewilligung von Herzog Ulrich vorgelegt, daß er für drei Jahre nach Heilbronn übersiedeln könne.

Es ist sehr merkwürdig, daß Ratgeb gerade zu dem Zeitpunkt Stuttgart verließ, als der junge Herzog nach seiner Teilnahme am Reichstag in Konstanz 1507, wo er mit großer Prachtentfaltung in die Reichsstadt einzog, erbliche Hofämter einführte und seine Räte und das gesamte Gesinde vermehrte. Als er ein Jahr später dann im Gefolge Kaiser Maximilians I. an einer Romreise teilnahm, befand sich Ratgeb, dies läßt sich mit großer Sicherheit annehmen, in seinem Gefolge. Wenn der Maler Ratgeb je in herzoglichen Diensten gestanden hätte, hätte er seinen Herrn bestimmt nicht dann zu diesem Zeitpunkt verlassen, um im freien Wettbewerb mit seinen Zunftgenossen in der Reichsstadt Heilbronn eine eigene Werkstatt zu führen, die ihm nicht das gesicherte Einkommen garantierte wie z. B. „ein Hofamt", was öfters diskutiert wurde.

Zum andern ist auch eine Italienreise Ratgebs in der Gefolgschaft Herzog Ulrichs angenommen worden; dies scheint weit einleuchtender zu sein als die vorhergehende Hypothese. Eine Italienreise hatte die Verfasserin noch in ihrer 1975 abgeschlossenen Dissertation für Ratgeb in Betracht gezogen; diese ist aber mit Sicherheit nicht nachzuweisen. Es wäre jedoch möglich, daß der Künstler auf dieser Romreise von Kaiser Maximilian, die in Südtirol endete, die Kunst in Brixen und Trient kennengelernt hat, während sich keine Elemente der venezianischen oder florentinischen Kunst in seinem Œuvre nachweisen lassen, aber gerade in der Zeit um 1510 sich noch Elemente der Augsburger Kunst in starkem Maße abzeichnen.

Folglich stand Ratgeb nie im Dienst von Herzog Ulrich, und sein Weggang von Stuttgart nach Heilbronn hatte einen kommerziellen Hintergrund; ihm mußte dort ein lukrativ erscheinender Auftrag angeboten worden sein, den er übernehmen wollte, selbst wenn sein Umzug von Stuttgart nach Heilbronn dazu nötig war. Seine Aussage bezeugt, daß er in Heilbronn einen harten Kampf gegen die ortsansässige Konkurrenz zu führen hatte, statt hier gut zu verdienen, was er sich wahrscheinlich erhofft hatte und was sich dann in Frankfurt verwirklichte, als er den Großauftrag (1514–1517/18, 1519/20) bei den dortigen Karmelitern erhielt:

Ausmalung des Kreuzgangs und Refektoriums einschließlich der kompletten Raumfassung und verschiedene kleinere Arbeiten in der Kirche selbst.

Ein Jahr nach seiner Übersiedlung von Stuttgart nach Heilbronn, 1510, als Ratgeb dann sah, wie sich die Dinge entwickelten, richtete er nun an den Heilbronner Rat - wahrscheinlich hatte ihm Conrad Erer Hoffnung auf Erfolg gemacht - die Bittschrift, in die Bürgerschaft aufgenommen zu werden. Seinem Ansinnen aber stand weiterhin im Wege, daß sein „Weib und Kind" der Leibeigenschaft von Herzog Ulrich unterstanden.

Wie verträgt sich nun diese Tatsache mit den Zunftgesetzen für Maler, die die Meisterschaft erworben und sich dann in irgendeiner Stadt niedergelassen hatten, um hier eine Werkstatt zu betreiben?

Beides läßt sich nicht verbinden; folglich hatte Meister Jerg Ratgeb Maler, als er sich dann 1503 oder 1508/09 in Stuttgart niedergelassen hatte und mit Sicherheit auch eine Werkstatt führte, eine bürgerliche Frau geheiratet, um in die Bürgerschaft aufgenommen zu werden und nach gültigen Zunftgesetzen eine Werkstatt führen zu dürfen.

Da die Sterblichkeit bei Frauen und Kindern in der damaligen Zeit sehr hoch war, wäre es durchaus denkbar, daß seine erste Frau im Kindbett gestorben wäre und ihm ein kleines Kind zurückließ, das nun versorgt werden mußte. Eine Magd, eben jene besagte „Leibeigene" von Herzog Ulrich, die im Haushalt tätig war, hätte dann die Hausfrauenpflichten, die Versorgung der Lehrlinge und Gesellen in der Werkstatt und den Haushalt mit dem Kinde übernommen.

Was spricht dafür? In den Urkunden Ratgebs aus der Heilbronner Zeit ist einmal von „Weib und Kind" und ein anderes Mal - zu späterem Zeitpunkt - von „Kindern" die Rede. Wie vereinbart sich dies? Ob aus Gewohnheit möglicherweise Zuneigung wurde und der Künstler neben seinem Kind aus erster Ehe auch mit der Magd ein Kind zeugte, das dann wie sie der Leibeigenschaft des Herzogs unterstand, ist aus den Worten Ratgebs zu erklären, ebenso das Streichen des Wortes „Meister" in der Heilbronner Urkunde und auf dem Schwaigerner Altar das Wort „Maler", das darauf hinweist, daß Ratgeb - trotz einer möglicherweise mit Conrad Erer bestehenden Freundschaft - durch die Zunftgesetze stark eingeschränkt wurde, zumal dem Rat auch ein Maler angehörte. Für eine Freundschaft mit Conrad Erer - wie sie auch zu dem Mäzen Claus Stalburg nachzuweisen ist - spricht die Tatsache, daß der Rat sich persönlich mit einem Bittgesuch für den Maler an Herzog Ulrich von Württemberg gewendet hat, jedoch ebenfalls ohne den gewünschten Erfolg, da es zu den damaligen Zeiten fast unmöglich war, bestehende Gesetze oder Verordnungen zu umgehen. Eine Reaktion des Hasses seitens des Herzogs, der angeblich verstimmt war wegen der Kündigung des Hofdienstes, ist, wie oben dargelegt, kaum in Betracht zu ziehen, da wahrscheinlich diese Beziehung nie bestanden hat. Wie wäre dann auch die gute Verbindung zu Benedikt Farner, einem Vertrauten von Herzog Ulrich, im Jahre 1518/19 möglich gewesen oder gar das Engagement von Ratgeb im schwäbischen Bauernkrieg, als er auf der Seite der Bauern für die Rechte von Herzog Ulrich kämpfte und dann dafür auch noch verurteilt wurde?

Ratgeb bemühte sich in den Jahren 1509 bis 1512 intensiv um die Lösung von der „Leibeigenschaft" von „Weib und Kind", während sonst in den Heilbronner Urkunden von Kindern die Rede ist. Bemerkenswert ist auch, daß in den Urkunden nur lakonisch von seinem „Weib" und nicht seinem ehelichen Weib oder seiner ehelichen Hausfrau die Rede ist; folglich hat eine legale Ehe im Sinne des Mittelalters nicht bestanden, da dies auch aufgrund der Gesetze für Leibeigene nicht möglich und eine Ehe nur zwischen zwei freien Ehepartnern möglich war. Zwar bat Ratgeb den Rat der Stadt ihm behilflich zu sein, so ist auch der Entwurf eines Bittgesuches des Rates der Reichsstadt Heilbronn an Herzog Ulrich im Wortlaut erhalten - die Original-Urkunden des Konzeptes verbrannten im Zweiten Weltkrieg im Heilbronner Stadtarchiv -, während das abschlägige Schreiben der Herzoglichen Kanzlei uns nicht überliefert

ist, was wahrscheinlich auf die Schwierigkeiten von Herzog Ulrich während seiner Regentschaft in Württemberg zurückzuführen ist.
1511 waren dann die gewährten drei Jahre des Sitzrechts in Heilbronn um, Ratgeb richtete, trotz der abschlägigen Antwort von Herzog Ulrich, ein zweites Bittgesuch an den Heilbronner Bürgermeister, Junker Conrad Erer, und den Rat, drei weitere Jahre als Hintersasse in Heilbronn Aufenthalt zu gewähren, da er seine Arbeit beenden möchte. Überdies sei ihm der Aufenthalt für drei weitere Jahre in Heilbronn von Herzog Ulrich gewährt worden.
Am 17. Jan. 1512 war dann in einem Ratsprotokoll erneut davon die Rede, daß Ratgeb in Heilbronn Bürger werden möchte. In einem Schreiben des Künstlers nach diesem Termin ist nur noch davon die Rede, daß er noch ein Jahr in Heilbronn bleiben werde. Der Rat von Heilbronn erteilt die Verlängerung für drei weitere Jahre, so daß Ratgeb bis 1515 in Heilbronn hätte bleiben können, wenn er dies beabsichtigt und ihn kein zwingender Grund - neuer Auftrag - von hier weggeführt hätte. Im April 1512 zahlte er zum letzten Mal das Sitzgeld und verließ noch im gleichen Jahr Heilbronn und kehrte nach Stuttgart zurück; ebenfalls im gleichen Jahr gab er dann auch dort sein Bürgerrecht auf und ist von 1512 bis 1513 nur schwer auf seinen Wanderungen zu lokalisieren.
Abschließend ist zu der Problematik um das „leibeigene Weib" von Jerg Ratgeb noch hinzuzufügen: der Herzog hätte Ratgeb mit Sicherheit 1512 nicht die Erlaubnis gegeben Stuttgart zu verlassen, wenn der Künstler nicht bis dahin erreicht hätte, daß die Leibeigenschaft - die es weder in Schwäbisch Gmünd noch in Stuttgart gab, wie W. K. Zülch bemerkt - aufgehoben worden wäre. Die zweite Möglichkeit besteht darin, daß die Frau zu diesem Zeitpunkt bereits tot war und sich deshalb für Ratgeb und den Herzog die Frage nach einer Lösung der Leibeigenschaft nicht mehr stellte.

Zurück zu der Auftragslage in Heilbronn: Gründer des Heilbronner Karmeliterklosters waren der Heilbronner Rat und der Heilbronner Bürgermeister selbst, deshalb hatten sie auch das Patronats- und Vogtrecht über das Kloster ausgeübt. 1442 erschien Maria im einem Nesselbusch vor dem Stadttor von Heilbronn - nach Weinsberg zu gelegen, in der heutigen Gegend des Alten Friedhofes -; dies war der Anlaß für die Gründung des Karmeliterklosters im Jahre 1448.

Hatte Hans Seyfer, der 1498 den neuen Hochaltar in der Heilbronner Kilianskirche geschaffen hatte und 1509 in Heilbronn verstarb - eben zu jenen Zeitpunkt, als Jerg Ratgeb von Stuttgart nach Heilbronn kam; ihn mußte Ratgeb aber bereits 1502 in Stuttgart getroffen haben, als der Bildschnitzer, wahrscheinlich zusammen mit Hans Backoffen, damals noch als sein Geselle, die große Kreuzigungsgruppe in St. Leonhard schuf -, den Bürgermeister Conrad Erer, den Heilbronner Rat, die Karmeliter und den Graf von Neipperg auf den jungen, begabten und im Neckargebiet noch wenig bekannten Maler aufmerksam gemacht? Diese Spekulationen führen zum heutigen Zeitpunkt zu keinem Ergebnis, da die zweite Komponente in diesem Spiel - das Leben von Hans Backoffen - nicht daraufhin untersucht wurde, obwohl bereits W. K. Zülch 1945 auf diese Verbindung aufmerksam machte. Auffällig ist mit Sicherheit, daß sich der Lebensweg des Bildhauers Hans Backoffen erneut mit dem des Malers Jerg Ratgeb am Mittelrhein während dessen Frankfurter Zeit, 1514 bis 1518, kreuzte, denn 1509 fertigte Backoffen für den Frankfurter Kaufmann Jacob Heller die große Kreuzigungsgruppe für den Friedhof von St. Bartholomäus in Frankfurt an und war von 1508 bis zu seinem Tode 1519 Hofkünstler der Mainzer Erzbischöfe, zunächst bei Uriel von Gemmingen (1508-1514) und dann bei seinem Nachfolger Albrecht von Brandenburg, für die er drei repräsentative Epitaphien im Mainzer Dom - Henneberg, Liebenstein († 1508), Gemmingen - anfertigte.
Wieviel Aufträge Jerg Ratgeb in Heilbronn ausführte, ist unbekannt; von zwei jedoch haben wir genauere Kenntnis.

Im Januar 1525 besichtigte eine Freifrau von Gemmingen den Hochaltar im Heilbronner Karmeliterkloster, der auch in den Urkunden von 1525 noch erwähnt wird. Das Haus zur Nessel besaß jenes besagte Gnadenbild aus der Mitte des 15. Jahrhunderts, das vor den Schweden in die Kirche des Deutschhauses und 1661 feierlich von dort nach Straubing gebracht worden war. Mitte des 16. Jahrhunderts gab es mit dem Heilbronner Rat Streitigkeiten im Hinblick auf jenes Gnadenbild, das der inzwischen protestantisch gewordene Rat hatte entfernen lassen, es aber auf gerichtlichen Entscheid um 1550 hatte ersetzen müssen.

Die Karmeliter wurden von den Heilbronner Bürgern auch weiterhin so stark belästigt, daß sie sich von König Gustav Adolf erbaten, daß er das ganze Kloster zerstören solle, was von dem Schwedengeneral von Schneidtberg ausgeführt wurde. Der Kaiserliche Hof aber ordnete an, daß die Heilbronner Bürger das Kloster wieder herstellen und das Geraubte zurückgeben müssen.

Wenn man nun einen neuen Hochaltar mit gemalten Flügeln für das Œuvre von Jerg Ratgeb rekonstruiert, dann scheint dieser bereits um 1550 in den religiösen Unruhen mit der protestantisch gewordenen Bürgerschaft Heilbronns zerstört worden zu sein.

Von dem durch Dr. Andreas Stoß, dem Prior des Karmels in Budapest, wahrscheinlich angeregten Altar in Mühlbach in Siebenbürgen, den der Jagiellone Ludwig II., König von Böhmen und Ungarn, der mit einer Habsburgerin verheiratet war, gestiftet hatte, wissen wir, daß auch im Mühlbächer Altar, der eine imponierende Höhe von 16 Metern erreicht, ein Gnadenbild im Mittelschrein zur Schau gestellt war.

Die im Kupferstichkabinett Dresden erhaltenen Risse von zwei Altarflügeln mit der Darstellung der Geburt Mariens und der Geburt Christi, links und rechts einen zu ergänzenden Mittelschrein flankierend, passen ausgezeichnet in das mariologische Programm der Altäre des Karmels im frühen 16. Jahrhundert.

Das rotgetönte Papier, die farbige Tinte der beiden Dresdener Visierungen weisen den expressiven Zeitstils des frühen 16. Jahrhunderts auf, wenn auch heute aufgrund der bei den Stuttgarter Tafeln zutage getretenen Unterzeichnung auszuschließen ist, daß die Zeichnungen von Jerg Ratgeb selbst stammen und in die Reihe der Werkstattzeichnungen, der Lehr- und Lernzeichnungen gehören, die nach den Visierungen für die Altarflügel des Jerg Ratgeb angefertigt wurden. Die Anklänge an den Architekturstil der Augsburger Frührenaissance und deren Ornamentik zwischen 1509 un 1512 sprechen ebenfalls für Jerg Ratgeb als den Autor der Originalzeichnungen, dessen Augsburger Schulung und Mitarbeit am Frankfurter Dominikanerhochaltar heute nicht mehr in Zweifel gezogen werden kann. Als Initiator der Augsburger Frührenaissance wird heute nicht mehr Peter Flötner angesehen, sondern Albrecht Dürer, jener große Präzeptor, der auch zwischen 1509 und 1518 – Weihe der Fugger-Kapelle – entscheidende Entwürfe für die Fugger-Epitaphien und andere Ausstattungsgegenstände, z. B. die Prozessionsbahre mit dem Schmerzensmann zwischen Johannes und Maria – Anklänge an den Altar der Fugger-Kapelle bei St. Anna in Augsburg, der wahrscheinlich von Adolf und Hans Daucher ausgeführt wurde – lieferte und damit auch die Augsburger Kunst entscheidend beeinflußt hat.

Dadurch wird die zu rekonstruierende künstlerische Entwicklung von Jerg Ratgeb in andere Bahnen gelenkt als die Forschung bisher annahm. Von den expressiven Zügen ist im Anfang seines Schaffens wenig zutage getreten, erst in der Folgezeit nach Heilbronn, das heißt im Klartext erst in der Frankfurter Zeit kommen die bereits im Ansatz vorhandenen expressiven Züge voll zum Tragen: durch die im Frankfurter Dominikanerhochaltar bereits angelegte Entwicklung, die sich in den drei Dresdener Rissen nach Altarvisierungen von Jerg Ratgeb und dem Schwaigerner Altar von des Malers eigener Hand fortsetzt, können folglich nicht mehr solche Gemälde wie die Tafeln in Rotterdam und Bern oder die im Zweiten Weltkrieg zer-

störte in Berlin als seine Jugendwerke angenommen werden. Ratgeb als Künstler hat Wandlungen durchgemacht, die wohl bei keinem Künstler so gravierend erscheinen wie bei ihm, denkt man an seinen Herrenberger Altar. Setzt man diesen als Endpunkt der Entwicklung an, da kaum weitere Werke, ausgenommen die Frankfurter Ornamentnische in der Karmeliterkirche und das Mainzer Wandgemälde im Kapitelsaal des Mainzer Domes, erhalten bzw. bekannt sind, dann sind auch die Portraits der Familie Stalburg keine Außenseiter mehr im künstlerischen Werk von Jerg Ratgeb.
Daß auch Verbindungen zu Albrecht Dürer, der heute als der Initiator der Augsburger Renaissance gilt, bestanden haben, zeigt der Lebenslauf beider Künstler, die in ihrer Jugendzeit am Oberrhein gelernt haben; daß einmal geknüpfte Verbindungen auch nicht mehr aufgegeben wurden, zeigen die künstlerischen Anlehnungen an die Kompositionen der anderen Künstler, ein Phänomen, das sich besonders für das frühe 16. Jahrhundert nachweisen läßt. Daß Beziehungen zwischen beiden Künstlern bestanden haben, trotz der sehr unterschiedlichen bzw. gegensätzlichen Entwicklung - die von der Statik oder der Dynamik geprägte Kunst - steht heute außer Zweifel.
Ob Jerg Ratgeb erst während seiner Heilbronner Zeit (1509–1512) oder bereits während seiner ersten Frankfurter Zeit (1501, 1503 bis 1505/07) die erste Verbindung zum Karmeliterorden geknüpft hat, muß als Frage offen bleiben. Mit Sicherheit aber ist vom Zeitpunkt der Heilbronner Tätigkeit an der Kontakt nicht mehr abgerissen.
Die Frage, ob Jerg Ratgeb auch für den Karmel in Hirschhorn arbeitete, muß aufgrund der fragmentarischen Wandgemälde unbeantwortet bleiben; für den Karmel in Mainz war er möglicherweise tätig, mit Sicherheit aber malte er von 1514 bis 1517/18 und von 1519/20 im Karmel in Frankfurt; ob Ratgeb dann im dritten Jahrzehnt noch einmal für den Esslinger Karmel tätig war, wird an anderer Stelle zur Diskussion gestellt.
Als Stifterfamilie des Heilbronner Hochaltars im Karmeliterkloster ist das Geschlecht der von Gemmingen ins Auge zu fassen, dessen Stammsitz nur wenige Kilometer von Heilbronn bei Schwaigern liegt, wohin Jerg Ratgeb den erhaltenen Barbaraaltar von 1510 für die Grafenfamilie von Neipperg lieferte. Zum anderen ist das Wappen der Familie von Gemmingen nicht nur in der Schwaigerner Kirche angebracht, sondern auch die Beziehungen der Familie zu den Karmelitern in Esslingen sind nachzuweisen. Das wichtigste Kriterium aber ist, daß Albrecht von Brandenburg, der Erzbischof von Mainz, der Nachfolger von Uriel von Gemmingen im Amt, am 14. Mai 1519 einen Ablaß für das Heilbronner Karmeliterkloster erließ, das nicht zu seinem Territorium, sondern zum Bistum Würzburg gehörte. Dieser Übergriff ist nur dann verständlich, wenn sich sein Vorgänger im Amt, eben Uriel von Gemmingen, hier bereits zu seiner Amtszeit 1509 bis 1514 engagiert hatte, was wiederum für eine Stiftung der Familie von Gemmingen spricht.
Sowohl M. v. Rauch als auch W. Fraenger überlegten bereits, ob Jerg Ratgeb schon in Heilbronn für die Karmeliter tätig war. Aber in dem Maß diese These zu verdichten, daß zwei erhaltene Handzeichnungen und verschiedene Urkunden des Heilbronner Karmels damit in Verbindung gebracht werden können, obwohl noch das letzte Glied in dieser Beweiskette fehlt, war ihnen nach dem damaligen Forschungsstand noch nicht möglich.

Urk. Nr. 1
Straubinger Handschrift über das Heilbronner Karmeliterkloster

Das Konvent zu Heilbronn wurde begonnen 1448. Anlaß war die Entdeckung eines wunderbaren Bildes der schmerzhaften Muttergottes zu den Nesseln. Mit Erlaubnis des heiligen Stuhles und des Bischofs von Würzburg wurde uns dasselbe samt Kapelle übergeben. 1518 wurde das Kloster von den Lutherischen Bürgern fast ganz zerstört; der Prior aber zog sich zurück in ein Bürgerliches Haus, welches er gekauft hatte mit dem Recht der Bürgerschaft. Später wurde es wieder hergestellt. Das wunderbare Bild wurde übertragen in die Deutschordenskirche, in welcher es eine Zeitlang verehrt wurde. Nachher wurde es eine Zeitlang in unserer Kirche in Würzburg, nahe dem Altar der hl. Anna, verehrt. 1661 wurde es dann nach Austauschung eines Reverses, daß es auf Verlangen des Bischofs zurückerstattet werden müßte, nach Straubing übertragen unter großer Freude der Gläubigen. Die Ordensreform wurde 1685 daselbst eingeführt.

Lit.: C. Martini, Der dt. Carmel, II. Bd., Die oberdt. Prov., Bamberg 1926, S. 270.

Urk. Nr. 2
Heilbronn, Stadtarchiv
Kasten 261
Kloster zur Nessel I, 12
Kriegsverlust

Das reiche Karmeliterkloster hat 1507 seine Kirche vergrößert.

Lit.: M. V. Rauch, Z. Gesch. des Maler J. R., **Württ. Vjh. f. Landesgesch.,** 1909.

Urk. Nr. 3
Heilbronn
1510 März 22.

Der Rat bewilligt nachträglich einen von den Karmelitern vorgenommenen Bau.

Lit.:, C. Martini, Der deutsche Carmel, II. Bd., Die oberdt. Prov., Bamberg 1926, S. 264.

Urk. Nr. 4
Heilbronn
1519 Mai 14.

Albrecht, Kardinalpriester, Erzbischof von Mainz, verleiht wegen der täglichen Heilungen, die in der Karmeliterkirche durch Anrufung der Jungfrau Maria geschehen, den Besuchern der Kirche gewisse Ablässe.

Lit.: C. Martini, Der deutsche Carmel, II. Bd., Die oberdt. Prov., Bamberg 1926, S. 265.

Urk. Nr. 5
Heilbronn
1520 Juli 4.
1521 Juli 8. (ähnliche Bitte)

Prior und Konvent zu unserer lieben Frau zur Nessel bitten den Rat, die bisherigen Pfleger des Klosters, Junker Konrad Erer und Klaus Franck, wieder zu verordnen.

Lit.: C. Martini, Der deutsche Carmel, II. Bd., Die oberdt. Prov., Bamberg 1926, S. 265.

Urk. Nr. 6
Heilbronn
1521 Jan. 7.

Prior und Karmeliterkonvent zu Esslingen bitten den Bürgermeister Erer von Heilbronn, er möge das Geld, das er ihnen schulde, an das Heilbronner Karmeliterkloster übergeben.

Lit.: C. Martini, Der dt. Carmel, II. Bd., Die oberdt. Prov., Bamberg 1926, S. 265.

Urk. Nr. 7
Heilbronn
ohne Datum

Prior und Konvent des Karmel bitten den Herren von Württemberg um Nachlaß des Zehnten von diesem Grundstück.

Lit.: C. Martini, Der dt. Carmel, II. Bd., Die oberdt. Prov., Bamberg 1926, S. 265.

Urk. Nr. 9
Heilbronn
Inventar des Heilbronner Karmeliterklosters
1524 Feb. 27.

Der Rat nimmt am 27. Februar 1524 eine Inventaraufstellung vor in Gegenwart des Subpriors Josef Benzenreuter und des Priesters und Ordensbruders Elias Engelhart.
Es sind vorhanden:
49 Gültbriefe auf zusammen 3543 Gulden (zu 4% und 5%),
ein Kistlein mit den Hofbriefen,
ein Lädlein mit Bewilligungsbriefen von Fürsten und Städten,
372 Bücher in der Liberei (Bibliothek),
im Chor der Kirche 13 (Bücher) und
in einer Bücherzeile außerdem 27 Bücher;
etwa 52 Fuder Wein,
17 namhafte Stücke von Monstranzen, Bildern und Kreuzen,
im Kloster etwa 200 Malter Korn, 120 Malter Dinkel, 30 Malter Hafer.

Lit.: C. Martini, Der dt. Carmel, II. Bd., Die oberdt. Prov., Bamberg 1926, S. 266.

Urk. Nr. 10
Stadtarchiv Heilbronn
Kasten 262 Kloster zur Nessel
Diversa
Visitationsbericht des Hauses zur Nessel am 1525. Feb. 25.
Kriegsverlust

Sic ait. Magis igitur conveniens visum est mihi, et annalium instar miracula singula singulis assignata praemittam annis, sive temporibus, quibus facta sunt, quatenus et locus relinquatur, et opportunitas volenti consignare futura, et si quis ea voluerit commendare memoriae, septimum incipiat librum, ubi nos terminavimus sextum etc. Sic ille. Sed dolendum tres illos posteriores libros Tritemii hactenus lucem necdum aspexisse, quippe eos completos fuisse satis antedicta insinuant verba: ubi nos terminavimus sextum.

Tandem idem Tritemius lib. 2. c. ult. hac apostrophe alloquitur civitatem: Gaude nunc et laetare Hailbronna regale oppidum, quoniam complacuit Dno in te, qui meritis intemeratae Genitricis suae B. V. Mariae prae cunctis in terra locis te honorat mirabiliter, signis decorat mirandis, atque virtutibus; eruditisque non cessat filios suos, qui in te sunt, illustrare doctoribus. Cognosce tempus visitationis tuae. Haec ibi

Anno 1450 fuit iterum huius coetus prior V. P. Joannes Enderer ex Carmelo Dinckelspilano huc translatus, vir bonus, religiosus et industria singularis, ut eum Tritemius appellat L. 2 c. 14. Nec desunt qui eum aeque a doctrina, et a zelo in haereticos (Hussitas) singulari commendent, et inter scripta eius posteritati consecrata recenseant libros duos, sub hoc titulo: Authentica fides Ecclia variis argtis clypeata. Sayerus in Cronico ad an 1450.

Anno 1547. R. M. Everhardus Billicus prov. Alemaniae inferioris provinc. et superioris Germaniae Vicarius generalis et a Rmo P. M. Nicolao Audet priore generali constitutus, per mandata Caesarea Augustae Vindelicorum in comitiis a Carolo Caesare impetrata, hunc conventum ex manibus senatus Lutherani, qui illum occupaverat, recepit, et ordini restituit, uti videre est in epistola eiusdem Billici ad dictum priorem generalem scripta ex Augusta 1548 15 martii

Denique in haeresum et bellorum ~~[illegible]~~ istius saeculi turbine, coenobium hoc funditus fuit destructum: fratresque se receperunt ad aedes suas, quas ab antiquo intra civitatem, ante monasterii erectionem habuerunt; ubi etiamnum resident, et imaginem miraculosam transtulerunt in Ecclesiam ordinis Teutonici

C 2

C 3

Hailbrunna

intra civitatem Hailbrunnensem, cuius Ecclesiae administratio ipsis commissa est: ubi pro hoc anno 1676 resident

R.P. Damascenus a S. Theresia prior.
P. Otto a S. Henrico concionator.
F. Nicolaus a Cruce laicus.

Qualiter anno 1661 imago ista miraculosa translata sit ex Hailbrona, Straubingam, ~~hab~~ vide supra, in fundaoe Cutus Straubingani.

Posnaniensis Cutus.

Posnania Civitas est in ~~p~~ regno Poloniae Episcopalis, ubi Vladislaus Rex Poloniae circa annum 1414 in loco iuxta muros civitatis, ubi tres sacrae Hostiae ab impiis Judaeis absconditae, et in paludem proiectae, ex spiritibusq obducta, miraculose sese ostenderant, insignem aedificavit Ecclesiam cum monasterio adiuncto, et Fratribus B. Mariae Virg: de monte Carmeli donavit.

De quo vide in Chronico meo proae universali ad annum 1414. et in Chronico Cutus Coloniensis particulari ad annos 1399 et 1402

Spectabat autem hic Cutus ad proam Bohemiae anno 1411 in caplo gnrali Bononiae celebrato primitus institutam.

Culmensis

C

1510

SICHIA

E 9

ANCTA
BARBARA

A·R· 1510

Visitation des Hauses zur Nessel/Karmeliterkloster in Heilbronn durch die Freifrau von Gemmingen.

Lit.: M. v. Rauch, Z. Gesch. des Malers J. R., **Württ. Vjh. f. Landesgesch.,**N. F. 18, Stg. 1909, S. 212. - **M. v. Rauch** (bearb.), Urkundenbuch der Stadt Heilbronn, Stg. 1922, Nr. 2773, S. 15. **W. Fraenger a.a.O. 1972/81,** S. 243, 274 f.

Urk. Nr. 11
Heilbronn
Provinzialakten des Dr. Andreas Stoß, Straubinger Manuskript
Lit.: C. Martini, Der dt. Carmel, II. Bd., Die oberdt. Prov., S. 273.

Abb. C 1,2 (S. 83,86) Chronik von Jacobus Millendunck, Karmeliterbücker, Bd. 47b, S. 558 (Heilbronn)
Abb. C 3,4 (S. 84,85) Dresden, staatl. Kunstsammlung, Kopie einer Altarvisierung nach Ratgeb
Abb. E 1-10 (S. 87-96) Schwaigerner Altar von Jerg Ratgeb (1510)

Urk. Nr. 1
Heilbronn, Stadtarchiv
Kasten 35 Nachsteuer 4
Kasten 59 Bürger 36
Kriegsverlust
Ratserlaß
Dienstag nach Georgii
1509 April 24.

Der Heilbronner Rat bewilligt Meister Jörg Ratgeb, Maler von Stuttgart, als Beisasse einen dreijährigen Aufenthalt in der Reichsstadt Heilbronn gegen ein jährliches Sitzgeld von vier Gulden, doch soll er vor seinem Zuzug einen Bewilligungsbrief von Herzog Ulrich von Württemberg herbeibringen.

Lit.: M. v. Rauch, Z. Gesch. des Malers J. R., **Württ. Vjh. f. Landesgesch.**,N. F. 18, Stg. 1909. - **Urkundenbuch der Stadt Heilbronn,** bearb. v. **M. v. Rauch,** 3 Bde., 1501-1524, **Württ. Gesch.-quellen,** 19. Bd., Stg. 1916, S. 236f., Nr. 2162 a-d. - **W. K. Zülch,** J. R. Maler, S. 172. - **W. Fraenger a.a.O. 1972/81,** S. 30f., 243, 240 (1), 248 (durch dreijährige Freistellung in Heilbronn aufgenommen, Verwendung des falschen Begriffs: Ratgeb sei Hintersasse gewesen - Ratgeb war aber in Heilbronn Beisasse). - **A. Stange,** J. R., **Kindlers Mal. Lex.,** Mchn. 1982, Bd. 10, S. 231, (Beisasse).

Urk. Nr. 2
Heilbronn
1509 April 24. (nach diesem Zeitpunkt)

Ratgeb bringt das Bewilligungsschreiben von Herzog Ulrich von Württemberg für den dreijährigen Aufenthalt in Heilbronn.

Eine Lösung der Leibeigenschaft von Weib und Kind erreicht er nicht, um in Heilbronn Bürger werden zu können.

Ratgeb zieht im Frühjahr oder Sommer mit seinem gesamten Haushalt - und seiner Werkstatt - von Stuttgart nach Heilbronn.

Lit.: M. v. Rauch, Z. Gesch. des Malers J. R., **Württ. Vjh. f. Landesgesch.,** 1909. - **W. K. Zülch, J. R. Maler,** S. 172.

Urk. Nr. 3
Heilbronn Stadtarchiv
Urkunden im Krieg verbrannt
erste Eingabe von Jerg Ratgeb an den Rat der freien Reichsstadt Heilbronn
1510 (ohne genaue Datierung)
Papier mit Wasserzeichen (Inful, Skizze bei Fraenger, Abb. 171) möglicherweise ein Hinweis auf das Haus zur Nessel - das Karmeliterkloster in Heilbronn

Fürsichtigen ehrsamen weisen sonder günstigen lieben Herrn, mein gantz undertaenig alzyt geflissen und willig dienst sey EFW (ehrsamer, fürsichtiger Weisheit) in aller Gehorsame zuvor. EFW hat gut wissen, wie ich in vergangenem Jahr von Stuckgarten allhier gen Hailpronn mit meiner Wohnung kommen und ich ein Zeitlang allhie zu sein von EW angenommen, mit Willen und Meinung mich mittlerer zeyt darein zu schicken. Dass ich mein Weib und Kind von dem Durchleuchtigen hochgeborenen Fürsten und Herrn Ulrichen Hert-

zogen von Württemberg etc,meinem gnädigen Herrn der leybaigenschafft umb ein Zimlichen abtrag ledig machen. Und dann bei EFW burger werden. Weisen Günstigen Lieben Herrn, hab Ich auch diesser Zeit her gegen meinen gnedigen Herrn sollichs zu erlangen beworben. Befind ich das es nitt wohl seyn Unnd mir mein gnediger Herr mein Weib und Kind nit gern ledig sagen will. Ist mein gantz undertenig demütig bitt und beger, an EFW, dieselbigen EWwolle mich also gnädelichen bedenken und mir gegen gedachtem meinen gnädigen Fürsten und Herrn mit einer fürderung und fürschrift, damit sein fürstlich Gnad mir mein Weib und Kind umb ein ziemlichen Abtrag und entledigung dieser Ee (Verpflichtung)der laybeigenschafft ledig sage, Verhelffen und mir gegen meinen Herrn gnediglichen zukommen lassen. Bin ich ungezweifeldt, sein FG (Fürstliche Gnaden) nach dero selbiger EW Fürderung und Fürschrift mich geniessen lassen. Unnd das EFW nit verzeihen (säumen) aber (abermals, gleichfalls) ich ungezweifeldt hoffnung und untertänigs vertrauwens zu EW als mein günstig lieb Herren bin. Will ich mein Leben lang um derselbig EFW einen ersamen Rat auch gemein (Gemeinde) alzyt unterdäniglichen zu verdienen geflissen sein. Mit vlyssiger bitt des Euer gnedig antwort mir gnediglichen zukommen zu lassen
EFW untertäniger
~~Meister~~ (durchgestrichen) Jörg Ratgeben

Lit.: M. v. Rauch, Z. Gesch. des Malers J. R., **Württ. Vjh. f. Landesgesch.,**N. F. 18, Stg. 1909, S. 112 (nicht im Wortlaut erhalten, Rauch hielt das Schreiben nicht für von Ratgebs eigener Hand, sondern von der eines Schreibers stammend, der es im Auftrag Ratgebs abgefaßt hat.) – **W. K. Zülch,** J. R. Maler, S. 172. – **W. Fraenger a.a.O. 1972/81, S.** 30, 240 (5), 243, 248, 270, 273 (Transkription; glaubt den gleichen Duktus der Handschrift sowohl im Text als auch in der Unterschrift, im Vergleich zu dem Brief an Claus Stalburg, zu erkennen. Heute nicht mehr nachprüfbar, da Urkunde verbrannt ist).

Urk. Nr. 4
Heilbronn, Stadtarchiv
Fürderung und fürschrift
(Fürsprache des Heilbronner Rates bei Herzog Ulrich v. Württemberg von 1510 (Okt. 17. – Dienstag nach crusis exaltatione a.d. 1510)
Kriegsverlust

Durchlauchtigster hochgeborener Fürst, gnädiger Herr.Euer füstliche Gnaden sein unser redlich, flyssig willig Dienst zuvor. Gnädiger Herr, was massen Jörg Ratgeb Maler,, der nun durch EFG bewilligung eine zeitlang in unsrer Stadt gesessen, sich auch als ein Kunstreicher seines handwercks bisher wohl und erlich bei uns erhalten und also mit unserer Meinung zum burger bei uns werden wollt, des er in ansehung wider seiner hausfrauen und kinder Euer EFG mit leibeigenschaft verwandt an EFG verweigerung nit tun kundt. Hat deshalb an EFG uns umb furschrifft und fürdernus angeloffen, der wir ihm auff sein fleyssig bitt abzuschlagen nicht viel ursach haben. Dem nach so ist an die selbige EFG als unsre undertänige flyssige bitt, so wann es anderwo nit wider EFG sein wollt, gemeldten unseren Jörgen Hausfrauen und Kinder umb ziemlich abtrag und uferlegung itzt leybeigenschafft zu erlassen gnädichlichen zu geruhen, damit er burgerschaft hier in unserer stadt anzunehmen geschickt sein möge. Und sich EFG hier uns so gnedichlicher erzeigen, damit er unser fürderung gegen EFG von seint wegen untertäniglich beschehen, gnädiger meinung beschehen mögen.

begeren wir umb dieselbige EFG als unseren gnädigen herrn, dem wir uns jetzund und allerdings sunderlich befehlen. Datum am Dienstag nach crucis exaltatione a.d. 1510

An Herzog Ulrichen etc.

Konzept

Burgermeister und rat

Stadt Heilbronn

Antwortschreiben der Herzoglich Württembergischen Kanzlei nicht überliefert.

Lit.: M. v. Rauch, Z. Gesch. des Malers J. R., **Württ. Vjh. f. Landesgesch.,**N. F. 18, Stg. 1909, S. 212 (nur inhaltliche Wiedergabe, nicht Wortlaut der Urkunde überliefert). – **W. K. Zülch,** J. R. Maler, S. 172, – **W. Fraenger a.a.O. 1972/81,** S. 30f., 243, 240, 248, 273 (Transkription, Originalurkunde verbrannt, Wortlaut nicht überprüfbar).

Die Vermutung von M. v. Rauch, daß Ratgeb, daß Herzog Ulrich von Württemberg, den Künstler als solchen festzuhalten hat, aufgrund der Urkundenlage nicht bestätigt. Auffällig ist jedoch, daß Ratgeb bereits 1518/19 für einen Vertrauten von Herzog Ulrich bei der Ausführung des Herrenberger Altares tätig wurde und daß der Maler im dritten Jahrzehnt des 16. Jahrhunderts nach Stuttgart zurückkehrt, obwohl er sein Bürgerrecht bereits 1513 dort aufgegeben hatte.

Urk. Nr. 5

Heilbronn Stadtarchiv

Urkunde im Krieg verbrannt

zweite Eingabe von Jerg Ratgeb an den Heilbronner Rat

ohne Zeitangabe

Papier mit Wasserzeichen Inful (Skizze bei Fraenger Abb. 171) möglicherweise ein Hinweis auf das Haus zur Nessel – das Karmeliterkloster zu Heilbronn

Fürsichtigen Ersamen weisen sonder günstigen lieben herrn Bürgermeister und Rate dieser Stadt Haylpronn mein ganz untertänig alzyt geflissen willig dienst. In aller gehorsame seyenn EFW zuvor ann bereit günstigen lieben Herrn.

In vergangenem dritten Jahr hat EFW mich zu EW als hindersassen und Einwonern in Eurer Stadt angenommen, Mich also bihsher die drei Jahre biss uff yetzo mit hausslicher wonung, arbeyt und narung allhie lassen sitzen, der Hoffnung (on sonder berümen) mich die zeyt her auch wie mir gepurt gehalten. Demnach ist wieder mein fruntlich undertänig vleissig bit unnd begeren an EFW eynen ersamen Rathe, mein gunstig lieben Herrn, dieselbe EFW wolle mich fürder und weyter Nachvolgende drei Jar, die mir auch von meynen gnedigen Fürsten und Herrn hie zu sein gnediglichen bewilligt, aber (abermals) allhie zu Hailpronn bei EW zu bleiben und sitzen lassen, mich bei Euch mein Wonung zu haben uffnemen und mich mit aynem zimlichen dieser drei nachvolgende Jahr halten und annemen damit Ich mich desto besser erneren und halten moge. Das ich mich genzlich zu EFW getrost und versiech. Unnd mich die selbe EFW sollicher meyner bitt nit verziehen, Besonderso (sondern) günstigklichen, hier Innen (hierin) bedencken und erzeigen. Als ich der ungezweyfelter hoffnung unnd undertänigs vertrauwen zu EFW bin, Beger Ich sollichs umb die

selbig EFW zu aller zeyt meynes Vermogens willigklichen zu verdienen geflissen sein. Mit undertäniger vlyssiger bitten des EFW antwort mir gutwilligklich zukommen lassen
EFW unterteniger
williger
Jörg Ratgeben Maler

Lit.: M. v. Rauch, Z. Gesch. des Malers J. R., **Württ. Vjh. f. Landesgesch.,**N. F. 18, S.212. - **W. K. Zülch,** J. R. Maler. - **W. Fraenger a.a.O. 1972/81,** S. 243, 248, 273 (Transkription).

Urk. Nr. 6
Heilbronn, Stadtarchiv
Urkunde im Krieg verbrannt
Verhandlung des Rates von Heilbronn in Sachen Bürgerrecht für Jerg Ratgeb.
(Samstag antony a 1512/Zusatz des Rats vom 1512 Jan. 17.)

Ist auf beyd radt gewesen. Ist geradschlagt, so ver (sofern) er maister Jörg ratgeb möcht ledig werden und das bürgerrecht annemen, mocht ihm ein rat wohl hier erleiden, wo aber sollichs nit geschehen mag, ist es ein rad fürder ihn hie anzunehmen nit gelegen. Datum am Samstag anthony a 1512

Lit.: M. v. Rauch, Z. Gesch. des Malers J. R., **Württ. Vjh. f. Landesgesch.,**N. F. 18, Stg. 1909, S. 172. - **W. K. Zülch,** J. R. Maler. - **W. Fraenger a.a.O. 1972/81,** S. 32, 78, 204, 243, 248, 274 (Transkription, Wortlaut nicht mehr überprüfbar, da Original-Urkunde verloren).

Urk. Nr. 7
Heilbronn, Stadtarchiv
Urkunde im Krieg verbrannt
dritte Eingabe von Jerg Ratgeb an den Heilbronner Rat nach dem 1512 Jan. 17.
(ohne genaue Datumsangabe sowohl bei Rauch und Fraenger angeführt).

Fyrsichtigen Ersamen wayßen Gunstigen lieben Herrn Burgermaister und Rat, mein gantz undertenig alzyt gefliessenn willig dienst. In aller gehorsame seyen EEW (Euer ehrsam Weisheit) zuvor anbezeigt. Günstigen lieben Herrn. In vergangen tagenn hab ich EW ain Supplication undertenigklichen angezaigt, dero Inhalt mein begeren mich noch ain wenig Jare mit mayner arbayt Narung ain Hindersassen und Unverwanden bey Euch in dieser Stat Hailpronn mit gepürlichem ziemlichen Zoll sitzen unnd belibenn (bleiben) lassenn etc. laut derselbigen daruff dann mir von EW antwort gefallen, das Ich Burger werdenn unnd das Burger Recht bey Euch annemen solle, als dann mir meiner begeren volg geschehen solle etc. Ist EW ungezweyfeldt gut wyssenn, dahs mein weib unnd kindt mit Leybaigenschafft als gegen maynen gnädigen Fürsten und Herrn Hertzog Ulrichen zu Wurtenberg etc. verpflicht unnd sie seyner FG angehorig sein. Also dass ich sollichs so ylends mich der purgerlichen gerechtigkeit nit annemen kann noch mag (vermag), so Tregt auch EEW in guter Erachtung, das ich zu der Zeyt als ich uff EEW vergonnen allhier gen Haylpronn mit grossen Kosten mue unnd arbeyt kommen bin mich mit Arbeyt unnd suechung meyner Narung allhie nydergelassen. (Der Hoffnung Ich mich gentzlich zu EW vertrost, lange zeyt unnd so es sich schicke mein tag bey Euch verschliessen). Mein arbeyt, so ich die zeyt bei EW vollbracht, den mehren tail geborght, desgl. die so

ich noch vorhanden unnd allhie zu vollenden angenommen, vertrost und also ylends von dannen komen solte, brechte mir mergkliche beschwerde, das ich mich zugesthehen genzlich zu EEW, main gunstig Lieb Herren, nit versehen. Ist main ganzs undertenig vleissig bitt unnd begeren EEW wolle mich gunstigklich bedencken unnd mir noch ain Jahr zugeben und bey EEW sitzen lassen, da mit Ich das Ihenen (dasjenige) so ich geborgt desto besser zubringenn auch die bestanden Arbayt, so ich underhanden unnd zu vollenden zugesagt, desto leichter unnd er (eher) auhsfuren unnd volbringen moge. Unnd mich mein pfenning mit sampt maynem Hausgesind bei EEW verzeren lassen. Will ich mittlere Zeyt vleyss ankeren mein weyb unnd kind so es gesein will der leybaigenschafft zu entledigen. Wo aber das selbig nit sein wolt, will Ich mich zu auhsgenden Jahr so mir EEW gehabt haben wolt, anderhswo versuchenn und was ich EEW das Ihrige darumber thun soll will ich mich aller gepurlichkait halten. Das alles wolle mir EEW (das ich undertenig bitt) in aller beste vernemen unnd sich meynem vertrawen nach hierinnen gegen mich, wie mein undertanig Hoffnung stat, guttwillig halten und erzeigen. Das will und beger Ich umb dieselbig EEW main gunstig lieb Herren undertanigklich und willigklich zu verdienen geflissen wie EEW umb ein gunstig und unverlengt Antwort bittende
EEW undertanig
Jörg Rathgeben
Maler

Lit.: M. v. Rauch, Z. Gesch. des Malers J. R., **Württ. Vjh. f. Landesgesch.,** N. F. 18, Stg 1909, S. 212 (nur inhaltl. Wiedergabe). – **W. K. Zülch,** J. R. Maler, S. 172. – **W. Fraenger a.a.O. 1972/81,** S. 243, 274 (Transkription, Wortlaut nicht mehr anhand der Original-Urkunde überprüfbar).

Urk. Nr. 8
Heilbronn, Stadtarchiv
15/2

Aufenthaltsrecht in Heilbronn weitere drei Jahre verlängert, aber von Ratgeb nicht mehr in Anspruch genommen.

Lit.: M. v. Rauch, Z. Gesch. des Malers J. R., **Württ. Vjh. f. Landesgesch.,** N. F. 18, Stg. 1909. – **W. K. Zülch,** J. R. Maler, S. 172. – **W. Fraenger a.a.O. 1972/81,** S. 34, 243, 248.

Urk. Nr. 9
Heilbronn, Stadtarchiv
Steuerstubenrechnung
28. April 1512
(letzte Erwähnung)

Bezahlung von 44 Gulden Sitzgeld durch Meister Jorg Maler.

Lit.: W. K. Zülch, J. R. Maler, S. 172f. – **W. Fraenger a.a.O. 1972/81,** S. 34, 243, 248.

Dok. Nr. 1

Freiburg/Heilbronn

1512

Die Aufständigen Bauern gehen zu dem Freiburger Maler Friedrich, damit er ihnen eine Fahne male, er lehnt aber ab; daraufhin wenden sie sich an einen Maler in Heilbronn. Sein Name wird nicht genannt, - dieser malt ihnen die Fahne. Inschrift:
"Herr steh dieser Göttlichen Gerechtigkeit bei"
Darstellung: Christus am Kreuz, Maria als Fürbitterin, Johannes d. T., der Kaiser, der Papst und ein Bauer mit dem Bundschuh.
Bei dieser Erwähnung von W. K. Zülch ist zu bedenken, daß Ratgeb bereits im Frühjahr (April) 1512 Heilbronn verlassen hatte, und aus diesem Grund ist er als Urheber der Fahne für den Bundschuh auszuschließen.

Lit.: W. K. Zülch, Der hist. Grünewald, Mchn. 1938, S. 419.
W. K. Zülch, J. R. Maler, S. 168 (In Heilbronn lebte damals als Beisasse Jerg Ratgeb!... Bewiesen ist damit gar nichts, denn der Name ist nicht genannt, obwohl gerade Ratgeb in seinem damaligen Kampf um die Freiheit seines Weibes wie vorbestimmt als Maler dieser, seiner Fahne erscheint.).

Die beiden Federzeichnungen im Kupferstichkabinett in Dresden

Rotgetöntes Papier, farbige Tinte
gleichzeitige Nachzeichnungen nach der Visierung von zwei Altarflügeln mit der Darstellung der Geburt Christi und der Geburt Mariens von Jerg Ratgeb
um 1509/10
Die beiden Zeichnungen im Besitz der Staatsgalerie Dresden, Graphische Sammlung, sind aufgrund der bei Infrarotaufnahmen zutage getretenen Vorzeichnungen auf den beiden kleinen Altarflügeln in der Staatsgalerie Stuttgart keine eigenhändigen Zeichnungen von Jerg Ratgeb, obwohl sie mit der farbigen Tinte auf dem rotgetönten Papier ausgezeichnet zu den Stilkriterien, die bei Ratgeb zutage treten, passen.
Der expressive Stil des frühen 16. Jahrhunderts, der durchgängig im Werk von Ratgeb zu verzeichnen ist, hat in vielen deutschen Kunstlandschaften zu einer Vorliebe verschiedener Künstler für farbiges Papier geführt und damit zu einer Entfernung vom Realen. Schongauer, Altdorfer, Huber, Süß, Baldung, Graf, aber auch Dürer griffen zu blau-, grün- oder rotgetöntem Papier bei einzelnen Zeichnungen; zur Regel ist es nicht geworden, sondern es deutet vielmehr darauf hin, daß der jeweilige Künstler mit der Wahl dieses Papieres das Besondere im Bilde zum Ausdruck bringen wollte. Es handelte sich fast ausschließlich um religiöse Themen. So wie die Künstler des frühen 16. Jahrhunderts nach neuen Ausdrucksmitteln suchten, um Transzendenz im Bild darzustellen, so ist auch das farbige Papier bei Zeichnungen – die im Donaustil oft noch durch Weißhöhungen einen fast schwebenden Charakter des Dargestellten erhielten – als Möglichkeit gesehen worden, durch das stärkere Ausdrucksmittel auch gleichzeitig stärker den Sinngehalt hervorzuheben.
Leider ist der gesamte zeichnerische Nachlaß von Jerg Ratgeb als verloren zu betrachten, dennoch spricht nichts dagegen, daß wir hier in einer Nachzeichnung seiner Werkstatt als Lehr- und Lernzeichnung die Spiegelung einer Visierung von zwei Altarflügeln von der Hand Ratgebs vorliegen haben. Die stärker abgesetzte Linienführung, der ungleichmäßige Strich, zum Teil mit Unsicherheit einhergehend, weisen nicht den flüssigen, schnellen Zeichenstil von Ratgeb auf. Dennoch steht außer Zweifel, daß der „Schüler" hier eine Zeichnung seines Lehrers Ratgeb kopierte.
In Entsprechung zur Leseweise von links nach rechts – entsprechend der zur abendländischen Schrift – war auf dem linken Altarflügel die Geburt Mariens und auf dem rechten Altarflügel die Geburt Christi dargestellt.
Das ikonographische Programm der Flügel, das auf einen geschnitzten Mittelschrein schließen läßt, paßt hervorragend zu dem Programm von Hochaltären in Karmeliterkirchen, dies bestätigen die Untersuchungen der noch erhaltenen Altäre in Bamberg und Mainz, bzw. die Kriterien, die uns von diesen aus Urkunden bekannt sind.
Fast in allen Hochaltären der Karmeliterkirchen rangierte die Darstellung des Lebens von Maria, nicht selten war der Mittelschrein betont durch die Epiphanie Gottes oder die Marienkrönung; aber auch ein Gnadenbild im Mittelschrein, wie es für den Hochaltar des Heilbronner Karmels belegt ist, war keine Seltenheit. Das alte Gnadenbild von 1448 – Maria erschien in einem Nesselbusch vor dem Stadttor nach Weinsberg –, das 1540 vor den protestantisch

gewordenen Heilbronner Bürgern erst ins Deutschhaus in Sicherheit gebracht und dann nach Straubing überführt wurde, war mit Sicherheit im Mittelschrein zur Schau gestellt. Der kleinteilige Mittelschrein des Hochaltares in Tiefenbronn – unweit von Heilbronn – mit dem Gnadenbild zeigt an, daß auch der Mittelschrein des Hochaltares im Heilbronner Karmel ähnlich gestaltet gewesen sein könnte.
Gegenüber der Zeichnung mit der Legende der hl. Lucia – ebenfalls Staatsgalerie Dresden, Graphische Sammlung –, auch sie ist als Lehr- und Lernzeichnung der Werkstatt von Jerg Ratgeb zu werten, ist immer noch eine starke Anlehnung an die Augsburger Kunst der beginnenden Renaissance nachzuweisen, doch festigen sich jetzt die Architekturrahmungen um die einzelnen Szenen, die dann in ihrer Großartigkeit in den Frankfurter Wandgemälden zum Kennzeichen Ratgebscher Kunst werden.
Lit.: H. Th. Musper, Münchner Jb. der Bild. K., 3/4, 1952/53, S. 191ff., Abb. – **W. Fraenger a.a.O. 1972/81,** S. 49f., Abb.

Der Schwaigerner Altar

Schwaigern bei Heilbronn, ev. Stadtkirche
Kiefern- und Tannenholz
Mitteltafel 166 x 98 cm
Seitenflügel 166 x 49 cm
Predella 28 x 172 cm
Gesamthöhe 194 cm
Gesamtbreite 172 cm

Jerg Ratgeb hat in seiner Heilbronner Zeit nicht nur nachweislich für die Heilbronner Karmeliter gearbeitet, auf deren Briefpapier mit dem Inful - der Bischofsmütze - er seine Gesuche an den Heilbronner Rat richtete, sondern auch, wie der erhaltenen Barbaraaltar in Schwaigern zeigt, für den Grafen von Neipperg, den Vogt des Zabergäus, und seine Gattin Anna Barbara, Freiin von Schwarzenberg, deren Mutter eine geborene Gräfin von Tübingen war.

Der relativ kleine Altar ist von Ratgeb signiert I M R, das I und R ist das Monogramm des Malers, während das durchgestrichene M analog zu den Heilbronner Urkunden mit Meister aufzulösen ist, denn Ratgeb war in der Heilbronner Zeit Hintersasse, nicht Bürger der freien Reichsstadt Heilbronn. Das Datum 1510 weist den Altar einwandfrei als Werk der Heilbronner Zeit aus.

Das Altarretabel war ursprünglich entweder für die Kapelle von Schloß Neipperg in Auftrag gegeben worden oder, was wahrscheinlicher erscheint, für die alte Sakristei, die an das ursprüngliche romanische Langhaus - heute als nördliches Seitenschiff der spätgotischen Kirche von Bernhard Sporer weiterverwendet - zu Ende des 15. bzw. zu Beginn des 16. Jahrhunderts angebaut worden war. In dieser Sakristei befand sich ursprünglich der Eingang zur Gruft der Grafen von Neipperg. Diese Tatsache spricht für die Aufstellung des Schwaigerner Altares in diesem Raum, da die Einheit von gestiftetem Altar und Grablege der Stifter an vielen Beispielen aus dem frühen 16. Jahrhunderts nachgewiesen werden kann, so z. B. beim Altar in der Fugger-Kapelle bei den Karmelitern in Augsburg oder dem markantesten Beispiel aus der mittelrheinischen Kunstlandschaft, dem Heller-Altar von Dürer und Grünewald, vor dem der Stifter Jacob Heller und seine „Hausfrau" Katharina von Melem in der Frankfurter Dominikanerkirche - vor der ersten Säule des Kirchenschiffes auf der rechten Seite - begraben lagen; die Grabplatte ist in Nachzeichnung in den Epitaphienbüchern des Frankfurter Stadtarchives erhalten. Nicht ohne Grund wird hier besonders auf den Heller-Altar hingewiesen, denn der Schwaigerner Altar weist eine mittelrheinische Komponente auf, die näher zu beleuchten ist: Das gemalte Altar-Retabel ist uns im Rahmen der Untersuchung zum künstlerischen Werk von Ratgeb schon mehrfach am Mittelrhein begegnet, so ist z. B. beim Caldenbach-Altar aus der Mainzer Stephanskirche, der seinerseits nicht ohne den Einfluß Dürers gesehen werden kann, die Rückseite vermutlich von Jerg Ratgeb gemalt; auch der Heller-Altar ist hier zu erwähnen. Da der Schwaigerner Altar bei geschlossenem Zustand viel zu schmal und zu hoch erscheint, ist mit Sicherheit auch für ihn ein Standflügelpaar anzunehmen, das, wie der Befund des Retabels zeigt, in der Breite festgelegt war. In der Predella und am Originalrahmen der Mitteltafel befinden sich bis zur Höhe des beginnenden Segmentbogens Einschnitte, in die

die Standflügel eingesetzt und im unteren Drittel verkeilt waren. Da die Stifter nicht auf den erhaltenen Altartafeln dargestellt sind, stellt sich die berechtigte Frage, ob hier nicht das Stifterpaar im Sinne der Ewigen Anbetung gezeigt wurde. Der Stalburg-Altar, mit großer Wahrscheinlichkeit von Ratgeb stammend, zeigt die Stifter stehend mit Rosenkränzen; auf den Flügeln des Heller-Altares waren Jacob Heller und Katharina von Melem im unteren Drittel unter dem Martyrium ihrer Namenspatrone in einer Nische kniend, den Rosenkranz in der Hand, gemalt.

In der Literatur wurde das Faktum Standflügel nicht berüksichtigt, obwohl gerade sie zum besseren Verständnis des Werkes von Jerg Ratgeb beitragen, zumal der Schwaigerner Altar eine Antwort Ratgebs auf die mittelrheinische Altarbaukunst darstellt, die er zuvor gesehen haben muß, was sich vom Aufbau des Retabels wie von den gemalten Details herleiten läßt; damit ist in der Beweiskette für den frühen Frankfurt-Aufenthalt Ratgebs zwischen 1503-1507/08 ein weiteres Bindeglied gefunden, das zur Unterstützung der These von der Autorschaft der Rückseite des Mainzer Caldenbach-Altares herangezogen werden kann, wie auch für die These der Eigenhändigkeit der Stalburg-Bildnisse von 1504.

Der Schwaigerner Altar war ein gemaltes Flügelretabel mit einem beweglichen Flügelpaar und einem Standflügelpaar - letzteres ist verloren, und damit ist der Altar wie alle Werke Ratgebs nur fragementarisch erhalten. Auf den Außenseiten des drehbaren Flügelpaares sind die Zwölf Boten dargestellt. Die Gewänder, z. T. auch die Gesichter und die Lichtvision mit dem auferstandenen Christus sind in bezug auf Farbigkeit und Behandlung nicht ohne die Anregung der Kunst Grünewalds denkbar, besonders auffällig bei dem weißen Untergewand mit dem ausgefranzten Stoff, wie es uns auch von der Darstellung der Geburt Christi auf dem Isenheimer Altar überliefert ist. Die Lichtvisionen, wie sie dann auf den Frankfurter Wandgemälden oder beim Herrenberger Altar gezeigt werden, sind auf dem Barbaraaltar 1510 bereits vorweggenommen.

Auf der Feiertagsseite mit Goldgrund ist auf der Mitteltafel das Martyrium der hl. Barbara dargestellt, auf dem linken Flügel Christus als Gärtner mit Maria Magdalena und deren Himmelfahrt, auf dem rechten Flügel die Bekehrung von Paulus. Die Lichtvisionen auf dem Goldgrund der Flügel steigern die im Bild dargestellten Szenen.

Die Rahmen der Flügelgemälde sind nicht erhalten und irgendwann im Laufe der Zeit, wahrscheinlich aufgrund von Holzwurmbefall, erneuert worden; damit ging die ursprüngliche Konstruktion, die Befestigung der Flügel am Retabel, verloren. Heute sind sie mit Angeln an der Mitteltafel befestigt. Aber auch über die urspüngliche Konstruktion können wir noch verschiedene Aussagen machen. Am Originalrahmen der Mitteltafel sind noch an beiden Seiten die halbkreisförmigen Vertiefungen sichtbar bis zur Höhe des beginnenden Segmentbogens, in die die Rahmen der Flügel eingepaßt waren; aufgrund der unten in der Predella sichtbaren kreisförmigen Vertiefungen können wir behaupten, daß sich in ihnen die Flügel gedreht haben; mit Sicherheit waren die Profile des Rahmens der Flügel zur Mitte hin gerundet und eingepaßt. Über die obere Befestigung der Flügel ist nur schwer eine Aussage zu machen; zieht man aber die zu rekonstruierenden Standflügel heran, dann war auch oben die Möglichkeit der Befestigung und Verankerung am Retabel vorhanden, möglicherweise eine geschmiedete Öse, in der sich die Flügel drehten.

Auch dieses Drehen der Flügel mittels einer Säule oder der Zapfen, die an der zur Mitte gerundeten Profilleiste angebracht waren, kennen wir von der mittelrheinischen Altarbaukunst. Der Heller-Altar und mit Sicherheit der Maria Schnee-Altar von Mathis Gothard Neithard in Aschaffenburg wiesen bzw. weisen dieses Charakteristikum auf. Selbst der in Nürnberg entstandene Welser-Altar, dessen Aufbau uns von graphischen Blättern überliefert ist, hatte noch die Konstruktion der Säulen, deren Schäfte drehbar waren; die Tafelgemälde der

Flügel waren mit ihrer Rahmung in sie eingepaßt. Diese Erkenntnis ist von großer Bedeutung, da so die Verflechtungen der spätgotischen Kunst in den verschiedenen Kunstlandschaften erneut zutage treten.
Die Frage wie die Rückseite des Schwaigerner Altarretabels beschaffen ist, kann erst bei der Ausstellung in Frankfurt geklärt werden, da allem Anschein nach das Retabel mit einer gegen die Feuchtigkeit des Mauerwerks schützenden Dämmplatte versehen ist.
Die Konstruktion der Predella ist ebenfalls noch von großer Wichtigkeit. Die asymmetrische Ausbildung der Zwickel spricht für eine Anpassung an den ehemaligen Standort, wo die rechte Seite stärker im Blickfeld stand als die linke. Auch dieses Faktum würde mit dem Raum der alten Sakristei, die vom Seitenschiff betreten wurde, sich decken. Der Eingang befand sich dort auf der rechten Seite.
Die rechteckige Vertiefung in der Mitte zwischen den beiden Engeln mit den Leidenswerkzeugen Christi sprechen für eine Vergitterung der Nische; mit einem weiteren Sicherungsmechanismus muß gerechnet werden, da auf der rechten Seite noch innen eine Vertiefung fühlbar ist. Ein gemaltes Bild oder eine plastische Gruppe ist mit Sicherheit auszuschließen. Die Rückwand, heute braun gestrichen, muß noch untersucht werden.
Die Nische und das ehemals vorhandene Gitter sprechen für die Zur-Schau-Stellung von Reliquien. Der Vergleich mit dem Hochaltar in der Babenhäuser Kirche, den der Graf von Hanaw und seine Hausfrau Sibylla, Markgräfin von Baden - Stifter des Wandgemäldes mit der Darstellung des Sündenfalls im Frankfurter Karmeliterkloster - anfertigen ließen und vor dem sie begraben liegen, zeigt, daß auch noch im frühen 16. Jahrhundert Reliquien in den Altären zur Schau gestellt wurden. Da im Gräflich-Neippergschen Familienarchiv keine Urkunden zu diesem Altar erhalten sind, wissen wir auch nichts über die Reliquien, die hier in Schwaigern wahrscheinlich in kleinen Behältern, gezeigt wurden; es können keine weiteren Vermutungen angestellt werden.
Die Darstellung des Felsenmassivs auf der Mitteltafel ist wahrscheinlich nicht ohne die Holzschnittvorlage von Erhard Reuwich aus Utrecht, der die Illustrationen zu der „Beschreibung der Reise ins Heilige Land" von dem Mainzer Kanonikus Bernhard von Breydenbach lieferte, denkbar. Auch diese Tatsache stützt die Aussage, daß Ratgeb wahrscheinlich zwischen 1503 und 1507/08 bereits in Frankfurt war.
Im Hinblick auf die Frage nach den Schülern von Ratgeb ist nicht ganz auszuschließen, daß Ratgeb bereits in Heilbronn nicht ganz allein gearbeitet und sich zu diesem Zeitpunkt die Kräfte herangezogen hat, die er dann bei den Frankfurter Wandgemälden und beim Herrenberger Altar einsetzte.

Lit.: **K. Klunzinger,** Gesch. des Zabergäus u. des jetzigen Oberamtes Brackenberg, 3 bde., Stg. 1844, S. 69. - **K. Klunzinger,** Gesch. des Zabergäus, Bd. IV, Stg. 1844, S. 42ff. - **K. Klunzinger,** Die Edlen v. Neipperg u. ihre Wohnsitze Neipperg u. Schwaigern, Stg. 1846, S. 28. - **W. Vogt,** Die Correspondenz des schwäb. Bauernhauptmanns U. Arzt v. Augsburg in den Jahren 1524 u. 1525, **Zs. des Hist. Ver. f. Schwaben-Neuburg,** Augsburg 1880, S. 327. - **M. Schuette,** Der schwäb. Schnitzaltar, **Stud. z. dt. Kg.,** H. 91, Straßburg 1907, S. 159, 269-271 (umittelbare Nähe z. Grünewald). - **J. Baum, Frankfurter Ztg.,** 10. Mai 1908. - **J. Baum, Schwäb. Merkur,** 29. Juli 1910 (keine Einwirkung Grünewalds). - **Oberamtsbeschr. v. Brackenberg,** S. 403. - **P. Klepper,** Württ. Alterthümer, S. 52. - **M. v. Rauch,** Z. Gesch. des Malers J. R., **Württ. Vjh. f. Landesgesch.,** 1909, S. 212f. - **A. Stange,** J. R., zugleich ein Beitr. z. Verarb. ital. Formmittel in Dtld., **Fs. H. Wölfflin,** Mchn. 1924, S. 195-200, 204, Abb. 1ff. - **E. Buchner,** Stud. z. mittelrhein. Mal. u. Graph. der Spätgot. u. Renss., V. Der Meister der Stalburgbildnisse, **Münchner Jb. f. bild. K.,** N. F. 4, 1927, S. 315. - **O. Benesch,** Z. Werk J. Ratgebs, **Zs. f. bild. K.,** 61, 1927/28, S. 51f., Abb. - **G. Dehio,** Hdb. Dt. Kdm., Baden-Württ., bearb. v. F. Piel, Mchn. 1964, S. 441. - **J. Baum,** J. R., **Neue Züricher Ztg.,** 17. 9. 1947. - **Kat. der Ausst.** Meisterwerke aus baden-württ. Privatbesitz, Stg. 1858/59, S. 65f., Kat.Nr. 153, Abb. 19. - **B. Bushart - H. F. Fuhrmann,** J. R. Der Maler des Herrenberger Altares, **Aus Schönbuch u. Gäu,** Heimatbeil. z. **Böblinger Boten,** 1959, S. 4. - **W. Freanger,** J. Ratgebs Vaterstadt, **Gmünder Heimatbll.,** 23, Nr. 3, 1962, S. 18f. - **A. Stange,** Ein Bildnis v. J. R. u. einige Bemerkungen zu seiner K, **K. in Hessen u. am Mittelrhein,** 66, 1966, S. 44, 50. - **W. Fraenger,** J. R., Ein Maler u. Märtyrer aus dem Bauernkrieg, hrsg. v. G. Fraenger u. I. Baier-Fraenger, Dresden 1972, Mchn. 1981, S. 12f., 31, 38-51, 72, 74, 80, 105, 237 (8), 240 (6), Abb. 1-12. - **U.-N. Kaiser,** Der skulpt. Altar der Frührenss. in Dtld., Ffm. 1975 (Druck 1978), S. 27, 249 (177). - **B. Bushart,** Rez. z. W. Fraenger, J. R., Ein Maler u. Märtyrer aus dem Bauernkrieg, hrsg. v. G. Fraenger u. I. Baier-Fraenger, Dresden 1972, **Pantheon,** XXXIV, 1975, S. 80. - **Chr. Anhalt,** Rez. z. W. Fraenger, J. R., Ein Maler u. Märtyrer aus dem Bauernkrieg, hrsg. v. G. Fraenger u. I. Baier-Fraenger, Dresden 1972, **Zs. f. Kg.,** 39, 1976, S. 237.

Dok. Nr. 1
Schwaigern, Stadtkirche St. Johannes d. T., Jungfrau Maria und Anna geweiht
Außenbau, Westseite, Südwestecke
Schmerzensmann mit Inschrifttafel
Bernhard Sporer

> Im Jahre 1514 haben die edlen Männer aus dem berühmten Geschlechte der Neipperg mit den Einwohnern dieses Städtchens dieses Gotteshaus durch den Baumeister Bernhard Sporer erbauen lassen.

Dok. Nr. 2
Grabmal in der Kirche in Schwaigern von Wilhelm Graf von Neipperg und seiner Hausfrau Freiin Anna Barbara von Schwarzenberg, wahrscheinlich von Christoph von Urach.

Dok. Nr. 3
Wappen der Familien Neipperg, Gemmingen, Erbach und Hirschorn am Turm zum Eingang zum Chor der alten Kirche.

Rückkehr nach Stuttgart

Nachdem Jerg Ratgeb im Frühjahr 1512 Heilbronn verlassen hat, obwohl ihm das Sitzrecht noch bis 1515 gewährt worden wäre, ist er schwer auf seinen Wanderungen in den nächsten beiden Jahren zu lokalisieren. Noch im gleichen Jahr, in dem er Heilbronn verließ, kehrte er für kurze Zeit nach Stuttgart zurück und gab dort sein Bürgerrecht auf. Dieses Faktum spricht dafür, daß er bereits in Heilbronn einen lukrativen Auftrag angeboten bekam, den er nicht ausgeschlagen hat.

Da Ratgeb aber erst für das Jahr 1514 – Datierung der Darstellung der Anbetung der Könige für Claus Stalburg den Reichen am Ort der Grablege im südlichen Kreuzgangarm bei den Frankfurter Karmelitern 1514/1515 und 1515 auf dem Aquarell von Christian Becker – in Frankfurt nachgewiesen werden kann, die im Zweiten Weltkrieg zerstörten Wandgemälde hätten uns mit Sicherheit hier weitergeholfen, stellt sich die berechtigte Frage: wo und was hat Ratgeb in den beiden vorangegangenen Jahren gearbeitet?

Da in Mainz von 1513 an das Sommerrefektorium unter dem Prior Diether von Mainz ausgemalt wurde und die stattliche Summe von 1025 Gulden kostete, leider aber nicht erhalten ist, müssen wir dennoch die Frage stellen, ob nicht Ratgeb der Künstler gewesen ist, der hier in relativ kurzer Zeit diesen wichtigen Saal in Mainz, in dem auch die Feierlichkeiten der Universität Mainz stattfanden, ausmalte. Ungeklärt, u. a. aufgrund der zerstörten Bedebücher, muß aber bleiben, warum der Künstler in Stuttgart das Bürgerrecht aufgibt, um es dann 1522 erneut zu erwerben.

Urk.Nr. 1
Stuttgart
Rechnungsjahr 1512/13

Item 1 gl. (Gulden) von Jerg Maler, abzug

Hier mit Sicherheit Jerg Ratgeb, nicht Jerg Boden gemeint, da Jerg Boden noch im Jahr 1513 mit weiteren Einträgen über Arbeiten in den Stuttgarter Urkunden vertreten ist.
Urkundenbuch der Stadt Stg., **Württ. Gesch.quellen,** Bd. 13 Stg. 1912. - **H. Rott,** Quellen und Forschgn. z. südwestdt. u. Schweizer Kg. im 14./15. Jh., Bd. 2, Altschwaben u. die Reichsstädte, Stg. 1934, S. 280. - **W. Fraenger a.a.O. 1972/81,** S. 248, 275 (18) (Abfahrsteuer bereits Herbst 1512 gezahlt).

Urk. Nr. 2
Stuttgart
Rechnungsjahr 1513
Montag nach Oculi
28. Feb. 1513

1513 Uff montag nach oculi ao XIII hab ich gezahlt Jörgen Korb (für Horb, Horber) malern, der minem gn. hern sein stuben und sonst etlich veldtleger gemalt hat, CXV gl (Gulden) und also durch den buwmeister Ludwig, malern (Fries) überkommen.

Diese Urkunde bezieht sich wieder einwandfrei auf Jerg Boden.
Lit.: H. Rott, Quellen u. Forschgn. z. südwestdt. Kg., Bd. 2, Altschwaben u. die Reichsstädte, Stg. 1934. - **W. Fraenger a.a.O. 1972/81,** S. 34, 243, 248.

Urk. Nr. 3
Stuttgart
Rechnungsjahr 1512/13
ohne Datum

Item V ib (Pfund) XII ß (Schilling) Jerg, malern, von der tafel, auch ander ding zu malen.

Hier ist nicht eindeutig, ob sich dieser Eintrag auf Jerg Ratgeb oder Jerg Boden beziehen läßt, es liegt nach dem neuerstellten Lebenslauf noch im Bereich der Möglichkeit aufgrund der anderen festliegenden Daten, daß in der Tat noch Jerg Ratgeb hier gemeint sein könnte, obwohl hier Fraenger die Meinung vertritt, es würde sich einwandfrei um Jerg Boden handeln.
Lit.: H. Rott, Quellen und Forschgn. z. südwestdt. u. Schweizer Kg., Bd. 2, Altschwaben u. die Reichsstädte, Stg. 1934. - **W. Fraenger a.a.O. 1972/81,** S. 248, 275 (einwandfrei hier Jerg Boden gemeint).

Farbtaf. G 1 Johann Bode, Aquarell nach dem Marientod aus dem Seitenschiff der Karmeliterkirche, Historisches Museum, Graphische Sammlung
Farbtaf. G 2 siehe S. 164
Farbtaf. G 3 siehe S. 164
Farbtaf. G 4 siehe S. 164
Farbtaf. G 5 siehe S. 165
Farbtaf. G 6 siehe S. 167
Farbtaf. G 7 siehe S. 169
Farbtaf. G 8 siehe S. 169
Farbtaf. G 9 siehe S. 168 (H 52–58)
Farbtaf. G 10 Aquarell vom Epitaph des Walter von Schwarzenberg (+ 1516) aus der Frankfurter Karmeliterkirche, Epitaphienbuch, Holzhausen-Archiv, Stadtarchiv Frankfurt
Farbtaf. G 11 Aquarell eines Epitaphs mit den Wappen der Familien Frosch und Holzhausen aus der Frankfurter Karmeliterkirche, Holzhausen-Archiv, Stadtarchiv Frankfurt
Farbtaf. G 12 Aquarell eines Epitaphs mit den Wappen der Familien Holzhausen und Weiß aus der Frankfurter Karmeliterkirche, Holzhausen-Archiv, Stadtarchiv Frankfurt
Farbtaf. G 14 Wappenbuch der Patriziergesellschaft Alt-Limpurg, Wappen des römischen Kaisers, des römischen Königs der freien Reichsstadt Frankfurt, von Holzhausen (1), Weiß von Limpurg, von Glauburg, Frosch (7), Stralenburg (9), Ergesheim (15), von Rein (41), Geuch (66), Stalburg (71), Bromm (81), Blum (82), Heller (85), Steffan (97), von Melem (110), von Schwarzenberg (40), Holzhausen-Archiv, Stadtarchiv Frankfurt
Abb. G 15 Bühne für Passionsspiel, Italien, 1547
Abb. G 16 Chronik von Jacobus Millendunck, Karmeliterbücher, Bd. 47b (Mainz), Stadtarchiv Frankfurt
Abb. G 17 Chronik von Jacobus Millendunck, Karmeliterbücher, Bd. 47b, S. 98f. (Frankfurt), Stadtarchiv Frankfurt

Joh. Bode. cop.
1904.

Gemalt von Jerg Ratgeb aus Schwäb. Gmünd

A PERIENTUR. MEAUT
RECTA PREDICENT
·PROVER .8.
ET PURO ATQ DEO. STELLA MONSTRANTE SUPREMO.
EOI PORTANT MISTICA DONA MAGI
SIC NOBIS PREEAT DIVINI SYDUS AMORIS
QUO DUCE DEFERIMUS MUNERA GRATA DEO
P. F.
Gemalt von Jerg Ratgeb aus Schwäb. Gmünd

PERIBITIS SI INOBEDIETES
FVERITIS VOCIDNI DEI VRI
DEVTER
8
ADAM EXEMPLV
MEVM AB ADO
LESCENTIA MEA
ZACH.
SIBI SIMILEM SVMMA RA ONS CREAVIT
HVNC HOMENIS PROLIDVM NOMEN HABERE HEDIT
HVNC VOLVIT CVNCTIS ANIMALIBVS VNDIQUE REGEM
CERNERE SVB PEDIBVS CVNCTA JACERE SVIS.

Gott Vater; Wandgemälde v. Ratgeb, im Kreuzgang des ehe-
mal. Karmeliterklosters in Frankfurt a. M. (Schöpfungsgeschichte)

VENIET ET
NON TAR
DABIT
ABAC
Z
VTINAM DISRVMPERES
COLVM ETOESCHENDERE
·ESA· 64·
HODIE
DEVS HOMO
FACTV
IVDIC·6·CAP
COCEPITA NAET
·PE PERIT·
MARCRETA FROSCHIN
AGE ETHA MARIE FE ACE SALVE
ILA-SALVATIVE BA SECVDA REFET

DAVID
EXODI 32
LUDWIG GLASER 1933

EGO·AVTEM·AD·FLAGE
LLA·TARAT'·SVM
QVARE·FACT'·EST
DOLOR·ME'·PPETV
ET·PLAGA·MEA
INSANABILIS
OPPRESSI
ME·DOLOR
ME'·ET·AD
NICHILV·RE
DACTI·SVT
LUDWIG GLASER 1932

LUDWIG GLASER
1933

Walter von Schwarzenberg † 1516 den 27ten Hornung, liegt zu den Carmelitten begraben deßen Großmutter eine von Holzhausen gewesen.

In der Carmelitter Kirche
Das von Frosch und von Holzhausische Wappen.

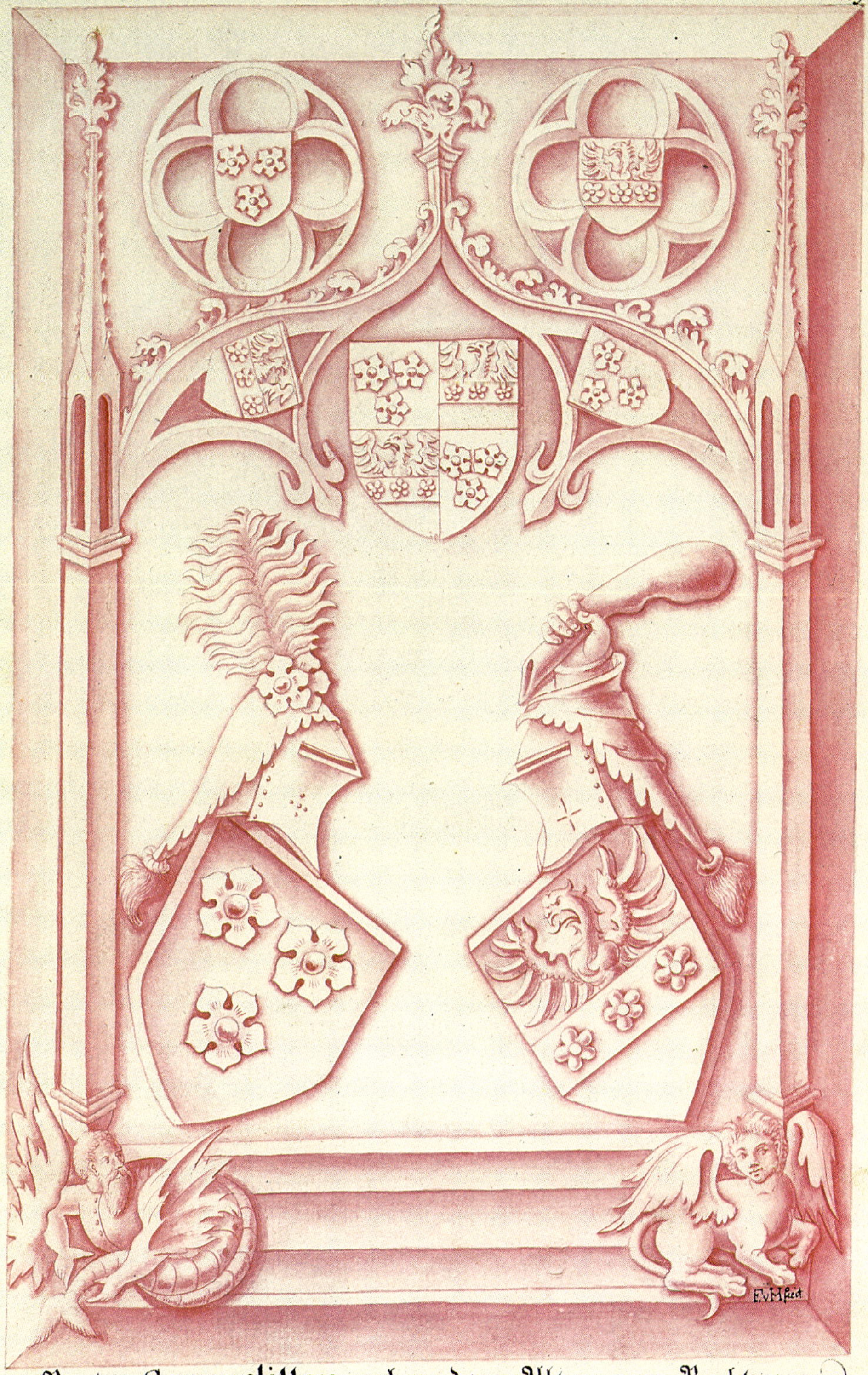

Bey den Carmelitten neben dem Altar zur Rechten.

Blumm:

Degen:

Nachtrab.

Schott.

Römischer Keyser
Römischer König

-5-
-6-
-7-
-8-

-9-
-10-
-11-
-12-

-13-
-14-
-15-
-16-

-41-
-42-
-43-
-44-

-65-
-66-
-67-
-68-

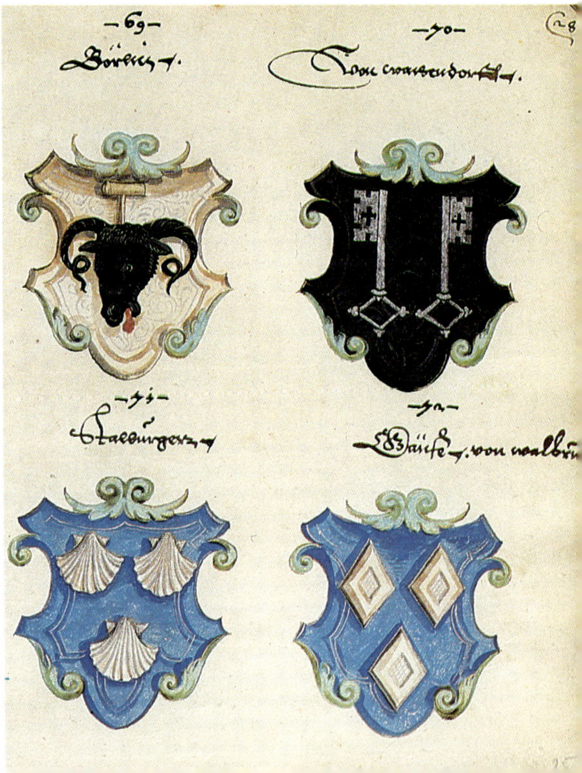
-69-
-70-
-71-
-72-

-81-
-82-
-83-
-84-

-85-
-86-
-87-
-88-

-97-
-98-
-99-
-100-

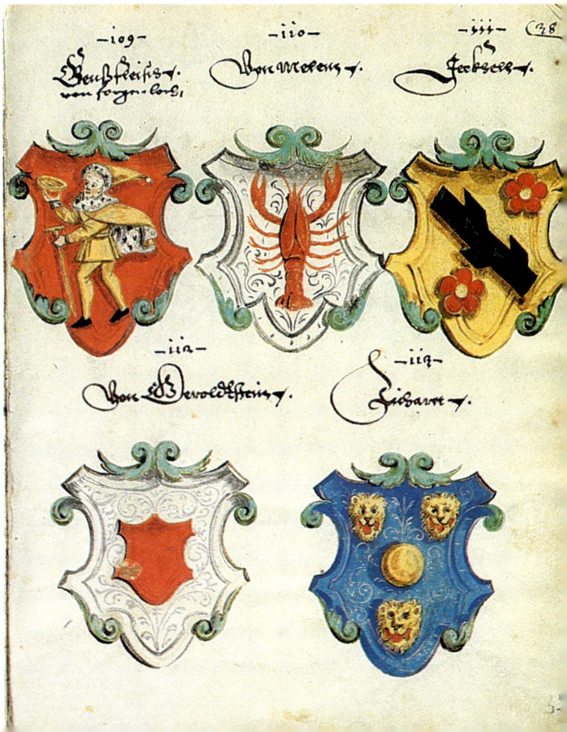
-109-
-110-
-111-
-112-
-113-

G

Der zweite Frankfurt-Aufenthalt zwischen 1514 und 1518

Auf die Problematik des Weggangs von Stuttgart 1512 wurde bereits mehrfach hingewiesen, und es kann mit großer Sicherheit angenommen werden, daß Jerg Ratgeb erneut in den Rhein-Main-Raum zurückgekehrt ist.

Der Auftraggeberkreis, für den er bereits in früheren Jahren dort tätig war, Claus Stalburg der Reiche und die Familie Heller, gehörte auch während des zweiten Frankfurt-Aufenthaltes zu seinen Mäzenen. Claus Stalburg muß 1514 den Auftrag an Ratgeb erteilt haben, ein Wandgemälde für den Ort der Grablege seiner Familie im Frankfurter Karmeliterkloster auf der Südwand des Kreuzgangarmes mit einer Gesamtlänge von 9,6 m zu malen. Das Datum der Auftragserteilung und der Abschluß der Arbeiten – 1514 und 1515 – waren auf dem Wandgemälde, dessen Komposition nur in einem Aquarell des 19. Jahrhunderts überliefert ist, vermerkt. Es ist unwesentlich, die Frage zu stellen, ob die Auftragsvermittlung durch Stalburg direkt oder durch die Karmeliter selbst erfolgt ist, da der Personenkreis, in dem sich Ratgeb bewegt, bis zu diesem Zeitpunkt sich nicht geändert hat.

Für den zweiten Frankfurt-Aufenthalt Ratgebs aber muß neben der Ausführung der Wandmalereien noch die Ausführung eines kleinen Altares, der möglicherweise für den 1516 verstorbenen Walter von Schwarzenberg gestiftet worden war, angenommen worden. Die beiden Stuttgarter Tafeln, die aus englischem Privatbesitz stammen, haben als bewegliches Flügelpaar zu einem kleinen Flügelretabel gehört, dessen Standort dann die Frankfurter Karmeliterkirche war.

Die Außergewöhnlichkeit und Großartigkeit des Frankfurter Auftrages, mit dem sich Frankfurter Bürger und Patrizier, „Auswärtige" und Reichsfürsten im Frankfurter Karmeliterkloster ein Denkmal setzten, ist aufgrund der Konzeption des ikonographischen Programmes mit größter Wahrscheinlichkeit auf die Karmeliter selbst zurückzuführen, die in vielen Klöstern der nieder- und oberdeutschen Ordensprovinz große Aufträge für die Ausschmückung ihrer Kirchen und Klöster im frühen 16. Jahrhundert initiieren. Mit Sicherheit aber ist neben der Augsburger Fugger-Kapelle der Auftrag in der freien Reichsstadt Frankfurt der repräsentativste gewesen. Nördlich der Alpen sind die Wandgemälde von Ratgeb von solcher Einmaligkeit, daß ihnen nichts Vergleichbares an die Seite gestellt werden kann. Es ist anzunehmen, daß sie auch in der Zeit ihrer Entstehung großes Aufsehen erregten, wenn man bedenkt, daß sie auch anläßlich der Kaiserwahl 1519 besichtigt wurden.

Bedenkt man, daß im damals unverglasten Kreuzgang nur während der Frühjahres- und Sommermonate bis in den Herbst hinein gemalt werden konnte, dann würdigt man erst richtig die großartige künstlerische Leistung des Malers Jerg Ratgeb und seiner Mitarbeiter, die man mit rund zehn bis zwölf Lehrlingen, Gesellen, eventuell auch fertigen Meistern und ungelernten Kräften veranschlagen muß. Ob die Karmeliter selbst – Künstler, die dem Orden angehörten, sind z. B. in Mainz und Heilbronn nachzuweisen – Ratgeb bei seinen Arbeiten unterstützten, muß als Frage offen bleiben. Die Frage nach seinen Schülern muß aber ernsthaft gestellt werden, zumal die Restaurierungsarbeiten des ausgezeichneten polnischen Restauratorenteams sehr viele neue Erkenntnisse gezeigt haben, die in ihrer vollen Auswirkung noch nicht ganz abgeschätzt werden können. Es wäre besonders wünschenswert, daß diese Ergebnisse bald in

geschlossener Form der Öffentlichkeit zugängig gemacht würden, da dann unter anderem die Ratgeb-Forschung wahrscheinlich einen viel breiteren Raum in den wissenschaftlichen Untersuchungen über das ausgehende Mittelalter und die beginnende Neuzeit in Deutschland einnehmen würde.
Im Rahmen dieses Kataloges kann immer wieder nur auf die wichtigsten Bezüge und Fragestellungen hingewiesen werden, ohne sie abschließend abzuhandeln. Das ikonographische Programm der Wandgemälde im Kreuzgang und Refektorium, die Geschichte de Stifterfamilien, die Ornamentik, das Verhältnis von Darstellung und Schrift ist viel zu wichtig, als daß es nicht jeweils in einer gesonderten Monographie umfassend abgeklärt werden müßte.
Vor allem ist der Informationsstand über die Karmeliter und ihre Kunstaufträge im frühen 16. Jahrhundert zu gering, um hier zu abschließenden Beurteilungen kommen zu können. Der Bezug zwischen Ratgeb und dem großen Kunstauftrag im Mainzer Karmeliterkloster, der 1513 ausgeführt wurde und einen Betrag von 1025 Goldgulden gekostet hat, kann nicht schlüssig hergestellt werden. Es ist nur zu hoffen, daß uns auch hier das weitere Studium der Quellen und Urkunden noch ein Stück weiterbringen wird, um die so im Raum stehende Frage positiv oder negativ beantworten zu können.
Der Anteil des 1516 verstorbenen und im Kreuzgang begrabenen Gesellen Jörg Glaser von Bamberg - kein fertiger Meister - an den Wandgemälden von Ratgeb kann auch zum heutigen Zeitpunkt noch nicht abschließend beantwortet werden.
So werfen auch die vorbildlich restaurierten Wandgemälde in Frankfurt noch viele Fragen auf. Leider sind die Frankfurter Bedebücher im Zweiten Weltkrieg verbrannt, die mit Sicherheit viel mehr Licht in das Dunkel um Ratgeb, zumal in die Problematik um „Meister Jorg Maler" und sein Verhältnis zu Jerg Ratgeb, gebracht hätten. Auffällig ist, daß sich auch aus der Frankfurter Zeit kaum noch Zeugnisse zum Leben und Werk von Ratgeb erhalten haben. Es ist zu vermuten, daß vor dem Zweiten Weltkrieg längst noch nicht alle Urkunden im Hinblick auf „Georgius Ratgeb pictor" ausgewertet waren.

Das ikonographische Programm des Frankfurter Karmeliterkreuzgangs

Die Deutung des gesamten Kreuzgangs als Einheit im klösterlichen Bereich, als Ort der Grablege für viele Stifter der von Jerg Ratgeb gemalten Wandgemälde, unter denen sich ursprünglich jeweils noch ihre Namen und Wappen befanden - die bis ins 17. Jahrhundert erhaltenen zugehörigen Bronzeepitaphien wurden vom Karmeliterprior Jacobus Milendunck zerschlagen und an einen Juden verkauft, um das inzwischen protestantisch gewordene Frankfurter Patriziat zu treffen - ist nur von der ehemaligen von Ratgeb bzw. seiner Werkstatt gemalten Decke herzuleiten und zu verstehen. Der letzte Weltkrieg hat die bis ins 20. Jahrhundert noch erhaltene Deckenmalerei im westlichen Arm des Kreuzgangs unwiderruflich zerstört.
Aber die während der letzten großen Restaurierung vor dem Zweiten Weltkrieg angefertigte, zum Teil kolorierte Zeichnung erlaubt eindeutige Rückschlüsse.
Gemalte Scheinarchitekturen - spätgotische Fischblasen in Rot, Sandsteinlaibungen vortäuschend - vor blau durchscheinendem, gemalten Himmelsgrund waren von den verschiedenartigsten Vögeln, wie sie aus allen Werken von Jerg Ratgeb bekannt sind, bevölkert. Gemalte Früchte hingen illussionistisch von der Decke herab. Die Spielerei mit dem aus dem Hebräischen und Arabischen stammenden Wort „Karmel" - der Baumgarten - werde hier im Bilde vorgeführt, indem der Maler seinerseits das Wort im Hinblick auf die Deutung als Obstgarten auflöste.
Lebensbäume und Vögel gehörten in der Spätantike zum Kanon der Katakombenmalerei und damit zur Sepulcralkunst. Die humanistisch gebildeten Mönche des Karmels, möglicherweise auch der Maler Jerg Ratgeb selbst, müssen um diese Zusammenhänge gewußt haben, die damals wieder langsam entdeckt wurden.
Das Versprechen - das Paradies im Bild -, das demjenigen, der im Frankfurter Karmeliterkreuzgang begraben war, gegeben wurde, mußte in den Jahren der großen Pestepidemie von den Stiftern, trotz der Mahnung an die Vergänglichkeit der Welt - seht die Vögel des Himmels, sie säen nicht, sie ernten nicht und doch ernährt sie der Herr alle Zeit -, zumal in einer Handelsmetropole wie in der freien Reichsstadt Frankfurt am Main, dennoch wie eine Verheißung empfunden worden sein.
Die Brisanz des Themas wurde dann darunter im Bilderzyklus chronologisch von der Südecke der Westseite über die Nord- und Ostseite, übergreifend auf die Ostecke der Südseite abgerollt: die Erschaffung der Welt, der Sündenfall und die Vertreibung aus dem Paradies, die Geschichte der hl. Anna, der Mutter von Maria, die Jugendgeschichte von Maria und Christus, sein erstes öffentliches Auftreten, seine Passion, seine Kreuzigung, der Abstieg in die Hölle, die Auferstehung, die Himmelfahrt, Pfingsten und dann das „Große Weltgericht im Eck".
Die vorausgehende Epiphanie Gottes - Anbetung der heiligen Könige, gestiftet von Claus Stalburg dem Reichen - zeigte eindeutig von Anfang an die Intention des im Bildprogramm immanenten Erlösungsgedankens (Westecke der Südseite); mit ihr begann die Auftragsreihe 1514; die krönenden Abschlußarbeiten erfolgten 1517 auf der Ostwand mit den Stiftungen der Reichsfürsten: Kardinal Matthäus Lang von Wellenburg, Bischof von Gurk, Koadjutor in Salzburg (ab 1519 Erzbischof von Salzburg), Kardinal Bernhard von Cles, Bischof von Trient,

Friedrich II., Pfalzgraf bei Rhein und Herzog in Bayern, Casimir, Markgraf von Brandenburg-Ansbach. Diese Fürsten saßen dann auch im Wahlgremium 1519 bei der Wahl von König Karl I. von Spanien zum deutschen Kaiser in Frankfurt.
Ein Jahr zuvor, 1516, bei dem Tod des Malergesellen Jörg Glaser von Bamberg, der an der Pest gestorben war und im östlichen Teil des südlichen Armes des Kreuzganges begraben wurde, hatte Jerg Ratgeb das „Große Weltgericht im Eck" gemalt.
Die Spannweite zwischen der Epiphanie Gottes, der in die Welt gekommen war, um sie durch seinen Kreuzestod zu erlösen, seiner Auferstehung und dem auf den Wolken thronenden Weltrichter wurde dem Betrachter im Bild vorgeführt.
Hinzu kommt, daß durch die Inschrifttafeln mit den Textstellen der Bibel zu den einzelnen Szenen nicht nur eine dekorative Bereicherung der Darstellung erreicht werden sollte, sondern diese, anspielend auf die zugehörigen Textstellen eine Steigerung in den Bildern bewirken sollte.
Die Geschichte der Schöpfung der Welt und des Sündenfalls - Beginn auf der Westseite, südliche Ecke - erhält erst ihre Deutung durch die räumlich daran anstoßende Szene der Südseite mit der Epiphanie Gottes. Der neue Adam verdrängt das Bild des alten Adam. Maria, die den neuen Adam geboren hat, wird zur neuen Eva. Daß Christus der verheißene Messias und König ist, darauf deuten im Zyklus zwei gemalte Darstellungen des gleichen Inhaltes hin, die von Claus Stalburg auf der Südseite und die von Walter von Schwarzenberg und seiner Hausfrau Agnes Steffin gestifteten Wandgemälde mit der Anbetung der Könige.
Auf der Westseite wird der Bereich der Jugendgeschichte Christi dargestellt: die Verkündigung, die Geburt, die Beschneidung, die Anbetung der Könige, die Darbringung im Tempel, die Flucht nach Ägypten, der Bethlehemitische Kindermord, Christus wird in Ägypten an den heidnischen Götzen vorbeigetragen, die zerspringen, und die Rückkehr aus Ägypten.
In der Ecke standen sich dann wieder die Szenen von der Lehre des zwölfjährigen Christusknaben und auf der Nordseite der Abschied von den Eltern gegenüber. Weit wichtiger aber war, daß auf der Nordseite in der zweiten und dritten Szene die Taufe Christi im Jordan durch Johannes den Täufer und die Verklärung Christi auf Berg Tabor - Präfiguration der Auferstehung - dargestellt waren.
Gleichzeitig aber korrespondierten diese Szenen mit der auf der Südseite ihnen gegenüberstehenden Szene der Epiphanie Gottes von Claus Stalburg. Durch die Beschreibung der Darstellungen auf der westlichen Südseite, der Westseite und der westlichen Nordseite wird aber auch gleichzeitig die Konzeption des theologisch aufgearbeiteten Gesamtprogramms deutlich.
Die Szenen im Eckbereich sind immer von besonderer Wichtigkeit und verklammern vom Sinngehalt her die beiden aneinanderstoßenden Wände. Darüber hinaus aber wird gleichzeitig die räumliche Verklammerung der parallel verlaufenden beiden Arme des Kreuzgangs vorgenommen, die ihre Entsprechung auf der östlichen Nord- und Südwand gefunden hatte.
Am Ende der Nordwand war die Kreuzigung dargestellt - dieser Teilbereich wird im August 1985 von dem polnischen Restauratorenteam auf eventuell noch erhaltene Spuren hin untersucht; es wäre zu wünschen, daß man hier zu Ergebnissen kommt, da durch den Vergleich des Christuskopfes mit der Darstellung auf der Rückseite des Caldenbach-Altares die Frage der Zuschreibung endgültig abgeklärt werden könnte - auf der gegenüberliegenden Südseite das große Weltgericht im Eck, das wahrscheinlich in einer Kopie von Daniel Hopfer erhalten ist.
Die Kreuzigung als Erlösungstat und die Rolle des Weltenrichters werden hier in unmittelbarem Zusammenhang gesehen. Leider sind die Gemälde auf der Ostseite vollkommen zerstört und uns auch nicht durch die Nachzeichnungen von den Frankfurter Künstlern des 19. Jahrhunderts überliefert. Dennoch müssen hier einige Nachzeichnungen von Donner-v. Richter

angeführt werden, deren Zusammenhänge, trotz der Beschriftung „Frankfurter Karmeliterkloster" bis jetzt nicht zu klären waren, unter anderem auch die Darstellung eines Reiters zu Pferd, der dem Reiter vom Herrenberger Altar als Vergleichsbeispiel gegenübergestellt wurde. Bei der intensiven Beschäftigung mit dem Werk von Ratgeb werden immer wieder Bruchstücke faßbar, deren Bezüge nicht bis in alle Einzelheiten geklärt werden können.
Auf der nördlichen und südlichen Ecke der Ostseite aber müssen vom chronologischen Ablauf des Zykluses her - theoretisch - die Szenen von Christus in der Vorhölle und der Himmelfahrt dargestellt gewesen sein, die dann ihrerseits die Funktion hatten, die beiden Ecken der anderen Kreuzgangarme zu verklammern, wie dies noch einwandfrei auf der Westseite und der anstoßenden westlichen Süd- und Nordwand nachzuweisen ist.
Betrachtet man aber den Kreuzgang insgesamt, dann wird gleichzeitig noch ein dritter Faktor des zugrunde liegenden theologischen Konzepts deutlich.
Ausgehend vom Grundriß, lassen sich dann auch die Szenen in den vier Ecken einwandfrei aufeinander beziehen, das heißt: der Epiphanie Gottes und dem Sündenfall standen auf der südlichen Nordseite mit Sicherheit die Kreuzigung und wahrscheinlich Christus in der Vorhölle gegenüber, während auf der nördlichen Westseite Christus in Ägypten, Rückkehr aus Ägypten und der zwölfjährige Christus in Tempel auf der westlichen Nordwand dem Abschied von den Eltern, der Taufe Christi und der Verklärung Christi auf Berg Tabor gegenüberstanden.
Im diagonal gegenüberliegenden Eck des Kreuzgangs von der Ost- zur Südseite waren auf der östlichen Südseite mit Sicherheit das große Weltgericht im Eck und auf der südlichen Ostseite wahrscheinlich die Auferstehung und Pfingsten dargestellt. Diese diagonale Verknüpfung, die dem Besucher des Kreuzgangs sind nicht durch den Blickkontakt erschloß wie zum Beispiel die Eckverklammerung von Seite zu Seite und die räumliche Verklammerung von den Szenen der sich gegenüberliegenden Arme des Kreuzgangs; die Verklammerung ist aber aufgrund der Kenntnisse über den Karmeliteorden hier als Diskussionsbeitrag in die Überlegungen einzubeziehen. Wir können mit Sicherheit von der Tatsache ausgehen, daß Jerg Ratgeb nach einer von den Karmelitern erarbeiteten Konzeption seine Bilder malte, selbst dann, wenn er in den Details der Darstellung, z. B. in der Gestaltung der Architektur, der Ornamentik, der Inschrifttafeln und des Kompositionsschemas an keiner Stelle sich wiederholt.
Dieser theologische Hintergrund ist bei den formalen Untersuchungen - z. B. auf der Westwand durch die starke Betonung der Vorlage der Biblia pauperum - vernachlässigt worden. Mit Sicherheit ist auf der Westwand die Biblia pauperum mit den alt- und neutestamentlichen Entsprechungen der Szenen - z. B. die Flucht nach Ägypten und die Flucht Davids vor König Saul - eine der Quellen für die Ausarbeitung des theologischen Programms des Kreuzgangs gewesen, aber diese war nicht allein bestimmend, denn auf der Nordwand muß, will man sie verstehen, auch noch das spätmittelalterliche Passionsspiel herangezogen werden.
Die Großartigkeit der einzelnen Szenen, in der sich Ratgeb innerhalb des Ablaufs der Nordwand bei den Passionsszenen steigert, ist doch sehr unterschiedlich vom Stil der Südwand, soweit dies noch anhand des Aquarells des 19. Jahrhunderts zu beurteilen ist und der noch weitgehend erhaltenen Westwand. Es ist nicht allein eine Frage nach den Mitarbeitern in seiner Werkstatt, als vielmehr eine Entwicklungsfrage von Jerg Ratgeb selbst.
Da wir von der Tatsache ausgehen können, daß Ratgeb seit 1514, möglicherweise auch bereits früher, in Frankfurt war, muß er auch die letzte Aufführung des Frankfurter Passionsspieles miterlebt haben. Dieses unmittelbare Erleben scheint in starkem Maße auf die künstlerische Komposition der Nordwand sich ausgewirkt zu haben. Die starke Betonung der Rahmung der einzelnen Szenen, die ädikulaförmigen Aufbauten, erinnern an die gemalten Rückwände, die bei Passionsspielen verwendet wurden. Leider sind aus dem Anfang des 16. Jahrhunderts in

Deutschland keine Beispiele erhalten, daß es sie dennoch gegeben hat, ist bekannt, und wahrscheinlich, sahen sie ganz ähnlich aus, wie ein aus Italien überliefertes Beispiel von 1547 zeigt, das hier zum Vergleich herangezogen wurde. Aber auch an dieser Stelle ist anzumerken, daß der Zusammenhang der Nordwand mit dem Frankfurter Passionsspiel in der Literatur bisher nicht erkannt wurde. Die Bezüge zwischen dem Frankfurter oder dem Gmünder Passionsspiel und dem Werk von Ratgeb müssen noch stärker herausgearbeitet werden, als es im Rahmen dieses Kataloges möglich ist.

Leider sind auf der Nordwand schon viele Szenen zur Zeit von Donner-von Richter nicht mehr erhalten gewesen, so daß der Bereich zwischen dem ersten öffentlichen Auftreten von Christus und seiner Passion, die dann in aller Ausführlichkeit geschildert wird, nur rekonstruiert werden kann.

Dasselbe gilt auch für die komplett zerstörte Ost- und Südwand. Auf der Ostseite waren analog zu den Passionszyklen aus dem frühen 16. Jahrhundert, z.B. die Passion von Albrecht Dürer, die Szene der Kreuzabnahme, Grablegung, Christus in der Vorhölle, Frauen am Grab, Auferstehung, Noli me tangere, ungläubiger Thomas, Himmelfahrt und Pfingsten dargestellt.

Von der Südseite wissen wir aber sehr genau, was in der östlichen und westlichen Ecke gemalt war: das große Weltgericht und die Epiphanie Gottes. Aufgrund der bei Lersner überlieferten Stifter, die sich weitgehend mit den bei Donner-von Richter überlieferten Namen decken, müssen wir aber davon ausgehen, daß noch drei weitere Darstellungen sich auf den einzelnen Wandstücken zwischen den Pfeilern der Kirche befunden haben. Hier sind wir auf die reine Hypothese angewiesen; da das ikonographische Programm fast durchgängig chronologisch angelegt war, könnte hier nur das Bild von Maria oder die hl. Anna oder die Anna selbdrittgruppe dargestellt gewesen sein, die von den Karmelitern besonders verehrt wurden.

Diese drei Bilder, die wir nicht erschließen können, beeinträchtigen aber keineswegs die hier aufgerollte Untersuchung, da sich auch so aus den bekannten Bruchstücken noch viel über das Gesamtkonzept aussagen läßt.

Bisher weitgehend unberücksichtigt waren die Inschrifttafeln und die Propheten auf der Balustrade. Die Inschrifttafeln, die sich an keiner Stelle formal wiederholen, sind voll in die Szenen integriert, sie haben nicht nur dekorativen Charakter, sondern sie sind vom Inhalt her - Altes und Neues Testament - voll in die Darstellungen integriert. Es ist ein Charakteristikum Ratgebscher Kunst, daß der Maler die Schrift immer in seine Bilder hineinnimmt oder sie zu deren Rahmen werden läßt wie z.B. beim Herrenberger Altar.

Die Propheten die auf der Balustrade dargestellt werden, greifen direkt in die Zone hinein, in der sich die Steinskonsolen für die auflagernde Decke befand und die von Ratgeb voll mit in seine Komposition einbezogen war. Nur an einer Stelle wird die Abfolge der Prophetenbüsten unterbrochen. Über der Szene mit der Darstellung der Flucht nach Ägypten schreitet der Evangelist Matthäus die Treppe hinauf. Vom Formalen her stehen die Prophetenbüsten in der Tradition spätmittelalterlicher Büsten, die seit Nicolaus Gerhaert eine besondere Akzenturierung erfahren hatten. Ratgeb verleiht seinen Propheten aber in besonders starkem Maß eine Lebendigkeit, daß man glaubt, das laute Disputieren zu hören. Vom Inhaltlichen her ist ihre Anordnung im Bereich der Auflagerung der Decke wichtig, da somit auch im Bild, das sich noch in viel stärkerem Maße dem mittelalterlichen Menschen als dem heutigen Betrachter mitteilte, gezeigt wurde, daß die Propheten des Alten Testamentes „Trägerfunktion" für das Neue Testament übernahmen. Die Betonung der Propheten ist auch von dem Aspekt des Ordens, der seine Gründung auf den Prophet Elias zurückführt, von besonderer Wichtigkeit.

Im Refektorium wurde dann entsprechend der Ausmalung des Kreuzgangs das große Bild mit der Geschichte des Karmeliterordens von links nach rechts aufgerollt. Diese Tatsache muß besonders betont werden, da in der Literatur diese These nicht durchgängig vertreten wird. Aber gemäß mittelalterlichem Denken sind alle Tafelmalereinen, die Altäre und die Historienbilder des 16. Jahrhunderts, und die Wandgemälde immer von links nach rechts zu lesen, in Entsprechung zur abendländischen Schrift.

Dargestellt wird im 28 Meter langen Wandgemälde die Tradition auf dem Berg Karmel im heiligen Land. Auf der linken Seite nimmt der französische König Ludwig die ersten Karmeliter von Heiligen Land mit bei der Rückkehr vom Kreuzzug nach Paris. Die erste Ordensgründung in Paris ist bereits nicht mehr im Bild dargestellt. Es wird also nur die Zeit der Besiedlung des Berges Karmel dargestellt. Der Anspruch, der älteste Orden der Christenheit zu sein, wird im Bild aufgerollt.

Die gemalte Fensterbrüstung, die noch auf der linken Seite der kleinen Tür mit der Stiftungsinschrift zu sehen ist, muß als durchgängig angenommen werden, dadurch wird eine Schwelle zwischen den Betrachter und das Bild gesetzt, das noch durch das umlaufende Ornamentband stark in einen Rahmen gefaßt war. Die Schwelle auch als Fensterbrüstung deutbar, gewährt einen Blick in einen Raum, in dem die Ordensgeschichte geschildert wird.

Das Obst auf der Fensterbrüstung ist eine weitere Anspielung auf das Wort Karmel, was bereits für den Kreuzgang nachgewiesen wurde. Es ist auch besonders auffällig, daß Früchte auf dem Deck des Schiffes, das die Karmeliter nach Europa brachte, liegen. Einen Verweis auf den Ursprung des Ordens im Heiligen Land geben auch die Zweige, die der Mann, links des Mastes stehend, in den Händen hält; auch hier wird die Wortspielerei Karmel - Baumgarten eindeutig im Bild vorgeführt. Betrachtet man daraufhin das gesamte Wandgemälde, dann fällt besonders das Motiv des Baumes mit den verzweigten Ästen auf. Direkt auf dem Felsen, an dem das französische Schiff angelegt hat, wächst ein großer Baum, der noch mit seinen Zweigen weit in den Bereich des Schiffes hineinragt.

Die schwarzen Baumgabeln sind ein Charakteristikum der Ratgebschen Handschrift, sie sind auch im Kreuzgang und auf dem Schwaigerner Altar nachzuweisen. Kein anderer Künstler des frühen 16. Jahrhunderts hat dieses Motiv so ausgeprägt dargestellt. An dieser Stelle ist aber noch zu verweisen auf die Tafel mit dem Martyrium des Jacobus auf dem linken Flügel des Frankfurter Heller-Altares und auf die Malerei des Meisters W B, dessen Bezug zu Ratgeb noch untersucht werden muß.

Die Holzschnitte von Erhard Reuwich aus Utrecht, die dieser für die „Beschreibung der Reise ins Heilige Land" für Bernhard von Breydenbach angefertigt hatte, diente mit Sicherheit Ratgeb als Vorlage bei dem Wandgemälde und der Darstellung des Felsendoms über der Szene des Bethlehemitischen Kindermordes im Kreuzgang auf der Westseite.

Man wird auch an verschiedenen Stellen trotz der durchgängig dargestellten einheimischen Fauna und Flora, bei der Darstellung des Affen oder der Dromedare an Reuwich erinnert. Das Felsenmassiv auf der Mitteltafel des Schwaigerener Altares ist auf der Karte von Candia zu sehen, und die wattierten Gewänder sind im frühen 16. Jahrhundert ein Motiv, das wir auch bei Dürer, und Grünewald finden. Die hochgezogene Haube der Frau des Sarazenen tritt als Motiv beim Herrenberger Altar auf. Diese Bezüge, die im einzelnen noch untersucht werden müssen, weisen uns auch noch auf eine andere Tatsache hin, auf die angesprochene Problematik zwischen „Meister Jerg Maler" und Jerg Ratgeb. Johann Graf von Solms-Lich war einer der Begleiter des Mainzer Kanonikus Bernhard von Breidenbachs, der im Heiligen Land verstarb. Die Familie des Grafen stiftete dann 1509 den Rödelheimer Altar, von dem wir nicht genau wissen, ob er dem Œuvre von Ratgeb zu gerechnet werden muß.

Nach diesem kurzen Exkurs, der zum Verständnis der Ikonographie des großen Wandgemäldes im Reflektorium beiträgt, muß noch folgender Tatbestand dargestellt werden:

Die gemalten Schwellen sind auch bei dem Anneraltar aus der Annakapelle der Karmeliter zu sehen, den die Bruderschaft 1496 malen ließ, während sie dann 1517 das große Wandgemälde stiftete. Ratgeb, der diesen Altar gesehen hat, hat das Motiv von dort übernommen und dadurch gleichzeitig die dort im Bild verdeutlichte Transzendenz in das Bild von der Geschichte des Karmeliterordens mit übernommen. Der hohe Anspruch, der älteste Orden der Christenheit zu sein, dessen Gründer nach mittelalterlicher Auffassung der Prophet Elias persönlich war, wird so stark akzentuiert.

Ratgeb, der seinen narrativ-additiven Stil auch hier im Bilde vorführt, zeigt nach dem Auszug der Karmeliter aus dem heiligen Land, deren Verfolgung und anschließend die Geschichte des Propheten Elisäus und seines Lehrers Elias. Im Bereich der alttestamentarischen Geschichte integriert er wieder kleine Inschrifttafeln in die als Simultanbild aufgebaute Geschichte der beiden Propheten. Die großen Schrifttafeln mit der Geschichte des Ordens, die an Schnüren vom Himmel herabhängen, akzentuieren das abgerollte Programm.

Mit der Raumfassung, die Ratgeb während seinem dritten Frankfurt-Aufenthalt geschaffen hat, eine solche läßt sich auch, wie alte Archivaufnahmen zeigen, für den gesamten Kreuzgang annehmen, aber die Anhaltspunkte sind zu gering, um Rekonstruktionen vornehmen zu können, werden das auf der Längswand des Refektoriums gemalte Bild und die Wandgemälde im Kreuzgang stark akzentuiert.

Die Rekonstruktion des ikonographischen Programms und die Ergänzungen der Wandgemälde während der letzten Restaurierung wären nicht ohne die zeichnerischen Vorlagen von Donner-von Richter und die alten Archivaufnahmen von Wolff und Tritschler möglich gewesen. Die Geschichte der Stifter, die sehr eng mit der Geschichte der Wandgemälde im Kreuzgang verwoben ist, wird in einer eigenen Monographie vorgelegt.

Der Rückkopplungseffekt

Das Werk des Malers Jerg Ratgeb, das bisher in der Literatur isoliert, nicht in die Entwicklung der Kunst des 16. Jahrhunderts integriert, dargestellt wurde, ist, zieht man auch die Ornamentstiche von Daniel Hopfer in Augsburg heran, nicht ohne die Wirkung auf die anderen Künstler der Zeit geblieben.
Das Blatt mit der Kreuzigung, die Kopie des Adler-Altares und das Weltgericht scheinen nicht ohne die Kenntnisse der Ratgebschen Werke möglich zu sein, selbst dann, wenn man die Handschrift von Daniel Hopfer als verändernd in Erwägung ziehen muß.
Das Blatt mit der Darstellung der Kreuzigung erinnert im Bereich der drei gekreuzigten Körper an die Kreuzigungsgruppe im Kreuzgang des Frankfurter Karmeliterklosters, selbst wenn man noch andere Quellen als Vorlage in Betracht ziehen muß, so z. B. möglicherweise auch Werke von Grünewald oder anderen Künstlern.
Der zerstörte Rotmarmoraltar, dem in Augsburg Philippus Adler 1518 stiftete, mit dem Propheten und Königen des Alten Testamentes erinnert an den Aufbau der Wandgemälde in Frankfurt, selbst dann, wenn der Augsburger Altar in seinem Aufbau viel klassischer angelegt war und die Architekturen rein vom Statischen, nicht vom Malerischen her konzipiert waren.
Das Blatt mit der Darstellung des Weltgerichts scheint aber sich sehr eng an eine Vorlage von Ratgeb anzulehnen. Vergleicht man die Figur von Johannes dem Täufer, dann bestehen weitgehende Übereinstimmungen mit dessen Darstellung im Frankfurter Kreuzgang auf der Nordseite bei der Taufe Christi. Besonders auf der Seite der Verdammten sind an vielen Stellen verzweifelte Menschen, schreiend, die Arme emporwerfend, dargestellt, die an die Figuren auf dem Frankfurter Wandgemälde erinnern. Der Hingesunkene, die in sich verdrehte Figur der Frau dahinter in der zweiten Zone sprechen eine eigene Sprache, wie sie uns von Ratgeb geläufig ist. Die Engel mit den Trompeten erinnern an die flatternden Engel auf der Mitteltafel des Schwaigerner Altares und an den bei der Elias-Geschichte auf dem Wandgemälde in Frankfurter Refektorium.
Die Werke von Ratgeb in der freien Reichsstadt Frankfurt haben mit Sicherheit ihre Auswirkung auf die Werke anderer Künstler in anderen Kunstlandschaften gehabt, selbst wenn zum heutigen Zeitpunkt dieser Rückkopplungseffekt nur sehr wenig zu belegen ist, was sich aber dann ändern wird, wenn hier wissenschaftliche Einzeluntersuchungen an den markanten Punkten einsetzen werden.

Zur Farbigkeit des Wandgemäldes im Frankfurter Refektorium

Von Lernser und den Epitaphienbüchern ist bekannt, daß in den Fenstern des Refektoriums Wappenscheiben mit Wappen von den gleichen Frankfurter Patrizierfamilien eingesetzt waren, die uns auch als Stifter der Wandgemälde im Kreuzgang überliefert sind. Zwei von der Familie Heller - von Berthold Heller (+ 1499) und Katharina Blum, von Jacob Heller und Katharina von Melem - um 1500 gestiftete Wappenscheiben befinden sich im Besitz des Historischen Museums Frankfurt, von denen jedoch bisher ungeklärt ist, ob sie ursprünglich für das Refektorium des Karmeliterklosters bestimmt waren oder für das Frankfurter Dominikanerkloster. Dennoch vermitteln diese beiden Wappenscheiben einen Eindruck von der ursprünglichen Verglasung des Sommerrefektoriums der Karmeliter. Die Farbigkeit der erhaltenen Scheiben wird bestimmt durch das Gelb, Rot und Blau, das auch mit Sicherheit für die Wappenscheiben im Refektorium angenommen werden kann. Durch das farbig gefilterte Licht im Raum wirkte das Wandgemälde von Jerg Ratgeb viel intensiver, als es sich dem heutigen Betrachter darbietet.

Daß Ratgeb sich auf die jeweiligen Gegebenheiten der örtlichen Situation einstellte, ist uns auch von anderen von seiner Hand stammenden Arbeiten her bekannt, so z. B. bei der asymmetrischen Predella des Schwaigeren Altares, der starken Unteransichtigkeit der gemalten Architekturen im Frankfurter Kreuzgang, der Überdehnung der Figuren beim Herrenberger Altar.

Es ist verschiedentlich in der Literatur auf die Unterschiedlichkeit der Farbigkeit der Wandgemälde des Refektoriums und des Kreuzgangs hingewiesen worden; zieht man aber die farbigen Scheiben bei der Verglasung des Refektoriums heran, dann hebt sich diese Diskrepanz auf, denn ursprünglich war die Farbigkeit des Wandgemäldes mit Sicherheit völlig verschieden von der heutigen Wirkung.

Es müßte ein Experiment durchgeführt werden, bei dem die Farbanteile der Hellerschen Wappenscheiben prozentual zu errechnen wären und mittels einer Folie, die auf die heutige Verglasung geheftet würde, die verschiedene Farbstreuung des Lichtes im Raum nachgewiesen werden können. Eine Fotodokumentation würde der Forschung hier große Dienste leisten; man sollte versuchen, alle Möglichkeiten, die uns aufgrund der modernen Technik gegeben sind, hier einzusetzen, um soviel wie möglich über das Werk von Jerg Ratgeb zu ermitteln.

G 15

Eodem anno 1510 infra hebdomadam primam post Trinitatem pro-
moventur in Ecclia nra carmelitana Doctores iuris; Eumque in finem
~~[illegible]~~ maior aula cvtus commode adaptata fuit pro eius-
modi inaugurationibus faciendis ~~faciendis~~: in eaque aula doctora-
les promotiones celebratae fuerunt usque ad seculum subsequens.
In libris cvtus legitur de quadam cruce argentea spectante ad cvtum
Husensem hoc modo.

Notandum quoque quod hoc anno 1510 crux argentea, de qua sub
annum 1508 immediate ante visitaoem cvtus mentio facta est, quae
pertinebat ad cvtum Husensem, quondam oppignorata per V.P. Godefridum
de Juliaco pro tunc procuratorem Husensem cvtui nro wynhemensi
pro 30 florenis Rhenensibus, et ex toto discontinuata, et iterum
reformata cum sex florenis rhenensibus, redempta fit per R.M.
Diethorum de moguntia et cvtum moguntinum, et soluta cum 36
florenis Rhenensibus; nec alienanda erit, nisi summa praescripta
iterum soluta fuerit ~~cvtui~~ per cvtum Husensem.

in weisbaden
Anno ~~11~~ 1511 Moritur illustriss: Dns Comes Adolphus de Nassau
Dns in wesbaden infra hebdomadam nonam post Trinitatem
cuius funus humeris frm nostrorum carmelitarum moguntinensium
deportatum fuit ad Ecclesiam parochialem ibidem; atque solemnes
exequiae in eadem Ecclia per eosdem fres nros peractae et decan-
tatae fuere iuxta ultimam praedicti Dni comitis voluntatem.

Anno 1513 in vigilia S. Andreae Apli die 29 novembris in aedibus
civicis monasterio contiguis exortum est de nocte incendium, quo
tectum totius navis Ecclesiae igne correptum conflagravit, ipsumque
campanile cum campana decidit nec non inferiora Ecclesiae tecta
lateralia cum sacristia et parte ambitus combusta fuit.
Quae tamen omnia per industriam R.M. Diether prioris brevi tem-
pore fuere restaurata per 1025 florenos in auro.

Anno 1514. R.P.M. Stephanus de consortijs dictus de brixia
Vicarius et visitator gnralis a Rmo patre M: Baptista Mantuano
priore Gnrali totius ordinis institutus, et in Germaniam missus,
visitavit hunc cvtum die 19 februarij, socio R.M. Ginesio.
sub regimine R.P.M. Diether de moguntia prioris.
Qui in memorando visitationis suae de statu cvtus tale dat testi-
monium: Invenimus etiam cvtum in bona dispositione, in granario
et in pecun[ia]
Accepit pro sua visitaoe 4 florenos in auro; socius
eius accepit duos similes florenos in auro

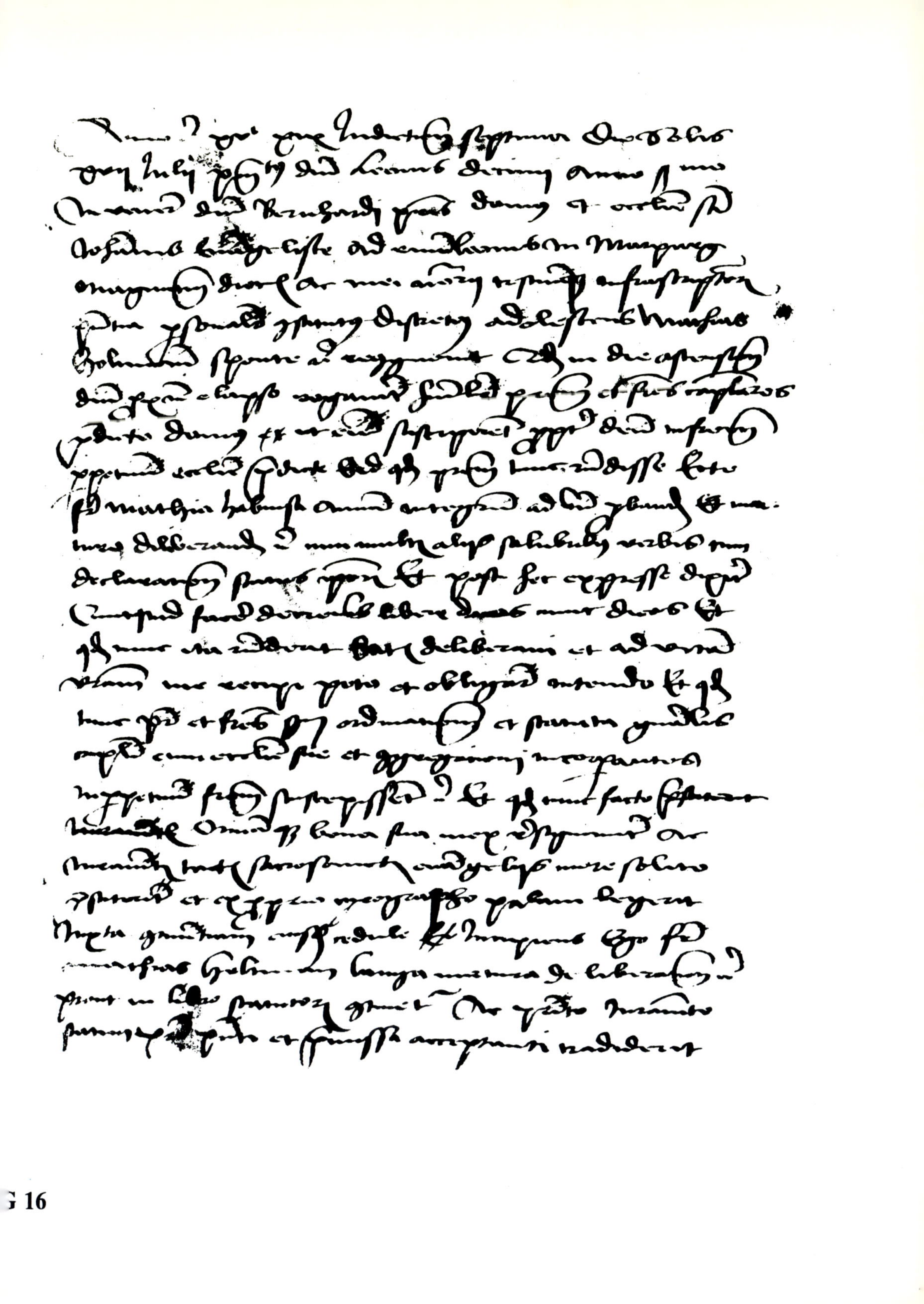

G 16

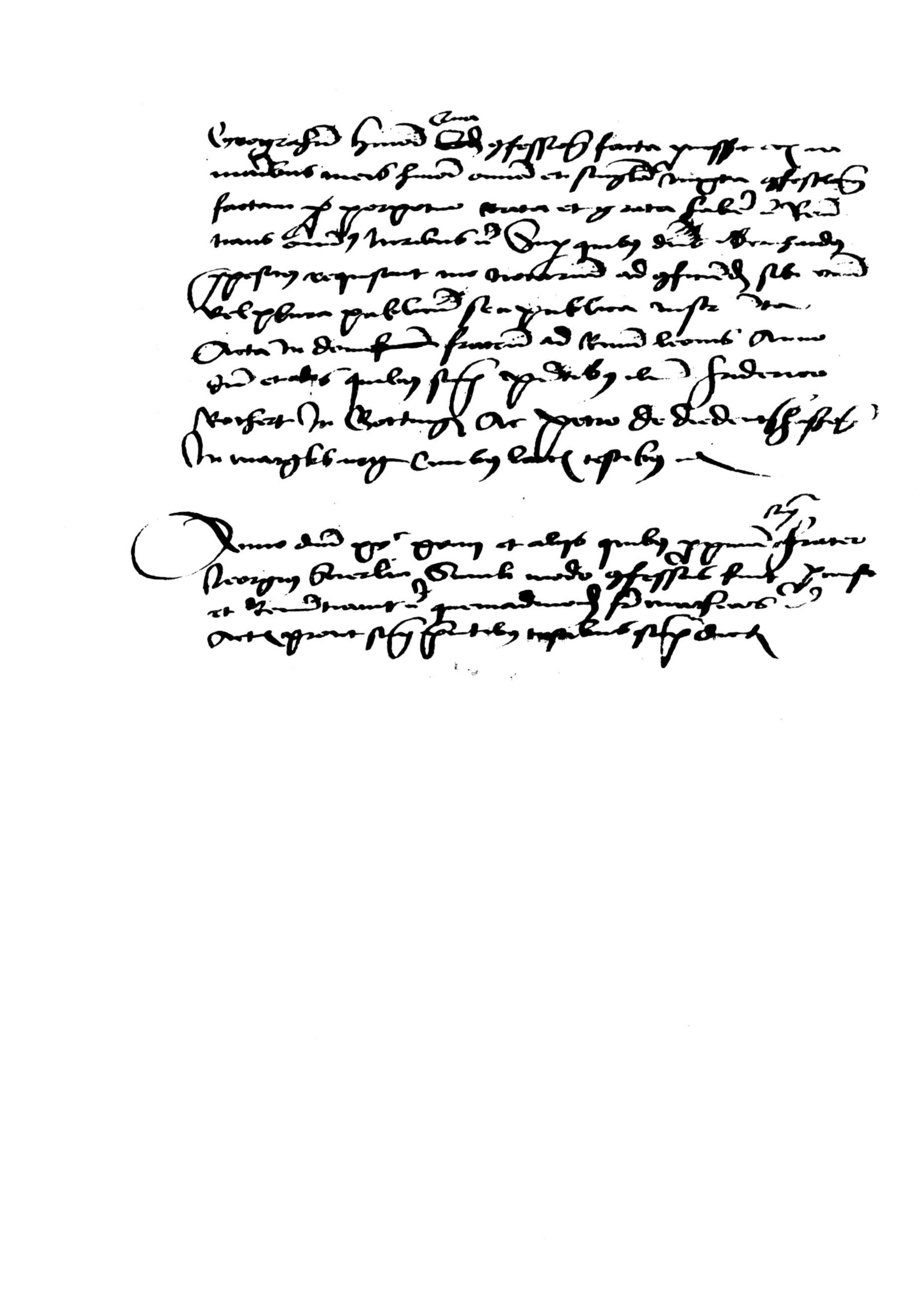

[illegible]
[illegible]
[illegible]
[illegible]
[illegible]
[illegible]
[illegible]
[illegible]
[illegible]
[illegible]

Anno domini [illegible]
[illegible]
[illegible]
[illegible]

< Franckfordia.

Anno 1517 Hammannus prior. Antonius de Spira lector principalis. Ludovicus de Oppenheim Lector Senten. Joannes de Salice informator.

Hoc anno Leonardus tituli Susannæ presbyter Cardinalis, authoritate Dni papæ Leonis X, cuius poenitentiariæ curam gerebat, et de eius speciali mandato super hoc vivæ vocis oraculo facto ab eodem Sanctissimo Dno papa facto concessit priori et fratribus Carmelitis domus Francfordiensis, ut quod in nundinis, et alijs temporibus comitiorum et dietarum imperialium, quibus Imperij principes et status ibidem congregari solent, eorundem confessiones audire, atque ab omnibus casibus, præterquam sedi Aplicæ reservatis, absolvere valeant: Etiam eos qui cum Bohemis et alijs schismaticis mercimonia exercent.

Etiam in festo paschæ Eucharistiam, et alia sacramenta ecclesiastica administrare; nec non coram forensibus infirmis seu alias impeditis in eorum domibus in portatili celebrare, eleemosynas quoque ab eisdem quascunque, nulla ratione Rectoris parochialis Ecclæ, seu cuicunque alteri super hoc reddenda, recipere valeant. In festis B. Mariæ, Conceptionis, et Annuntiationis, S. Barbaræ, S. Nicolai organa sonare. In die festo S. Annæ Venerab. Sacramentum in vase vitreo intra septa eorum processionaliter, ut in festo corporis Christi fieri solet, deferre. etc.

In conservatores et defensores huius privilegij denominavit et instituit DD. Decanum Ecclæ maioris Wormatiensis, et Decanum Ecclæ collegiatæ Scti Joannis Moguntinensis: et Decanum Ecclæ collegiatæ Aschaffenburgensis.

Extat originale sub dato Romæ 8 calend. aprilis pontificatus Leonis X anno 5to sub sigillo sacri officij poenitentiariæ aplicæ.

Hoc etiam tempore completa fuerunt præclara, artificiosa et præstantissima pictura in novi claustri parietibus totam Christi Dni Salvatoris nri vitam et historiam evangelicam, una cum veteris legis figuris, umbris et prophetarum oraculis, ad vivum repræsentantes.

pictor oper.

G 17

pictor operis fuit Georgius Ratgeb, qui ex condicto pro mercede accepit 223 florenos et 30 octalia siliginis. Ad cuius praeclari, spectabilissimique operis perfectionem viros principes et illustres beneficentia sua munus exhibuisse, per nominum, et armorum gentilitiorum appositionem posteritati remonstratur: Scilicet.

D. Matthaeus miseratione divina Tit. S. Angeli S.R.E. Diaconus cardinalis, et Archiepus Salisburgensis, Sedis Aplicae Legatus natus.

D. Bernhardus van Cles D.G. Epus Tridentinus.

D. Fridericus Palatinus Rheni, et Dux Bavariae.

D. Casimirus Marchio Brandeburg.

Et hi quidem illustrissimi principes seriem, et agmen aliorum quamplurimorum virorum, et benefactorum nobilium ex familijs inclytae Civitatis Franckfordiensis, potissimum patritijs, antecedentium claudunt. +

+ pictor ambitus fuit Georgius Ratgeb cui ex conventione data 200 fl. adhuc 23 fl. et 30 octalia siliginis

Specialiter autem confratres S. Annae in aula maiore, seu refectorio aestivali depingi curarunt historiam ordinis prophetici Heliani, qualiter primitus in lege vetere a SS. Patriarchis Helia et Heliseo institutus: quas deinde in eadem terra sancta, ex partibus orientalibus persecutiones passus fuerit. Ac tandem qualiter ex palaestina in Europam transmigraverit, expressis et in pariete penicillo depictis characteribus totam historiam oculis intuentium obycientibus in hac forma.

Anni dni fluxerant a christi nativitate 537 Heraclio imperatore christianissimo regnante; per regem persarum Cosroam facta est in terra sancta christianorum maxima persecutio: Eadem calamitate et tempestate plures fratres Carmeli ordinis varie martyrio afflicti sunt, ac egregia eorum monasteria in nihilum redacta varia in monte Carmelo, in monte Syon, in monte Calvaria, in Jerusalem iuxta portam auream, in monte oliveti, in monte Ephrayim, In Jericho, in galgala, in Bethel, in Nazareth, in Bethlehem, in deserto quod quarantene, in quo

Franckfordia.

Chrus Dns Nr ieiunauit, in walim, in Bethania, in valle Josaphat, in ciuitate Accon, in Hebron, in ciuitate Samaria, in Tyro Siria, in nobili Tripolitana ante portam Sarepta Sydoniorum, ac plura alia loca sacra.

2da S. Secunda Schedula picta sic habet.

Deinceps anno Dni 636 surrexit perfidissimus Himar Rex arabiae in tota terra scta delens nomen christianorum et fres ordinis B: Mariae de monte Carmeli multis tormentorum generibus miserabiliter interemit, atque monasteria per eos reaedificata prorsus diruit. Postea anno Dni 815. et et anno 1248; itemque anno 1287, atque 1290. His temporibus Saraceni christianam religionem extirpantes fratres Virginis mariae locis in supradictis, aliisque multis repertos diris cruciatibus interemerunt; monasteria quoque penitus everterunt et adimpleretur, quod vaticinatum fuerat Esaiae 16: et auferetur laetitia et exultatio de carmelo, et Jeremiae 48 ablata est laetitia et exultatio de carmelo.

3tia Schedula

Circa annos 1248 S. Ludovicus Rex Franciae illustriss una cum diversis aliarum provinciarum principibus post multos actus bellicos in terra scta adversus infideles perpetratos, sepulchrum Dni, et alia religiosa loca devote visitavit. Tandem iuxta montis carmeli radices e maris periculo ex pia Dei genitricis intercessione liberatus, dictum montem ascendit, laudabilem conversationem fratrum B. Mariae ibidem commorantium humiliter contemplatus, ac praedictorum frm titulo scta Maria virginis singulariter insignitorum fama laudabili, et religiositate permotus, quosdam fratres secum de prioris licentia in Franciam deduxit, et eis in civitate sua parisiis monasterium aedificavit, qui ad religionem suam recipientes in diversis ~~Francijs~~ Franciae et Alemaniae partibus, sui ordinis loca paulatim construxerunt.

Idem, refectorium diversi patritij nobiles, et ordinis senatorii viri fenestris vitreis cum eorundem insignijs illustrarunt.

Anno 1518

Anno 1518 prior qui supra, lectores Ludovicus de oppenheim et Cornelius de Castenholtz.

prior et cetus elocant 20 florenos super bonis Reich philips in Hoechst. pro uno floreno annui census Termino Dominica Invocavit.

Anno 1519. Hammo, sive Hanibal, de flechenbach prior Lectores Cornelius de castenholtz, et Ludovicus de oppenheim Lectores; Joan: de wertheim informator.

prior et cetus recipiunt in se obligaonem legendi 4or missas hebdomadatim apud moniales ad albas dominas pro quibus cetus annue habebit 18 octalia siliginis.

Quidam huius cetus sacerdos professus, dictus Conradus Taub obtinuerat Romae absolutionem ab ordine, uti asserebat, et facultatem administrandi capellaniam in Eberbach et Caldenfels in palatinatu iuxta cruceniacum; qui hoc scripto insinuat priori et cetui suo francofurtensi, ut ipsum pro tali habeant, et agnoscant, ~~atq~~ nec ullum ius super ipsius bonis patrimonialibus praetendant.

Hic erat primus ~~apost~~ apostasiae gradus.

Hoc quoque anno ~~a~~ die 28 Junij eligitur hic francfordiae ~~elegi~~ Carolus Hispaniarum Rex in Romanorum Regem, absens in Hispania, in locum Maximiliani Imperatoris mortui, et anno sequente coronatur Aquisgrani in Romanorum Imperatorem.

Anno 1520 usque 1530 inclusive continuatur R. P. Hammannus, sive Hannibal, de flechenbach prior.
Lectores interea successive Sebastianus de Hirshorn et Joannes de wertheim,

Anno 1520 Leo X ~~a~~ declarat Martinum Lutherum contumacem haereticum, omnesque eius libros et scripta ignibus addicit: idem facit Carolus Imperator in Cetu principum Wormatiae.

Das ikonographische Programm mit den zugehörigen lateinischen Inschrifttafeln

Südwand (westliche Partie, 1514/15)

I/I/1-2	Anbetung der Könige	(Stalburg/von Rein)

Westwand (1515/16)

II/2/1-3	Schöpfung bis zur Vertreibung aus dem Garten Eden	(von Hanaw/von Baden)
II/3/1	unbekannte Szene aus dem Leben der hl. Anna	(Frosh/Degen)
II/4/1-5	Goldene Pforte	(Frosh/von Holzhausen)
II/5/1-3	Geburt und Tempelgang Mariens	(Frosch/Erer)
II/6/1-8	Verkündigung und Heimsuchung	(Stralenberg/Frosch)
II/7/1-6	Anbetung des Kindes durch Maria und Josef und die Hirten	(Wis/Frosch)
II/8/1-4	Beschneidung	(Wis/Kraenich/Ostemmer)
II/9/1-2	Anbetung der Könige	(von Schwarzenberg/ Stefen von Cronstetten)
II/10/1-2	Darbringung im Tempel	(von Rein)
II/11/1-6	Flucht nach Ägypten	(Sartorius)
II/12/1	Bethlehemitischer Kindermord	(Eblin/van Lippelor)
II/13/1-4	Christus in Ägypten	(van Dusborch, gen. Crommbach/ Puretus)
II/14/1-4	Rückkehr aus Ägypten	(Lerder/von Loer)
II/15/1-	Christus im Tempel	(Lerder)

Nordwand (1516)

III/16/1-3	Abschied von Maria und Josef	(Stugman/Wolfrat)
III/17/1-3	Taufe im Jordan	(Lyssen/Stegman)
III/18/1-4	Versuchung und Verklärung auf Berg Tabor	(von Glauburg/Geuch)
III/19/-	unbekannte Szene	(von Achorn, gen. Crombach)
III/20/-	unbekannte Szene	(Ote von Offenburg)
III/21/-	unbekannte Szene	(Thoes de Warbergk)
III/22/1	unbekannte Szene	(Danscheidt von Uckel)
III/23/1-4	unbekannte Szene	(von Holtzhausen)
III/24/1-3	unbekannte Szene	(Frosh)
III/25/1-3	unbekannte Szene	(Fallentz, gen. Paf)
III/26/1-3	Judas erhält dreißig Silberlinge	(Reiman von Oringen)
III/27/1	unbekannte Szene	(Broglingstein)
III/28	unbekannte Szene	(Jorg/Zeis)

III/29/1-2	Fußwaschung	(de Fleckenboel)
III/30/1-3	Abendmahl	(Pirkell von Nuermbergk/Procklin)
III/31/1-2	Christus am Ölberg	(Skapulierbruderschaft der Karmeliter)
III/32/1-2	Gefangennahme Christi (Judas Kuß)	(von Swalbach/Brendel)
III/33/1-2	Gefangennahme Christi (Petrus schlägt dem Soldat ein Ohr ab)	(von Swalbach/Brendel)
III/34/1-	Christus vor Hannas	(de Laubach)
III/35/1-	Christus vor Kaiphas	(Alberti de Nussa)
III/36/1-	Verrat des Petrus	(Alberti de Nussa)
III/37/1-	Christus vor Pilatus	(Capentarii)
III/38/1-	Christus vor Herodes	(von Esborn)
III/39/1	Geißelung Christi	(Beern)
III/40/1	Dornenkrönung	(Heck de Ursel)
III/41/1-	Ecce Homo	(Heck de Ursel)
III/42/1-	Pilatus wäscht seine Hände	(Bruderschaft von St. Barbara und St. Wolfgang, gen. die armen Luet)
III/43/1-	Fall unter dem Kreuz	(Bruderschaft von St. Barbara und St. Wolfgang, gen. die armen Luet)
III/44/1-	unbekannte Szene	(Cronenberg/Schoeffner)
III/45/1-	unbekannte Szene	(Cromberg/Markel)
III/46/1-	Kreuzigung	(Cronenberg/Assenheimer) (Cronenberg/Rosenbecher)
III/47/1-	unbekannte Szene	(Cronenberg/Bromm)

Ostwand (insgesamt nicht erhalten, 1517)

IV/48/-	unbekannte Szene	(Reiter von Augsburg)
IV/49/-	unbekannte Szene	(Webel)
IV/50/-	unbekannte Szene	(Nußbaumer?)
IV/51/-	unbekannte Szene	(Lang von Wellenburg)
IV/52/-	unbekannte Szene	(von Cles)
IV/53/-	unbekannte Szene	(Pfalzgraf bei Rein)
IV/54/-	unbekannte Szene	(von Brandenburg)
IV/55/-	unbekannte Szene	(Heller/von Melem)

Südwand (östliche Partie nicht erhalten, 1516)

I/56/1	großes Weltgericht	(Ratgeb für Glaser v. Bamberg)
I/57/-	unbekannte Szene	(Schott/Rudiger)
I/58/-	unbekannte Szene	(Schott/Comens)
I/59/-	unbekannte Szene	(Schott/Stauf)

Allgemeine Einführung in die Problematik der Restaurierungsarbeiten an dem Wandgemäldezyklus von Jörg Ratgeb im ehem. Karmeliterkloster zu Frankfurt am Main

Die Restaurierung und Konservierung der Wandgemälde von Jörg Ratgeb im Kreuzgang und Refektorium des ehem. Karmeliterklosters verlief etappenweise. 1980/81 wurde an der am meisten zerstörten Nordwand des Kreuzgangs gearbeitet, 1981/82 an dessen Westwand und 1983/84 an dem Gemälde im Refektorium.

Die Gemälde im Kreuzgang bilden einen thematischen Zyklus, der leider unvollständig erhalten blieb. Sein Thema ist die Darstellung des Lebens Christi, von der Verkündigung bis zu seiner leidensvollen Kreuzigung.

Das Gemälde im Refektorium dagegen stellt die Geschichte des Karmeliterordens dar, beginnend mit Szenen aus dem Leben des Propheten Elias vom Berge Karmel in Israel und dessen Nachfolger Elisa, die die Karmeliter für ihre Ordensstifter ansehen. In der Bildmitte wurde die grausame Verfolgung der Ordensbrüder durch die Sarazenen im Heiligen Land dargestellt. Die Geschichte, die sich von rechts nach links entwickelt, klingt aus mit der Errettung der Karmeliter durch den französischen König Ludwig den Frommen.

Die Zerstörung der Gemälde und ihr Zustand vor der Restaurierung ist ein Resultat der über viereinhalb Jahrhunderte andauernden ungünstigen und zersetzenden Zeit- und Witterungseinflüsse und in einem ganz besonderen Grade der menschlichen Tätigkeit. Nach der Profanierung des Klosters im Jahre 1803 wurden die Räume für verschiedene, völlig ungeeignete Zwecke benutzt. Zuerst dienten sie als Kaserne mit einem Pferdestall, dann wurden sie vom Zollamt und der Feuerwehr übernommen. Der Kreuzgang, das Refektorium und andere Räume wurden durch die jeweiligen Benutzer entsprechend ihrem derzeitigen Zweck umgestaltet und umgebaut.

Das Ergebnis dieser Eingriffe sind heute unwiderruflich vernichtete Gemäldepartien. So z. B. in der Nordwand des Kreuzgangs wurden 3 große Fensteröffnungen eingeschlagen, es wurde auch eine Trennwand und ein Treppenhaus eingebaut. Das Refektorium wurde in mehrere Räume eingeteilt, mit einem an der Gemäldewand entlang führenden Korridor, der 3/4 der gesamten Raumlänge einnahm. Daher fehlen auch große Gemäldepartien im unteren Gemäldebereich, da man bis zu dieser Höhe eine Holzverkleidung angebracht hat. Im II. Weltkrieg wurde das Klostergebäude durch Bomben zerstört, doch glücklicherweise blieben die Wände mit den Malereien unversehrt.

Seit dem XIX. Jh. wurde Ratgebs Werk mehreren Rettungsproben unterzogen, die seine völlige Zerstörung verhindern sollten. Im XIX. Jh. unternahm sie Otto Donner-von Richter, weitere folgten dann vor und nach dem II. Weltkrieg (u. a. Tomaschek). Die dem damaligen Wissensstand entsprechend angewandten Mittel und Verfahren sollten sich im Laufe der Zeit für unzulänglich und sogar schädlich erweisen.

Der sich immer mehr verschlechternde Zustand der Gemälde alarmierte die Stadt- und Denkmalbehörden. Ende der siebziger Jahre begann man mit der Suche nach Spezialisten, die imstande wären, eine vollständige Restaurierung und Konservierung der gesamten Wandge-

mälde, deren Fläche 375 qm betrug, in kurzer Zeit durchzuführen. Diese Aufgabe wurde letztendlich den polnischen Werkstätten für Denkmalpflege „PKZ" aus Warschau anvertraut.
Vor Beginn der Restaurierungsarbeiten wurden die Malschicht und der Bildträger, also der Putz wie auch die Steinmauer gründlich untersucht. An diesen Untersuchungen beteiligten sich Spezialisten des Institutes für Konservation und Denkmalschutz an der Kopernikus-Universität zu Torun unter der Leitung von Prof. Dr. Wiesaw Domasowski. Die Laboruntersuchungen gaben Aufschluß über den Erhaltungszustand und die Struktur des Bildträgers, der Malschichten, den Grad und die Art der Zerstörungen (z. B. Versalzungen), die angewandte Maltechnik und die Palette des Künstlers.
Aufgrund dieser Recherchen wurde ein Restaurierungsprogramm formuliert, welches dann durch die städtischen und denkmalpflegerischen Behörden begutachtet und akzeptiert wurde. Dieses Programm beeinhaltet folgende in Kürze dargestellte Arbeitsvorgänge:

I. Technische Maßnahmen
1. Chemische und mechanische Entfernung von der Malfläche der dunklen Imprägnierungsschichten
2. Chemische Entfernung von Retuschen
3. Verstärkung der Putz-Struktur
4. Wiederherstellung der Kohäsion zwischen der gelösten Putzschicht und der Mauer mittels Injektionen
5. Ergänzung der Fehlstellen mit Kalk-Sand-Putz
6. Entfernung der falsch angelegten Verkittungen
7. Festigen und Anhaften der abgespaltenen Malschicht

II. Künstlerische Arbeiten
1. Ergänzung der verwischten Malschicht und der Fehlstellen durch Punktieren in Ei-Tempera-Technik
2. Ergänzung mittels der oben genannten Methode der neu angelegten Putzstellen

III. Restauratorischer Bericht
1. Beschreibung des Arbeitsverlaufs mit Berücksichtigung der angewandten Mittel und Methoden
2. Fotodokumentation der verschiedenen Arbeitsphasen
3. Zeichnerische Dokumentation, die sowohl den Erhaltungszustand als auch die Eingriffsmaßnahmen darstellt.

Bevor man mit den eigentlichen Restaurierungsmaßnahmen begann, wurde etwa 12 Monate früher eine Probekonservation auf einer ca. 1 qm großen Fläche durchgeführt. Erst dann hat man mit den Arbeiten an der Nordwand des Kreuzgangs begonnen, also dort, wo das Gemälde vom Zerfall am stärksten bedroht war. Das Gemälde war ca. 41 m lang, seine mittlere Höhe betrug ca. 4,5 m und seine Gesamtfläche über 186 qm. Der mit verschwärzten Öl- und Imprägnierungsschichten bedeckte Bilderzyklus war kaum lesbar. Der Bildträger büßte in etwa 60 v. H. seine Kohäsion ein, so daß zwischen ihm und der Steinmauer weite Blasgebilde und Hohlstellen feststellbar waren, wobei die Gefahr bestand, daß er sich völlig lösen und herunterfallen wird. Die Malschicht rundherum der Fehlstellen besaß kein Haftvermögen und löste sich vom Bildträger. Die technischen Arbeiten, deren Ziel die Rettung und Sicherung der originalen Substanz des Gemäldes war, dauerten 7 Monate und mußten in dieser Zeit durch ein Team von 16 Restauratoren bewältigt werden. – Danach wurde die Gemäldefläche drei mal gereinigt, wobei die dunklen Schichten der Öl- und Harzimprägnierungen, Wachs

und andere Substanzen herausextrahiert wurden, wobei hier organische Lösungsmittel verwendet wurden. Danach wurde die gesamte Fläche mehrmals mit destilliertem Wasser mit Hilfe von Wattetampons gewaschen. Ans Licht kamen große Gemäldepartien und Details, die schon im Jahre 1892 unerkennbar waren, und deshalb sind sie auf den Zeichnungen von Otto Donner-von Richter nicht vorzufinden. Dieses betrifft u.a. eine Personengruppe, die sich unter der Szene „Ecce Homo" befindet, wie auch die Landschaft und Gestaltenumrisse über der Szene, die Christus Fall unter dem Kreuz darstellt.
Ähnliche Probleme traten an der Westwand des Kreuzgangs auf, wobei hier noch eine zusätzliche Erschwernis vorkam, die durch das Behandeln der Gemäldeoberfläche mit Copaiva-Balsam, einer nie trocknenden klebrigen Substanz, verursacht wurde. Infolge der Anwendung dieses Balsams entstand eine Schichtenbildung des Putzes, was den Eindruck erweckte, als ob das Bild auf einer Art französischen Blätterteigs gemalt wäre. Diesen Copaiva-Balsam herauszuextrahieren und den schichtenweise abbröckelnden Putz anzuhaften und zu befestigen, ohne dabei die Malschicht zu beschädigen, war eine äußerst schwierige Aufgabe, die großer Sorgfalt und Anstrengung bedurfte und durch 12 Restauratoren binnen 6 Monaten ausgeführt wurde.
Für uns Restauratoren wäre es das größte Lob und die größte Genugtuung, sollten wir es geschafft haben, dem heutigen Betrachter der restaurierten Ratgebschen Gemälde, die dem Künstler und Werk eigenen ästhetischen Eindrücke zu übermitteln. Unser Hauptanliegen war, in einem höchst möglichen Grade auch den malerischen Wert von Ratgebs Werk wiederherzustellen, ohne zugleich in das Original zu integrieren. Es war ja nicht leicht, solch ein überdimensional großes Bild zu bearbeiten, das man praktisch nur fragmentarisch während der Arbeiten sehen konnte, wobei ja der Erhaltungszustand der Malschicht und des Bildträgers, aber auch die Farbintensität so verschieden waren.
Wie sah also das Gemälde in seiner ursprünglichen Pracht aus? Es machte wohl den Eindruck eines reich ornamentierten und farbenfrohen Wandteppichs. Die Maltechnik war Kalzium-Kasein-Tempera, eine Technik, die dem Gemälde einen wunderschönen Halbglanz verleiht. Dieser Glanz ist noch heute dort sichtbar, wo mehrere Schichten aufeinander aufgetragen wurden. Die herrliche Farbpracht des Originals konnte leider nicht völlig wiederhergestellt werden, darum konnten wir dem heutigen Betrachter nur annähernd den ehemaligen Gesamteindruck übermitteln.
Der Erhaltungszustand war sehr verschieden, neben den relativ gut erhaltenen Partien befanden sich auch kaum erkennbare Stellen. Die Polychromie war dort so stark verwischt, daß man sich die Form und Farbe kaum vorstellen konnte. Um die kleinen Gemäldepartikeln zu erhalten, hat man punktartig Farbe, deren Farbintensität der des Originals entsprach, aufgetragen. Und so im langwierigen Punktierungsverfahren ergänzte man die Fehlstellen soweit, daß sie sich an die farbliche Umgebung angeglichen haben. Einen Teil der schon völlig unlesbaren Fragmente haben wir in ihrer erhaltenen Form belassen. Das restaurierte Gemälde ist also in Hinsicht auf seine Farbintensität nicht einheitlich, da die farbliche Angleichung der stark zerstörten Stellen an die relativ gut erhaltenen zur Übermalung des Originals führen müßte, welches mit den heute geltenden Grundsätzen der Restaurierungsmethoden nicht zu vereinbaren wäre. - Bei der Deutung des Gemäldes waren uns die Zeichnungen von Otto Donner-von Richter aus dem Jahre 1892, sowie Fotos und Farbdias, die vor dem II. Weltkrieg angefertigt wurden, sehr behilflich.
Das das Refektorium schmückende Gemälde ist in einem relativ besseren Zustand erhalten geblieben. Jedoch auch hier waren die Szenen im mittleren Bildbereich, welche die Geschichte der Propheten Elia und Elisa sowie das Martyrium der Karmelitermönche darstellen, zu 50 v.H. zerstört. Die o.g. erhaltenen Farbdias zeigten, daß der damalige Zustand des Gemäl-

des nur ein wenig besserer war, so daß einige Szenen erst nach mühseliger Punktierungsarbeit geschlossen und deutbar gemacht werden konnten. Der Deutung und Inhaltsbestimmung der einzelnen Szenen dienten ausführliche Studien des ersten und des zweiten Buches der Könige im Alten Testament. Wie festzustellen ist, hat Jörg Ratgeb die biblischen Szenen der Elia- und Elisa-Geschichte buchstäblich auf das Gemälde übertragen und jede Bibelszene auf über ihr sich befindlichen Bändern und Tafeln genau belegt. Die Genauigkeit, die den mittelalterlichen Meister beispielhaft charakterisiert, spiegelt sich wider in einer Szene aus der Elias-Geschichte, in der Gott dem Propheten befahl sich einen Gurt umzubinden und vor das Gespann des Königs Achab zu laufen, der vor der Flut nach einer langen Dürrezeit flieht. Eine kleine Wolke, wie eine menschliche Hand, zeigte die Richtung. Auf dem Bild sehen wir Elisa in dem hochgezogenen und umgürteten Gewand vor dem herrlichen Wagen Achabs rennend und über seinem Kopf eine kleine Wolke mit einem aus ihr herausragenden, ausgestreckt und richtungsweisenden Zeigefinger.

Zusätzlich zu den Arbeiten an der Erhaltung der Wandmalereien wurde als Vorschlag eine Proberekonstruktion auf einer Fläche von ca. 1,5 qm an der Westseite der Nordwand gemacht („Taufe Christi"). Eine solche Rekonstruktion war hier durchaus möglich, da diese Bildpartie in Form von Zeichnungen dokumentiert war. Bei diesem Vorgang wurden die Bildfragmente auf eine Folie durchgepaust, darauf die Zeichnung von Otto Donner-von Richter projeziert und auf der Folie ergänzt. Auf diese Art wurde eine vollständige Zeichnung erstellt, wobei der durch Donner-von Richter idealisierte Christuskopf in Anlehnung an dessen Darstellungen in den erhaltenen Zyklusszenen korrigiert wurde. Die farbliche Gestaltung wurde durch die Farbreste und eingehende Studien der für Ratgeb typischen Malweise bestimmt. Das Ganze wurde dann mit kleinen Punkten in Ei-Tempera modelliert. Die Ei-Tempera-Technik, für die wir selbst die entsprechende Mischung von Pigmenten, Eigelb und Wasser herstellten, ist reversibel, läßt sich also von den rekonstruierten bzw. retuschierten Stellen relativ leicht entfernen, ohne daß das Original beschädigt wird.

Die einzelnen Arbeitsabschnitte wurden fotographisch dokumentiert. Den Zustand der Malereien veranschaulicht auch die zeichnerische Dokumentation, die im Maßstab 1:10 angefertigt wurde. Auf die Zeichnungen wurden Transparentfolien aufgelegt, auf denen verschiedene Eingriffe, wie z.B. Injektionen, die die Kohäsion zwischen Putz und Mauerwerk herstellen sollten, aufgezeichnet wurden. In der Beschreibung sind die Ergebnisse der Laboruntersuchungen enthalten, wie auch der Verlauf der einzelnen Arbeitsvorgänge mit Angabe der angewandten Mittel und Methoden, sowie Beschreibung der früheren Restaurierungsarbeiten anhand der gesammelten Archivalien. Die Dokumentation der Nordwand umfaßt 6 Bände, davon 4 mit Fotos und je ein Band mit zeichnerischer Dokumentation und mit Beschreibung. Die Dokumentation der Westwand umfaßt 4 Bände. Die Dokumentation der Arbeiten im Refektorium ist noch in Bearbeitung.

Die Restaurierungsarbeiten im Refektorium und an der Nordwand des Kreuzgangs wurden unter der Leitung von Dipl.-Konservatorin Mag. Barbara Jachacz ausgeführt. Die Leitung der Arbeiten an der Westwand des Kreuzgangs oblag Dipl.-Konservatorin Mag. Hanna Markowska.

Alle Arbeiten erfolgten unter ständiger Aufsicht des Stadtkonservators, Herrn Dr. Heinz Schomann, sowie des Chefrestaurators beim Landeskonservator in Wiesbaden, Herrn Dietrich von Scholley.

Bearbeitung: Mag. Barbara Jachacz

Übersetzung: Mag. Adam Wieczorek

Reichsfürsten und Frankfurter Patrizier als Stifter der Wandgemälde von Jerg Ratgeb im Frankfurter Karmeliterkloster

Aus der Fülle des Materials wird nur der Aspekt „Grabmonument und Denkmal" herausgegriffen.
Am Anfang meines Vortrages steht die Forderung nach Rückkehr zur Aufarbeitung aller noch vorhandenen Quellen des frühen 16. Jahrhunderts. Die Abkehr von der einseitigen, leider oft praktizierten Auswertung der Sekundärliteratur muß vollzogen werden. Die alleinige Verarbeitung der wissenschaftlichen Thesen der anderen Fachkollegen verstellt - ohne die gleichzeitige Kontrolle der originalen Zeitdokumente, die noch in großer Anzahl unbearbeitet vorliegen - nur den Zugang zu den Kunstwerken, den Künstler- und Stifterpersönlichkeiten jener Zeit.
Die Überfrachtung von Themen und Themenkreisen mit politischen Thesen, die aus Ideologien des 20. Jahrhunderts schöpfen, führen zwangsweise von den spätmittelalterlichen Kunstwerken bzw. denen der Renaissance und der Reformationszeit und den Menschen jener Tage weg, statt uns das Verständnis und den Zugang zu ihnen zu ermöglichen.
Jedoch gewähren uns die schriftlich fixierten Gedanken der Menschen des frühen 16. Jahrhunderts, in klarer sachlicher Sprache abgefaßt, die Testamente von Stiftern, die Kontrakte zwischen Stiftern oder Auftraggebern und Künstlern, die Belege über Farbeinkäufe, Quittungen, Prozeßakten, Briefe, Tagebücher oder andere Zeitdokumente einen viel besseren Einblick in das Leben des späten Mittelalters und der Renaissancezeit, das völlig verschieden von dem heutigen war und deshalb auch nicht mit den heutigen Maßstäben gemessen werden kann. Daß Stilkritik allein heute nicht mehr genügt, haben auch einige wissenschaftliche Symposien gezeigt, in denen die Kunsthistoriker an den Rand des wissenschaftlichen Feldes gedrängt wurden und den Naturwissenschaftlern und Restauratoren das Feld weitgehend überließen. Es sollte zumindest der Versuch unternommen werden, es zurückzuerobern bei gleichzeitigem Einbezug der Naturwissenschaften, der Medien und der Computertechnik.
Aber auch die Literatur der jeweiligen Zeit und die geschichtlichen Quellen sollten wieder stärker berücksichtigt werden und bisher unbeachtete Randgebiete der Forschung, so z. B. die klimatischen Verhältnisse, die Handelswege, der Warenaustausch und viele Faktoren mehr, die nur fächerübergreifend mit den Kollegen anderer Disziplinen bearbeitet werden können. Das Luther-Jahr 1983 hat bereits eine größere Sensibilität für die religiösen Strömungen bewirkt, dennoch steht neben der bloßen Aufschlüsselung von ikonographischen Programmen oft noch die Gesamtschau von religiösem Inhalt des Dargestellten und den zugehörigen Inschriften aus.
Die hier aufgestellten Forderungen lassen sich in bezug auf die Wandmalereien im Frankfurter Karmeliterkloster wie folgt spezifizieren:
Nördlich der Alpen sind die leider nur in sehr fragmentarischem Zustand erhaltenen Wandgemälde von Jerg Ratgeb - sie wurden in den letzten drei Jahren von einem polnischen Restauratorenteam gesichert und zum Teil nach Zeichnungen, Aquarellen und Lichtdrucken des 19. Jahrhunderts, nach alten Fotos in Schwarz-Weiß und Farbe von 1936 ergänzt - von solcher

Einmaligkeit, daß ihnen z.B. in den freien Reichsstädten und Handelsmetropolen Nürnberg und Augsburg kaum Vergleichbares zur Seite zu stellen ist, sowohl quantitativ als qualitativ.

Im profanen Bereich sind Wandmalereien von Altdorfer im Kaiserbad in Regensburg, die Dekoration von Holbein d. J. am „Haus zum Dantz" in Basel ebenfalls noch wenig untersucht.

Eine Gesamtplanung für die Ausstattung des Kreuzgangs und des Refektoriums seitens des Frankfurter Karmels muß vorgelegen haben, dafür sprechen auch die mit Sorgfalt geführten Karmeliterbücher, die genaue Angaben über den Künstler „Georg Ratgeb" und exakte Angaben über die Stifter - Reichsfürsten, Frankfurter Patrizier, „Auswärtige" und Bruderschaften - enthalten. Der Karmel war sich der Tatsache, welches Projekt er hier initiierte, sehr wohl bewußt. Vergleichbares läßt sich auch für die Frankfurter Dominikanerkirche nachweisen; auch hier muß ein „Gesamtprogramm" seitens des Ordens für die Ausstattung der Kirche vorgelegen haben, dafür spricht, daß die Werktagsseiten aller Seiten- und Nebenaltäre in Grisaille ausgeführt waren, selbst die Werktagsseite des Hochaltares von Holbein im Städel weist nur wenige Farbtöne auf, die Kontraste Schwarz und Weiß, Zwischentöne und wenig Rot.
Im Kreuzgang des Karmeliterklosters fallen zwei Wandgemälde aus dem Zyklus heraus. An der Südwand war ursprünglich das große Wandgemälde mit der Anbetung der Könige, das der reichste Bürger von Frankfurt, Claus Stalburg der Reiche, und seine Hausfrau Margareta von Rein, zwischen 1514 und 1515 (so die Datierung) für den Ort ihrer Grablege malen ließen. Das Wandgemälde ist leider zerstört, und nur ein Aquarell aus dem 19. Jahrhundert überliefert uns die Komposition; es vermittelt jedoch nur einen schwachen Eindruck von der ursprünglichen Brillanz. In der Gestalt des Königs im grünen Mantel, rechts der großen mittleren Säule, ist Kaiser Maximilian eindeutig zu erkennen. Ob es sich beim knienden König zu Füßen der Madonna um ein Porträt des Priors des Frankfurter Karmeliterklosters, Haman de Fleckenboel, gehandelt hat, ist nicht zu klären, es sei denn, es würde noch ein bezeichnetes Porträt gefunden. Die Identifikation des jugendlichen Königs (rechts der Säule) mit Claus Stalburg ist vage; wir besitzen jedoch auf den Flügelinnenseiten des Altares aus der Privatkapelle in der großen Stalburg von 1504 ein authentisches Porträt. Der Vergleich mit dem Paumgartner-Altar von Dürer, hier sind die beiden Söhne der Familie im Gewand der Heiligen dargestellt, oder auch mit dem Erasmusalter von Mathis Gothard Neithard aus der Stiftskirche in Halle, hier wird Albrecht von Brandenburg im Gewand des heiligen Erasmus gezeigt, bringt zum Ausdruck, daß das Selbstbewußtsein Stalburgs, er ließ sich auf den Flügelinnenseiten seines Altares zusammen mit seiner Gattin, die Kreuzigungstafel der Mitte flankierend, zwar noch im Sinne der mittelalterlichen Ewigen Anbetung darstellen, fast das von Albrecht von Brandenburg übertrifft, weil er auf die Kostümierung verzichtete und sich ganzfigurig malen ließ. Er ist Jakob Fugger dem Reichen in Augsburg, wie ein Vergleich der Porträts zeigt, sehr ähnlich. Hier sei nur noch darauf verwiesen, daß selbiger in Augsburg auch den Ort der Grablege seiner Familie in der Karmeliterkirche St. Anna von den namhaftesten Künstlern seiner Zeit gestalten ließ.
Auf der Westseite des Frankfurter Karmeliterkreuzgangs befand sich die Schöpfung der Welt, der Tiere und des Menschen; in der Mitte war das Paradies und der Sündenfall dargestellt, in der rechten Bildhälfte die Vertreibung aus dem Paradies bzw. der mit dem Flammenschwert Adam und Eva die Rückkehr in den Garten Eden verwehrende Cherubim. Auch dieses Wandgemälde ist nicht erhalten und nur durch ein Aquarell und Zeichnungen bzw. einen Lichtdruck aus dem 19. Jahrhundert bekannt. Stifter waren Philipp III. Graf von Hanau und Herr von Lichtenberg - Besitzung des Grafen, das „Hanauerland", liegt zwischen Kehl und Brühl - und seine Hausfrau Sibylla Markgräfin von Baden, aus dem badischen Markgrafengeschlecht, dem auch der 1508 verstorbene Trierer Bischof angehörte. Porträts der Markgra-

fenfamilie befinden sich auf der von Hans Baldung Grien gemalten Tafel, der sogenannten Markgrafentafel, einer Votivtafel in Karlsruhe.
Dann tritt ein starker Wandel in der Gestaltung des Zykluses ein; gliedernde Architekturen zerlegen die Wandfläche in einzelne Kompartimente. Dennoch bleibt der Stil narrativ-additiv, wie er kennzeichnend ist für das gesamte Œuvre Jerg Ratgebs.
Dargestellt werden umlaufend auf der West- und Nordseite Szenen aus dem Leben Christi: seine Kindheit, seine Lehrjahre und seine Passion.
Hier sollen aus dem Bereich nur noch wenige Stifter stellvertretend für die verschiedenen Gruppen genannt werden, die an Stiftungen beteiligt waren. Von den Frankfurter Patriziern müssen Jakob Heller und Blasius von Holzhausen genannt werden.
Jacob Heller und seine Hausfrau Katharina von Melem, obwohl sie als Stifter eines Wandgemäldes auftreten, das jedoch nicht erhalten ist, sind nicht im Kreuzgang des Karmeliterklosters begraben; sie haben aber beide große Klöster Frankfurts, das Dominikaner- und das Karmeliterkloster, gleichermaßen mit Stiftungen bedacht. Begraben waren sie in der Dominikanerkirche vor der letzten Säule des Mittelschiffs, wo Jakob Heller auch den Heller-Altar – Altar des hl. Thomas von Aquin (HMF, Städel, Karlsruhe) – errichten ließ; die 1729 beim Residenzbrand in München zerstörte Mitteltafel stammte von Dürer selbst, das bewegliche Flügelpaar aus seiner Werkstatt. Das nur wenig später (wahrscheinlich 1509/10) angefügte Standflügelpaar mit der gemalten Säule auf der Rückseite hat Mathis Gothard Neithard ausgeführt. Der Altartypus ist nach dem Schema des Allerheiligen- oder Landauer-Altares (Riß 1508, Vollendung 1511) mit Predella, rahmenden Säulen, übergreifendem Gebälk und Rundbogengiebel zu ergänzen. Durch das integrierte bewegliche Flügelpaar bestand Verwandtschaft zum Sierndorfer Hochaltar und dem fast gleichzeitigen Maria-Schnee-Altar von Mathis Gothard Neithard in Aschaffenburg, wie ich bereits in meiner 1975 abgeschlossenen Dissertation aufgewiesen habe.
Blasius von Holzhausen und seine Mutter Katrin Froschin treten ebenfalls als Stifter im Kreuzgang auf, doch ist auch an dieser Stelle das Wandgemälde nicht mehr erhalten. Auf einer Zeichnung des 19. Jahrhunderts werden nur noch die Namen genannt. Blasius von Holzhausen war einer jener humanistisch gebildeten Frankfurter Bürger, die eine hervorragende Bibliothek besaßen. Er hat sich später auch für die Einführung der Reformation in Frankfurt eingesetzt. Seine Mutter hat Luther 1521, als er von Wittenberg zum Reichstag nach Worms reiste und in Frankfurt übernachtete, eine Kanne Wein schicken lassen. Ein Doppelbildnis von Blasius von Holzhausen und seiner Hausfrau Katharina Breder von Hohenstein aus dem Jahre 1523 ist erhalten (Städel).
Eine noch größere und bedeutendere Bibliothek besaßen die Karmeliter selbst im frühen 16. Jahrhundert. Sie ist leider im 18. Jahrhundert beim großen Klosterbrand fast völlig zerstört worden. Es liegt nahe, daß auch Hamanus von Fleckenboel, wie fast alle Karmeliter, deren Schulen an vielen Orten mit zur Gründung der Universitäten beigetragen haben, den humanistisch gebildten Kreisen angehörte und deshalb auch mit Sicherheit für die Gestaltung des Gesamtprogrammes im Kreuzgang und Refektorium verantwortlich war. Dr. Andreas Stoß, der Sohn von Veit Stoß, ebenfalls Karmeliter, hat nachweislich auf das Programm des sog. Bamberger Altares, ehemals für die Karmeliterkirche in Nürnberg geschaffen, eingewirkt.
Sollte sich die Identität von Jorg Maler (genannt „Würzburger" nach dem Haus Würzburg – mit Höfchen, Keller, Stall, Badestube, Küche und Stube –, Prozeßakte von 1516, der Prozeß wurde zeitweise in seiner Abwesenheit geführt; das Haus Würzburg lag in unmittelbarer Nähe des Frankfurter Karmeliterklosters) mit Jorg maler oder Georg Ratgeb, wie er auch in den Frankfurter Urkunden genannt wird, erweisen, dann ist mit großer Wahrscheinlichkeit anzunehmen, daß der Prior des Karmeliterklosters, Haman von Fleckenboel, und Ratgeb in den

Wintermonaten, in denen letzterer nicht an den Wandgemälden arbeiten konnte, in regem Gedankenaustausch standen.

Die Bruderschaft der hl. Barbara und des hl. Wolfgang waren auch Stifter eines Abschnitts der Wandgemälde an der Nordwand des Kreuzgangs; ebenso trat die Annabruderschaft als Stifter im Refektorium auf. Die Bruderschaften hatten die sozialen Belange der Bürger Frankfurts zu vertreten, Pflege der Alten und Kranken, Versorgung der Witwen und Waisen in einer Zeit, in der das „soziale Netz" nur durch die Kirche und die Stiftungen finanziert wurde, in einer Zeit, in der sanitäre Einrichtungen, z. B. Badestuben, nur in beschränktem Maß vorhanden waren und die Stadt sich erst durch Verordnungen um die Reinhaltung der Brunnen kümmerte, in einer Zeit, in der nur in den geistlichen Hospitälern die Versorgung der Kranken gewährleistet war und das Begräbnis ebenfalls von den Bruderschaften übernommen werden mußte, selbst in Zeiten von Epidemien, so der Pest, die in den Jahren 1503, 1507/08, 1511, 1513, 1516 und 1517 in Frankfurt wütete. Auch ein Mitarbeiter von Jerg Ratgeb war ihr zum Opfer gefallen und wurde dann im Kreuzgang des Karmeliterklosters begraben; die Urkunden geben darüber Aufschluß. In dem zwischen Claus Stalburg und Jerg Ratgeb stattgefundenen Briefwechsel – Ratgebs Briefe sind erhalten – geht es um die Vermittlung eines guten Arztes, den die Stadt Frankfurt wegen der Pestepidemie einstellen wollte.

Von den „auswärtigen" Stiftern sollen hier nur noch Hans Reiman von Oringen und Dorothea Broglingstein, seine Hausfrau, genannt werden. Die Angabe des Ortes „Öhringen" verweist auf eine kleine schwäbische Stadt unweit der Reichsstadt Heilbronn, wo Jerg Ratgeb nachweislich einige Jahre (1509 bis 1512) gelebt und gearbeitet hatte und in der auch Hans Seyfer seinen Hochaltar in der Kilianskirche von 1498 schuf. Letzterer war dann auch wie Ratgeb in Stuttgart tätig und verstarb dann aber 1509 in Heilbronn. Die Heilbronner Bürgermeistertochter Ursula Ererin (Erer) war mit dem Frankfurter Patrizier Wicker Frosch verheiratet; das Ehepaar trat ebenfalls als Stifter der Wandgemälde im Karmeliterkreuzgang auf. Der Vater von Ursula Ererin stiftete in seiner Eigenschaft als Vogt von Flein den Fleiner Altar aus der Seyfer-Schule von 1517. Eine andere Öhringer Bürgerin stiftete 1498 der Frankfurter Stiftskirche St. Bartholomäus ihr Vermögen; das Testament schrieb Dominikus Baldung, ein Verwandter von Hans Baldung Grien, der wie Jerg Ratgeb aus Schwäbisch Gmünd stammte und einen Altar für die Frankfurter Dominikanerkirche malte. Familiäre Bindungen und persönliche Empfehlungen haben wohl auch in der damaligen Zeit Künstlern zu Aufträgen verholfen.

Nicht zuletzt sind hier die Reichsfürsten Casimir, Markgraf von Brandenburg-Ansbach, Friedrich, Pfalzgraf bei Rhein und Herzog von Bayern, Kardinal Matthäus Lang von Wellenburg, Fürstbischof von Gurk und Koadjutor von Salzburg (ab 1519 Erzbischof von Salzburg), Kardinal Bernhard von Cles, Bischof von Trient, zu erwähnen.

Matthäus Lang war eine der schillerndsten Persönlichkeiten seiner Zeit und der schnellste Reiter im Dienste Kaiser Maximilians I. Er ließ sein Wappen auf seinen Stiftungen in Spanien, Italien, Österreich und Deutschland gleichermaßen anbringen. Er beschäftigte so namhafte Künstler wie Albrecht Dürer und Hans Burgkmair. Ihm gleichwertig zur Seite zu stellen als Kunstkenner und Mäzen ist Bernhard von Cles. Beide wußten sehr wohl, wer unter den Künstlern ihnen beste handwerkliche und künstlerische Qualität für ihr Geld lieferte.

Im Falle Ratgeb kann im Hinblick auf die neue Durchleuchtung der historischen Persönlichkeit und der wieder stärker ins Blickfeld des Interesses gerückten Persönlichkeiten von Lang und Cles (Salzburger Dissertation und Habilschrift über Lang, Ausstellung 1985 in Trient über Cles) mit Sicherheit angenommen werden, daß er bereits einen guten Ruf als Künstler hatte, bevor er mit dem Frankfurter Auftrag betraut wurde. Die Rolle des Karmels ist in diesem Vermittlungsprozeß nicht zu unterschätzen, der nachweisbare ständige Ortswechsel der Prioren – z. B. ist Adamus Heck von Ursel, der in Frankfurt ebenfalls als Stifter bei den Wandgemälden auftrat, in Hirschhorn, Frankfurt, Weinheim und Boppard nachzuweisen – hat vielfach zu einem ausgezeichneten Informationsstand über die jeweiligen ortsansässigen Künstler beigetragen.

Tragik des Lebens von Jerg Ratgeb allerdings war, daß er als politisch aktiver Mensch seiner Zeit – vgl. Riemenschneider, Cranach, Altdorfer, Mathis Gothard Neithard –, um politische Ziele zu verwirklichen, nämlich Herzog Ulrich von Württemberg wieder ins Land zurückzuholen, zu den falschen Mitteln griff: er versuchte die Bauern für das Interesse des Herzogs einzusetzen, und er scheiterte mit ihnen. In der Urteilsbegründung hieß es dann auch, daß er „Herzog Ulrichs und der Bauern wegen" verurteilt werde. Es war das Glück von Tilman Riemenschneider nach den Bauernkriegen Conrad von Thüngen, dem Nachfolger von Lorenz von Bibra, und nicht Truchseß von Waldburg gegenüberzustehen wie Jerg Ratgeb. Das Gärende, das sich nicht nur in den Zeitabläufen äußerte, spielte auch bei den Künstlerpersönlichkeiten eine große Rolle, denken wir z. B. auch an die Verwicklungen von Veit Stoß in einen Rechtsstreit mit Urkundenfälschung und Brandmarkung des Künstlers. Bei Jerg Ratgeb wird jedoch in den Prozeßakten erwähnt, daß er ein friedliebender Mann gewesen sei und keiner Fliege etwas zuleide hätte tun können.

Im Refektorium setzte sich der Frankfurter Karmel mit der Darstellung der Legende seiner Gründung ein Denkmal, das mit der nur wenige Jahre früher in Mainz entstandenen Ausmalung des Sommerrefektoriums unter Prior Diether von Mainz korrespondierte und die stattliche Summe von 1025 Goldgulden kostete, leider aber nicht erhalten ist (Brand 1513, danach die erwähnte Wiederherstellung; Frankfurt Beginn 1514, Abschluß 1517, Besichtigung 1519 bei der Kaiserwahl).

Auch im Frankfurter Refektorium wendet Georg Ratgeb den narrativ-additiven Stil an bei gleichzeitigem Verzicht auf die Architekturrahmung um jede einzelne Szene, die er im Kreuzgang als gliederndes Element verwendet hat. Das Kolossalgemälde wird durch die großen Inschrifttafeln betont und damit der Denkmalcharakter stark hervorgehoben, zumal die bei der letzten Restaurierung wieder deutlich sichtbar gewordenen Früchte, die auf der Fensterbrüstung und dem Boden des Schiffes liegen, eine eindeutige Anspielung auf das Wort Karmel, der Baumgarten, der Obstgarten, sind.

Das Selbstbewußtsein, die Aktivität der Menschen jener Tage, nicht nur fromme Stiftungen zu machen, sondern zugleich auch sich selbst ein Denkmal, „eine gedächtnus", zu setzen, wie es Kaiser Maximilian in der Sprache seiner Zeit formuliert hat, wird deutlich.

Die Aufgeschlossenheit von verschiedenen Frankfurter Patriziern gegenüber dem Neuen, so auch der Reformation, zeichnet sich in ihrem Testament ab, so z. B. in dem von Claus Stalburg dem Reichen, der der Lehre Luthers offen gegenüberstand; er verstarb aber bereits 1524 und wurde im Karmeliterkreuzgang beigesetzt – während dann Blasius von Holzhausen die Einführung der Reformation in Frankfurt aktiv gefördert hat.

Die Frankfurter Wandgemälde Ratgebs waren Monumente der Frankfurter Patrizier und „Auswärtigen" am Ort ihrer Grablege, unabhängig von den zugehörigen Epitaphien, die laut Epitaphienbuch existierten, bis sie ein späterer „kunstsinniger" Prior des Karmels der Bronze, also des Materials wegen abbrechen, zerschlagen und einem Juden verkaufen ließ (sie wurden eingeschmolzen), um gleichzeitig auch die protestantisch gewordenen Frankfurter Patrizierfamilien zu treffen. Die Wandgemälde enthielten unter den Szenen den vollen Namenszug des Stifters oder Stifterpaares und das Wappen.

Es spricht für die überragende Rolle der Frau im ausgehenden Mittelalter und der Renaissance, daß sie ihren Geburtsnamen und das Wappen ihrer Familie führte und gleichwertig in der Stiftungsinschrift erwähnt wird.

Der Karmel und die Reichsfürsten setzten sich Denkmäler, die für die Stadt Frankfurt bzw. ihre Rolle als Stadt der Kaiserwahl von außerordentlicher Bedeutung war.
So läßt sich in bezug auf die Gattung Grabmonument und Denkmal als Ergebnis zusammenfassen:
Die Frankfurter Wandgemälde sind hier eindeutig einzuordnen; fehlen auch heute die zugehörigen Epitaphien, so geben doch die erhaltenen Anniversare und Epitaphienbücher darüber Auskunft, daß der Kreuzgang der Ort der Grablege war; die Grabungen haben es bewiesen.
Das Refektorium ist das Denkmal des Karmeliterordens und der Annabruderschaft.
Die oben aufgeführten Reichsfürsten traten sowohl in ihrer Funktion als Reichsfürsten als auch als Privatpersonen auf. Ihre Stiftungsurkunden sind nicht bei ihren aus dem politischen Bereich stammenden Urkunden erhalten. Man wußte z. B. auch in Gurk, Salzburg oder Trient nichts von der Frankfurter Stiftung.
Es darf bei dieser Untersuchung jedoch auch nicht vergessen werden, daß es sich hier um die Situation in der Handelsmetropole und freien Reichsstadt Frankfurt handelt, die zugleich Stadt der Wahl der deutschen Kaiser war. So wurden auch anläßlich der Wahl Kaiser Karls V. in Frankfurt 1519 die Wandgemälde besichtigt; die Urkunden geben darüber Aufschluß.
Frankfurt als eine Kunststadt zu sehen, ist bisher versäumt und damit seine Rolle innerhalb der deutschen Kunstlandschaften unterschätzt worden. Es nahm eine überragende Sonderstellung innerhalb der deutschen Kunst des frühen 16. Jahrhunderts - der Malerei und der Skulptur - ein. Es muß jedoch noch der Vergleich mit anderen Reichs-, Residenz- und Universitätsstädten durchgeführt werden, wobei die Importstücke gegenüber der lokalen Tradition eine dominierende Rolle spielen. Ein Rückkopplungseffekt, die Beeinflussung anderer Kunstlandschaften hat stattgefunden.

(XIX. Deutscher Kunsthistorikerkongreß, Vortrag am 27. September 1984, Sektion VI, „Renaissance und Reformation - Wandlung des Bildes vom Menschen und seiner Geschichte in Malerei und Skulptur" - Gottesbild - Grabmonument und Denkmal - Bildnis - Historienbild)

Liste der Stifter der Wandgemälde von Jerg Ratgeb im Frankfurter Karmeliterkloster

Wendel von **Achorn**, alias **Crombach**	III/19
Dr. theol. Philippus **Alberti** de/von Nussa/Neuß	III/35–36
Annabruderschaft	Refektorium
Margareta **Assenheimerin/Assenheimer** (ω Just **Gronenberger**)	III/46
Sibylla Markgräfin **von Baden** (ꝏ Philipp III. **Graf von Hanaw, Herr von Lichtenbergk**)	II/2
Conrat **Bern** (ꝏ I. Barbara, II. Geyl)	III/39
Markgraf Casimir **von Brandenburg-Ansbach**	IV/54
Anna **Brendelin/Brendel** von Homburg (ꝏ **vest** Gernant **von Swalbach der Alt**)	III/32
Anna **Brendelin/Brendel** von Homburg (ꝏ **vest** Gernant **von Swalbach** der Jung)	III/33
Anna **Brommin/Bromm** (ꝏ Hans **Gronenberger**)	III/47
Dorotea **Broglingstein** (ꝏ Hans **Reiman** von Oringen/Öhringen bei Heilbronn)	III 26–27
Bruderschaft unserer Frauen St. Barbara und St. Wolfgang	III/42–43
Johann(es) **Carpentarii** (Wagner)	III/37
Bernhard **von Cles**/Gleß, Kardinal, Bischof von Trient	IV/52
Margareta **Comestin/Comens** (ꝏ Johann Schott)	I/58
Crombach (alias/genannt), Wendel **von Achorn**	III/19
Crommbach (alias/genannt), Mathis **van Dusborch** (ꝏ Barbara **Puretus**)	III/13
Cronberg/Cromberg/Cronenberg, siehe **Gronberg/Gronenberg**	III/44–47
Arnold **Danscheidt** von Uckel (ꝏ Adelheid)	III/22
Kirstin **Degin (Degen** ꝏ Johann **Frosh**)	II/3
Mathis van **Dusborch**, alias geannt **Crommbach** (ꝏ Barbara **Puretus**)	II/13
Johann **Eblin** (ꝏ Joannen **van Lippelor**)	II/12
Ursula **Ererin Erer** aus Heilbronn (ꝏ Wicker **Frosch**)	II/5
(Johann **de/von Ellentz**?, siehe **Fallentz**, Lesefehler ?)	III/25
Johann **Fallentz**, genannt Hans **Paf (Ellentz**, de/von?)	III/25
Hamanus de/von **Fleckenboel**, (Fleckenbol, Fleckenbühl, Fleckenbohel)	III/29
Frosch (Rana)	
Anna **Froschin (Frosch** ꝏ Conrat **Wis**)	II/7
Georg **Frosh** (ꝏ Anna **Holzhusern/von Holzhausen**)	II/4

Johann **Frosh** (∞ Kristina/Christina **Degin/Degen**) II/3
Katrin **Froshin** (**Frosh** ∞ Gilbert von **Holzhausen** III/24
Margret Froschin (**Frosch** ∞ Jacob Stralenberg) II/6
Wicker **Frosch** (∞ Ursula **Ererin/Erer**) II/5

Karn **Geuchin Geuch** (∞ Johan von **Glauburg**) III/18
Joan/Johann **von Glauburg** (∞ Karn **Geuchin/Geuch**) III/18
von **Gleß**, siehe **von Cles** IV/52
Gronenberg/Gronberg/Cronberg/Cromberg/Cronenberg
Jost **Cromberger** der Elter (∞ Elisabeth **Marckel**) III/45
Jost **Cronenberger** (∞ Margarete **Assenheimerin/Assenheimer**) III/46
Hans **Gronenberger** (∞ Anna **Brommin/Bromm**) III/47
Steffan **Gronenberger** (∞ Margarete **Schoeffner**) III/44
Weigel **Gronenberger** (∞ Margarete **Rosenbechern/Rosenbecher**) III/46

Philipp III., **Graf von Hanauw**, Herr **von Lichtenbergk** (∞ Sibylla Markgräfin **von Baden**) II/2
Heck/Hock
Adamus **Heck/Hock** de/von Ursel (bzw. de/ von Francofordia/Frankfurt) III/40
Wendelinus **Heck/Hock** de/von Ursel (bzw. de/ von Francofordia/Frankfurt III/41
Jakob **Heller** (∞ Katharina **von Melem**) IV/55
von Holzhausen
Anna Holzhusern **von Holzhausen** (∞ Georg **Frosh**) II/4
Blasius **von Holzhausen** III/23
Gilbert **von Holzhausen** (∞ Katrin **Froshin/Frosh**) III/24

Hans **Jorg** (∞ Agnes **Zeisin/Zeis**) III/28

Karmel, siehe auch **Skalpulierbruderschaft** III/31
Elisabeth **Kraenichin** (**Kraenich** ∞ Hart **Wis**/I.) II/8

Matthäus **Lang** von Wellenburg, Kardinal, Bischof von Gurgk, Erzbischof von Salzburg (1519) IV/51
Romualdus **de/von Laupach/Laubach** III/34
Conrat **Lerder** (∞ Margarete **von Loer/Lohr**) II/14
Jorg **Lerder** II/15
Joannen **van Lippelor** (∞ Johann **Eblin**) II/12
Margarete **von Loer**/Lohr (∞ Conrat **Lerder**) II/14
Frans **Lyssen** (∞ Gertrud **Stegmans/Stegman**) III/17

Elisabeth **Marckel** (∞ Jost **Gronenberger** der Elter) III/45
Katharina **von Melem** (∞ Jakob **Heller**) IV/55

Werner **Nußbaumer** (17. Jh.) IV/50

Kathrin **Ostemmern** (**Ostheimer** ∞ Hart **Wis**/II. Hausfrau) II/8
Heinrich **Ote** von Offenburg III/20

Hans **Paf** (genannt), Johann **Fallentz** (siehe Ellentz) III/24
Hans **Pirckell** von Nurenberg (∞ Kungund **Procklin**) III/29
Kungund **Procklin** (∞ Hans **Prickell** von Nurenberg)
Barbara **Puretus** (∞ Mathis **van Dusborch,** alias **Crombach**) II/13

Ulrich **Reiter** von Augsburg IV/48
Hans **Reiman** von Oringen/Öhringen bei Heilbronn (∞ Dorothea **Broglingstein**) III/25/26
von Rein/Rhein
Heinrich von **Rein** II/10
Margareta **von Rein** (∞ Claus **Stalburg** dem Reichen) I/1
Margarete **Rosenbächern/Rosenbach,** (∞ Weigel **Gronenberger**) III/46
Margarete **Rudigern/Rudiger** (∞ Caspar Schott) I/57

Sartorius
Conradus (**Sartorius**) devon Arhelgen/Arheiligen III/11
Maternus **Sartorius** de/von Arhelgen/Arheiligen
Skapulierbruderschaft (siehe Karmel) III/31
Margarete **Schoeffner** (∞ Steffan **Gronenberger**) III/44
Schott II/9
Caspar **Schott** (∞ Margareta Rudigern/Rudiger) I/57
Johann **Schott** (∞ Margarete Comestin/Comens) I/58
Johann **Schott** (∞ Anna Staufin/Stauf) I/59
Walter **von Schwarzenberg** (∞ Agnes **Steffin/Steffan**) II/9
Claus **Stalburg** der Reiche (∞ Margarete **von Rein**) I/1
Agnes **Staufin/Stauf** (∞ Johann Schott) I/59
Agnes **Steffin/Steffan** (∞ Walter von **Schwarzenberg**) II/9
Gertrud **Stegmans/Stegman** (∞ Frans Lyssen) III/17
Jacob **Stralenberg** (∞ Margarethe Froschin/**Frosch**) II/9
Goebel **Stugman** (∞ Lyset Wolfrats/**Wolfrat**) III/16
Vest Gernant **von Swalbach/Schwalbach** der Alt (∞ Anna **Brendelin/Brendel** von Homburg) III/31
Vest Jungherr Gernant **von Swalbach/Schwalbach** der Jung (∞ Anna **Brendelin/Brendel** von Homburg) III/32

Johannes **Theos** de/von Warbergk III/21

Philipp **Webel** (∞ Anna) IV/49
Lyset **Wolfrats (Wolfrat** ∞ Goebel **Stugman**) III/16
Wis, Wyß Conrat **Wis** (∞ Anna **Froschin/Frosch**) II/7
Junker Hart/Hert **Wis/Wyß** (∞ I. Elisabeth **Kraenischin/Kraenisch**, II. Katharina **Ostenhemmern/Ostenheimer**) II/8

Agnes **Zeisin/Zeis** ∞ Hans **Jorg** III/27

Die Spiegelungen der Wandgemälde von Jerg Ratgeb im Frankfurter Karmeliterkloster in den Werken der Frankfurter Künstler des 19. Jahrhunderts

Abb. H 1 **O. Donner-v. Richter,** Skizze zum gesamten Kreuzgang, Städelsches Kunstinstitut Frankfurt, Graphische Sammlung, Nachlaß

Südwand des Kreuzgangs heute nur noch aus einer Zeichnung, einem Aquarell und zwei graphischen Blättern bekannt

Farbtaf. G 2 **C. Becker,** Anbetung der Könige, Aquarell, Städelsches Kunstinstitut Frankfurt, Graphische Sammlung, Inv. Nr. Z 24 066 und Z 24 067 (zu einem Blatt montiert)

Abb. H 2 **C. Kappes,** Anbetung der Könige, Zeichnung (Vorlage für Kupferstich), Städelsches Kunstinstitut Frankfurt, Graphische Sammlung, Inv. Nr. 6767

Abb. H 3 **C. Kappes,** Anbetung der Könige, Kupferstich (nach Zeichnung von **C. Becker**), Historisches Museum Frankfurt, Graphische Sammlung, Inv. Nr. C 12 312
O. Donner-v. Richter, Anbetung der Könige, Lichtdruck von 1892 (nach Zeichnung von **C. Becker** bzw. Kupferstich von **C. Kappes**, Mappe zur Monographie über den Maler Jerg Ratgeb, Taf. 1), Historisches Museum Frankfurt, Bibliothek

Nordwand des Kreuzgangs noch in seiner Gesamtheit durch Zeichnungen, Aquarelle und graphische Blätter bekannt, aber nur zum Teil erhalten (von Anbetung der Könige bis Rückkehr aus Ägypten)

Farbtaf. G 3 **J. G. Bauer,** Schöpfung der Welt, der Tiere und des Menschen, Paradies und Sündenfall, Vertreibung aus dem Paradies, Aquarell, Städelsches Kunstinstitut Frankfurt, Graphische Sammlung, Inv. Nr. 24 068

Abb. H 4 **C. Kappes,** Schöpfung der Welt, der Tiere und des Menschen, Paradies und Sündenfall, Vertreibung aus dem Paradies, Kupferstich (nach Zeichnung von **J. B. Bauer,** Angabe des Künstlers Schwed statt Jerg Ratgeb), Historisches Museum Frankfurt, Graphische Sammlung, Inv. Nr. C 490

Farbtaf. G 4 **F. Fellner,** Gottvater aus dem Sündenfall, Angabe des Künstlers Schwed statt Jerg Ratgeb, Aquarell, Städelsches Kunstinstitut Frankfurt, Graphische Sammlung, Inv. Nr. 57 474

Abb. H 5 **O. Donner-v. Richter,** Schöpfung der Welt, der Tiere und des Menschen, Paradies und Sündenfall, Vertreibung aus dem Paradies, Lichtdruck von 1892 (nach dem Kupferstich von **C. Kappes**, siehe Aquarell von **J. B. Bauer**, Mappe zur Monographie über den Maler Jerg Ratgeb, Taf. 2), Historisches Museum Frankfurt, Bibliothek

Abb. H 6 **O. Donner-v. Richter,** Wappen des Grafen von Hanaw, Skizze (zu Taf. 2), Städelsches Kunstinstitut Frankfurt, Graphische Sammlung, Nachlaß Bl. 40

Abb. H 7 **O. Donner-v. Richter,** Szene aus dem Leben der hl. Anna, Goldene Pforte, Geburt und Tempelgang Mariens, Verkündigung, Zeichnung und Lichtdruck von 1892 (Mappe zu der Monographie über den Maler Jerg Ratgeb, Taf. 2), Historisches Museum Frankfurt, Graphische Sammlung, Inv. Nr. C 48 215, 1 und Bibliothek

Abb. H 8 **C. Becker,** Geburt und Tempelgang Mariens, Verkündigung und Heimsuchung, Zeichnung, Historisches Museum Frankfurt, Graphische Sammlung, Inv. Nr. C 47 246

Farbtaf. G 5 **J. B. Bauer,** Verkündigung, Aquarell, Städelsches Kunstinstitut, Graphische Sammlung, Inv. Nr. Z 24 069

Abb. H 9 **O. Donner-v. Richter,** Säule aus der Szene aus dem Leben der hl. Anna, Skizze, Städelsches Kunstinstitut Frankfurt, Graphische Sammlung, Nachlaß, Bl. 33

Abb. H 10 **O. Donner-v. Richter,** Joachim aus der Szene vom Tempelgang Mariens, Skizze, Städelsches Kunstinstitut Frankfurt, Graphische Sammlung, Nachlaß Bl. 56

Abb. H 11 **O. Donner-v. Richter,** Prophet aus der Szene der Verkündigung und Putto rechts, in der Lünette über der Verkündiung (zu Taf. 3), Karton in Originalgröße, Historisches Museum Frankfurt, Graphische Sammlung, Inv. Nr. C 15 926, A 1

Abb. H 12 **O. Donner-v. Richter,** Prophet über der Verkündigung, links (zu Taf. 3), Skizze, Städelsches Kunstinstitut Frankfurt, Graphische Sammlung, Nachlaß Bl. 63

Abb. H 13 **O. Donner-v. Richter,** Putto links aus der Lünette über der Verkündigung (zu Taf. 3), Karton in Originalgröße, Historisches Museum Frankfurt, Graphische Sammlung, Inv. Nr. C 15 926, A 3

Abb. H 14 **O. Donner-v. Richter,** Prophet rechts über der Verkündigung (zu Taf. 3), Karton in Originalgröße, Historisches Museum Frankfurt, Graphische Sammlung, Inv. Nr. C 15 926, A 2

Abb. H 15 **O. Donner-v. Richter,** Engel aus der Szene der Verkündigung (zu Taf. 3), Skizze, Städelsches Kunstinstitut, Graphische Sammlung, Nachlaß Bl. 33

Abb. H 16 **O. Donner-v. Richter,** Maria aus der Szene der Verkündigung (zu Taf. 3), Skizze, Städelsches Kunstinstitut, Graphische Sammlung, Nachlaß Bl. 60

Abb. H 17 **O. Donner-v. Richter,** Ornamentik vom Gewand des Engels aus der Szene der Verkündiung (zu Taf. 3), Städelsches Kunstinstitut, Graphische Sammlung, Nachlaß Bl. 85

Abb. H 18 **O. Donner-v. Richter,** Anbetung des Kindes, Beschneidung, Anbetung der Könige, Darbringung im Tempel, Zeichnung und Lichtdruck von 1892 (Mappe zu der Monographie über den Maler Jerg Ratgeb, Taf. 4), Historisches Museum Frankfurt, Graphische Sammlung, Inv. Nr. C 48 215, 2 und Bibliothek

Abb. H 19 **C. Becker,** Anbetung des Kindes und Beschneidung, Zeichnung, Historisches Museum Frankfurt, Graphische Sammlung, Inv. Nr. C 47 246, 4

Abb. H 20 **C. Becker,** Anbetung der Könige und Darbringung im Tempel, Zeichnung, Historisches Museum Frankfurt, Graphische Sammlung, Inv. Nr. C 47 246, 5

Abb. H 21 **O. Donner-v. Richter,** Prophet links über der Szene der Anbetung des Kindes (zu Taf. 4), Karton in Originalgröße, Historisches Museum Frankfurt, Graphische Sammlung, Inv. Nr. C 15 926, B 2

Abb. H 22 **O. Donner-v. Richter,** David über der Szene der Anbetung des Kindes (zu Taf. 4), Inv. Nr. 15 926, B 9

Abb. H 23 **O. Donner-v. Richter,** Prophet rechts über der Szene der Beschneidung (zu Taf. 4), Karton in Originalgröße, Historisches Museum Frankfurt, Graphische Sammlung, Inv. Nr. C 15 926, B 3

Abb. H 24 **O. Donner-v. Richter,** Prophet (in der Mitte) über der Szene der Beschneidung (zu Taf. 4), Karton in Originalgröße, Historisches Museum Frankfurt, Graphische Sammlung, Inv. Nr. C 15 926, B 4

Abb. H 25 **O. Donner-v. Richter,** Prophet links über der Szene der Beschneidung (zu Taf. 4), Karton in Originalgröße, Historisches Museum Frankfurt, Graphische Sammlung, Inv. Nr. C 15 926, B 1

Abb. H 26 **O. Donner-v. Richter,** Königin von Saba vor König Salomon über der Szene der Anbetung der Könige (zu Taf. 4), Karton in Originalgröße, Historisches Museum Frankfurt, Graphische Sammlung, Inv. Nr. C 15 926, B 7

Abb. H 27 **O. Donner-v. Richter,** König David über der Szene mit der Anbetung der Könige (zu Taf. 4), Karton in Originalgröße, Historisches Museum Frankfurt, Graphische Sammlung, Inv. Nr. C 15 926, B 6

Abb. H 28 **O. Donner-v. Richter,** Mann mit Kästchen (rechts von König Salomon) über der Szene der Anbetung der Könige (zu Taf. 4), Historisches Museum Frankfurt, Graphische Sammlung, Inv. Nr. C 15 926, B 8

Abb. H 29 **O. Donner-v. Richter,** Kronen der Könige (zu Taf. 4), Skizze, Städelsches Kunstinstitut Frankfurt, Graphische Sammlung, Nachlaß Bl. 61

Abb. H 30 **O. Donner-v. Richter,** Darbringung im Tempel (zu Taf. 4), Karton in Originalgröße, Historisches Museum Frankfurt, Graphische Sammlung, Inv. Nr. C 15 926, C 12

Abb. H 31 **O. Donner-v. Richter,** Hanna aus der Szene der Darbringung im Tempel (zu Taf. 4), Karton in Originalgröße, Historisches Museum Frankfurt, Graphische Sammlung, Inv. Nr. C 15 926, B 5

Abb. H 32 **O. Donner-v. Richter,** Hohepriester aus der Szene der Darbringung im Tempel, Skizze, Städelsches Kunstinstitut, Graphische Sammlung, Nachlaß Bl. 47

Abb. H 33 **O. Donner-v. Richter,** Maria und Simeon, Szene der Darbringung im Tempel (zu Taf. 4), Karton in Originalgröße, Historisches Museum Frankfurt, Graphische Sammlung, Inv. Nr. C 15 926, B 11

Abb. H 34 **O. Donner-v. Richter,** Flucht nach Ägypten, Bethlehemitischer Kindermord, Christus in Ägypten, Rückkehr aus Ägypten, Zeichnung und Lichtdruck von 1892 (Mappe zur Monographie über den Maler Jerg Ratgeb, Taf. 5), Historisches Museum Frankfurt, Graphische Sammlung, Inv. Nr. 48 215, 3

Abb. H 35 **C. Becker,** Flucht nach Ägypten, Zeichnung, Historisches Museum Frankfurt, Graphische Sammlung, Inv. Nr. C 47 246, 3

Abb. H 36 **C. Becker,** Christus in Ägypten, Zeichnung, Historisches Museum Frankfurt, Graphische Sammlung, Inv. Nr. 47 246

Abb. H 37 **O. Donner-v. Richter,** Affe über der Szene der Flucht nach Ägypten (zu Taf. 4 und 5), Karton in Originalgröße, Historisches Museum Frankfurt, Graphische Sammlung, Inv. Nr. C 15 926

Abb. H 38 **O. Donner-v. Richter,** Evangelist über der Szene Flucht nach Ägypten (zu Taf. 5), Karton in Originalgröße, Historisches Museum Frankfurt, Graphische Sammlung, Inv. Nr. C 15 926, C 2

Abb. H 39 **O. Donner-v. Richter,** Prophet (in der Mitte) über der Szene Flucht nach Ägypten (zu Taf. 5), Karton in Originalgröße, Historisches Museum Frankfurt, Graphische Sammlung, Inv. Nr. C 15 926, C 1

Abb. H 40 **O. Donner-v. Richter,** Davids Flucht über der Szene Flucht nach Ägypten (zu Taf. 5), Karton in Originalgröße, Historisches Museum Frankfurt, Graphische Sammlung, Inv. Nr. C 15 926, C 6

Abb. H 41 **O. Donner-v. Richter,** Prophet (zu Taf. 5), Karton in Originalgröße, Historisches Museum Frankfurt, Graphische Sammlung, Inv. Nr. C 15 926, C 3

Farbtaf. G 6 **L. Glaser,** Bethlehemitischer Kindermord, Aquarell, Historisches Museum Frankfurt, Graphische Sammlung, Inv. Nr. C 29 596

Abb. H 42 **O. Donner-v. Richter,** Ausschnitt aus der Szene Bethlehemitischer Kindermord (zu Taf. 5), Karton in Originalgröße, Historisches Museum Frankfurt, Graphische Sammlung, Inv. Nr. C 15 926, C 10

Abb. H 43 **O. Donner-v. Richter,** Ausschnitt aus der Szene Bethlehemitischer Kindermord (zu Taf. 5), Karton in Originalgröße, Historisches Museum Frankfurt, Graphische Sammlung, Inv. Nr. C 15 926, C 9

Abb. H 44 **O. Donner-v. Richter,** Kommandant der Soldaten von Herodes, Ausschnitt aus der Szene Bethlehemitischer Kindermord (zu Taf. 5), Karton in Originalgröße, Historisches Museum Frankfurt, Graphische Sammlung, Inv. Nr. C 15 926, C 10

Abb. H 45 **O. Donner-v. Richter,** Ausschnitt aus der Szene Bethlehemitischer Kindermord (zu Taf. 5), Karton in Originalgröße, Historisches Museum Frankfurt, Graphische Sammlung, Inv. Nr. C 15 926, C 12

Abb. H 46 **O. Donner-v. Richter,** Ausschnitt aus der Szene Bethlehemitischer Kindermord (zu Taf. 5), Karton in Originalgröße, Historisches Museum Frankfurt, Graphische Sammlung, Inv. Nr. C 15 926, C 11

Abb. H 47 **O. Donner-v. Richter,** Ausschnitt aus dem Bethlehemitischen Kindermord (zu Taf. 5), Karton in Originalgröße, Historisches Museum Frankfurt, Graphische Sammlung, Inv. Nr. C 15 926, C 8

Abb. H 48 **O. Donner-v. Richter,** Ausschnitt aus der Szene Bethlehemitischer Kindermord (zu Taf. 5), Skizze, Städelsches Kunstinstitut Frankfurt, Graphische Sammlung, Nachlaß Bl. 105

Abb. H 49 **O. Donner-v. Richter,** Prophet über der Szene Christus in Ägypten (zu Taf. 5), Karton in Originalgröße, Historisches Museum Frankfurt, Graphische Sammlung, Inv. Nr. C 15 926, C 5

Abb. H 50 **O. Donner-v. Richter,** ägyptischer Priester, Ausschnitt aus der Szene Christus in Ägypten (zu Taf. 5), Skizze, Städelsches Kunstinstitut, Graphische Sammlung, Nachlaß Bl. 68

Abb. H 51 **O. Donner-v. Richter,** der zwölfjährige Christus im Tempel, Zeichnung und Lichtdruck von 1892 (Mappe zu der Monographie über den Maler Jerg Ratgeb, Taf. 6, rechts), Historisches Museum Frankfurt, Graphische Sammlung, Inv. Nr. C 48 215, 4 und Bibliothek

Abb. H 52-58 **Kolorierte Zeichnung** von der Decke im westlichen Kreuzgang, Historisches Museum Frankfurt, Graphische Sammlung, Inv. Nr. C 27 105

Abb. H 59 **O. Donner-v. Richter,** Abschied von den Eltern, Taufe Christi, Versuchung und Verklärung auf Berg Tabor, stark zerstörte Szene, Zeichnung und Lichtdruck von 1892 (Mappe zu der Monographie über den Maler Jerg Ratgeb, Taf. 7), Historisches Museum Frankfurt, Graphische Sammlung, Inv. Nr. C 48 215, 5 und Bibliothek

Abb. H 60 **C. Becker,** Abschied von den Eltern und Taufe Christi, Zeichnung, Historisches Museum Frankfurt, Graphische Sammlung, Inv. Nr. C 47 246, 1

Abb. H 61 **O. Donner-v. Richter,** Aufbau der Nordwand (zu Taf. 7 und 8), Skizze, Städelsches Kunstinstitut Frankfurt, Graphische Sammlung, Nachlaß Bl. 41

Abb. H 62 **O. Donner-v. Richter,** Hände und Kopf von Christus aus der Szene Taufe Christi, Skizze, Städelsches Kunstinstitut Frankfurt, Graphische Sammlung, Nachlaß Bl. 47

Abb. H 63 **O. Donner-v. Richter,** verschiedene nicht mehr erhaltene Szenen über dem Doppelportal an der Nordwand, Zeichnung und Lichtdruck von 1892 (Mappe zu der Monographie über den Maler Jerg Ratgeb, Taf. 8), Historisches Museum Frankfurt, Graphische Sammlung, Inv. Nr. 48 215, 6 und Bibliothek

Abb. H 64 **O. Donner-v. Richter,** Skizze von der Wand (zu Taf. 8), Städelsches Kunstinstitut Frankfurt, Graphische Sammlung, Nachlaß Bl. 32

Abb. H 65 **O. Donner-v. Richter,** Skizze der Wand (zu Taf. 8), Städelsches Kunstinstitut Frankfurt, Graphische Sammlung, Nachlaß Bl. 31

Abb. H 66 **O. Donner-v. Richter,** Schrift zu Taf. 7 und 8, Städelsches Kunstinstitut Frankfurt, Graphische Sammlung, Nachlaß Bl. 45

Abb. H 67 **O. Donner-v. Richter,** Schrift zu Taf. 7 und 8, Städelsches Kunstinstitut Frankfurt, Graphische Sammlung, Nachlaß Bl. 46

Abb. H 68 **O. Donner-v. Richter,** vier stark zerstörte Szenen, mittlere mit der Darstellung des Verrats von Judas am deutlichsten erkennbar, Zeichnung und Lichtdruck von 1892 (Mappe zu der Monographie über den Maler Jerg Ratgeb, Taf. 9), Historisches Museum Frankfurt, Graphische Sammlung, Inv. Nr. C 48 215, 7 und Bibliothek

Abb. H 69 **O. Donner-v. Richter,** Fußwaschung, Abendmahl und Christus am Ölberg, Zeichnung und Lichtdruck von 1892 (Mappe zu der Monographie über den Maler Jerg Ratgeb, Taf. 10), Historisches Museum Frankfurt, Graphische Sammlung, Inv. Nr. C 48 215, 8 und Bibliothek

Abb. H 70 **O. Donner-v. Richter,** Gefangennahme Christi und Verrat des Judas, Christus vor Hannas und Kaiphas, Verrat des Petrus, Zeichnung und Lichtdruck von 1892 (Mappe zu der Monographie über den Maler Jerg Ratgeb, Taf. 11), Historisches Museum Frankfurt, Graphische Sammlung, Inv. Nr. C 48 215, 9 und Bibliothek

Abb. H 71 **L. Glaser,** Soldaten aus der Szene der Gefangennahme Christi (zu Taf. 11), kolorierte Zeichnung, Historisches Museum Frankfurt, Graphische Sammlung, Inv. Nr. C 29 598

Abb. H 72 **O. Donner-v. Richter,** Kopf von Christus aus der Szene Christus vor Kaiphas (zu Taf. 11), Karton in Originalgröße, Historisches Museum Frankfurt, Graphische Sammlung, Inv. Nr. C 15 926, D 1

Abb. H 73 **O. Donner-v. Richter,** Wandabschnitt (zu Taf. 11), Skizze, Städelsches Kunstinstitut Frankfurt, Graphische Sammlung, Nachlaß Bl. 48

Abb. H 74 **O. Donner-v. Richter,** Christus vor Pilatus und Herodes, Geißelung Christi, Ecce Homo (linke Bildhälfte), Zeichnung und Lichtdruck von 1892 (Mappe zu der Monographie über den Maler Jerg Ratgeb, Taf. 12), Historisches Museum Frankfurt, Graphische Sammlung, Inv. Nr. C 48 215, 10 und Bibliothek

Abb. H 75 **O. Donner-v. Richter,** Christus vor Pilatus und Kriegern, Ausschnitt aus der Szene Christus vor Pilatus (zu Taf. 12), Skizze, Städelsches Kunstinstitut Frankfurt, Graphische Sammlung, Nachlaß Bl. 66

Abb. H 76 **O. Donner-v. Richter,** Mann mit Schriftrolle und Herodes aus der Szene Christus vor Herodes (zu Taf. 12), Skizze, Städelsches Kunstinstitut Frankfurt, Graphische Sammlung, Nachlaß Bl. 57

Farbtaf. G 7 **L. Glaser,** Geißelung Christi, Aquarell, Historisches Museum Frankfurt, Graphische Sammlung, Inv. Nr. C 29 594

Abb. H 77 **O. Donner-v. Richter,** Geißelung (zu Taf. 12), Skizze, Städelsches Kunstinstitut Frankfurt, Graphische Sammlung, Nachlaß Bl. 65

Abb. H 78 **O. Donner-v. Richter,** Wappen und Schrift unter der Szene Christus vor Herodes, Skizze, Städelsches Kunstinstitut Frankfurt, Graphische Sammlung, Nachlaß Bl. 77

Abb. H 79 **O. Donner-v. Richter,** Ecce Homo (rechte Bildhälfte), Pilatus wäscht sich die Hände in Unschuld, Kreuztragung, Zeichnung und Lichtdruck von 1892 (Mappe zu der Monographie über den Maler Jerg Ratgeb, Taf. 13), Historisches Museum Frankfurt, Graphische Sammlung, Inv. Nr. 48 215, 11 und Bibliothek

Farbtaf. G 8 **L. Glaser,** Ecce Homo, Aquarell, Historisches Museum Frankfurt, Graphische Sammlung, Inv. Nr. C 29 595

Abb. H 80 **O. Donner-v. Richter,** Ecce Homo, Ausschnitt (zu Taf. 13), Skizze, Städelsches Kunstinstitut Frankfurt, Graphische Sammlung, Nachlaß Bl. 69

Abb. H 81 **O. Donner-v. Richter,** Hintergrund der Szene Kreuztragung, Skizze, Städelsches Kunstinstitut Frankfurt, Graphische Sammlung, Nachlaß Bl. 84

Abb. H 82 **O. Donner-v. Richter,** Kreuztragung (zu Taf. 13), Skizze, Städelsches Kunstinstitut Frankfurt, Graphische Sammlung, Nachlaß Bl. 59

Abb. H 83 **O. Donner-v. Richter,** Kreuztragung (zu Taf. 13), Skizze, Städelsches Kunstinstitut Frankfurt, Graphische Sammlung, Nachlaß Bl. 49

Abb. H 84 **O. Donner-v. Richter,** Prophet, Zeichnung und Lichtdruck von 1892 (Mappe zu der Monographie über den Maler Jerg Ratgeb, Taf. 6), Historisches Museum Frankfurt, Graphische Sammlung, Inv. Nr. C 48 215, 12 und Bibliothek

Abb. H 85 **O. Donner-v. Richter,** Kreuzigung, Zeichnung und Lichtdruck von 1892 (Mappe zu der Monographie über den Maler Jerg Ratgeb, Taf. 14), Historisches Museum Frankfurt, Graphische Sammlung, Inv. Nr. C 48 215, 13 und Bibliothek

Abb. H 86 **O. Donner-v. Richter,** drei Propheten auf der linken Seite der Kreuzigung, Skizze, Städelsches Kunstinstitut Frankfurt, Graphische Sammlung, Nachlaß Bl. 67

Abb. H 87 **L. Glaser,** drei Propheten auf der linken Seite der Kreuzigungsgruppe, Aquarell, Historisches Museum Frankfurt, Graphische Sammlung, Inv. Nr. C 29 597

Abb. H 88 **D. Hopfer,** Kreuzigung, Radierung, Bl. o. Nr., Städelsches Kunstinstitut Frankfurt, Graphische Sammlung, Inv. Nr. 50 846

Ostseite nicht erhalten und insgesamt nicht aus Nachzeichnungen der Frankfurter Künstler des 19. Jahrhunderts bekannt

Südseite östliche Partie, Weltgericht im Eck nur aus einer zeitgenössischen Radierung des Augsburger Kupferstechers D. Hopfer bekannt

Abb. H 89 **D. Hopfer,** Weltgericht, Radierung, Städelsches Kunstinstitut Frankfurt, Graphische Sammlung, Inv. Nr. 50 847

Abb. H 90 **O. Donner-v. Richter,** Ausschnitt aus Taf. 7

Abb. H 91 **D. Hopfer,** Kopie des 1518 von Philippus Adler gestifteten Rotmarmoraltares für die Augsburger Dominikanerkirche

Abb. H 92 **O. Donner-v. Richter,** Mönch, Skizze, Städelsches Kunstinstitut Frankfurt, Graphische Sammlung, Nachlaß Bl. 90

Abb. H 93 **O. Donner-v. Richter,** Wappen, Skizze, Städelsches Kunstinstitut Frankfurt, Graphische Sammlung, Nachlaß Bl. 38

Abb. H 94 **O. Donner-v. Richter,** Wappen, Skizze, Städelsches Kunstinstitut Frankfurt, Graphische Sammlung, Nachlaß Bl. 89

Abb. H 95 **O. Donner-v. Richter,** Gewand, Skizze, Städelsches Kunstinstitut Frankfurt, Graphische Sammlung, Nachlaß Bl. 38

Abb. H 96 **O. Donner-v. Richter,** diverse Skizzen, Städelsches Kunstinstitut Frankfurt, Graphische Sammlung, Nachlaß

Refektorium (nur Auschnitt in Nachzeichnungen erhalten)

Abb. H 97 **O. Donner-v. Richter,** Ausschnit mit der Legende des Propheten Elias, Lichtdruck von 1892 (Mappe zu der Monographie über den Maler Jerg Ratgeb), Historisches Museum Frankfurt, Bibliothek

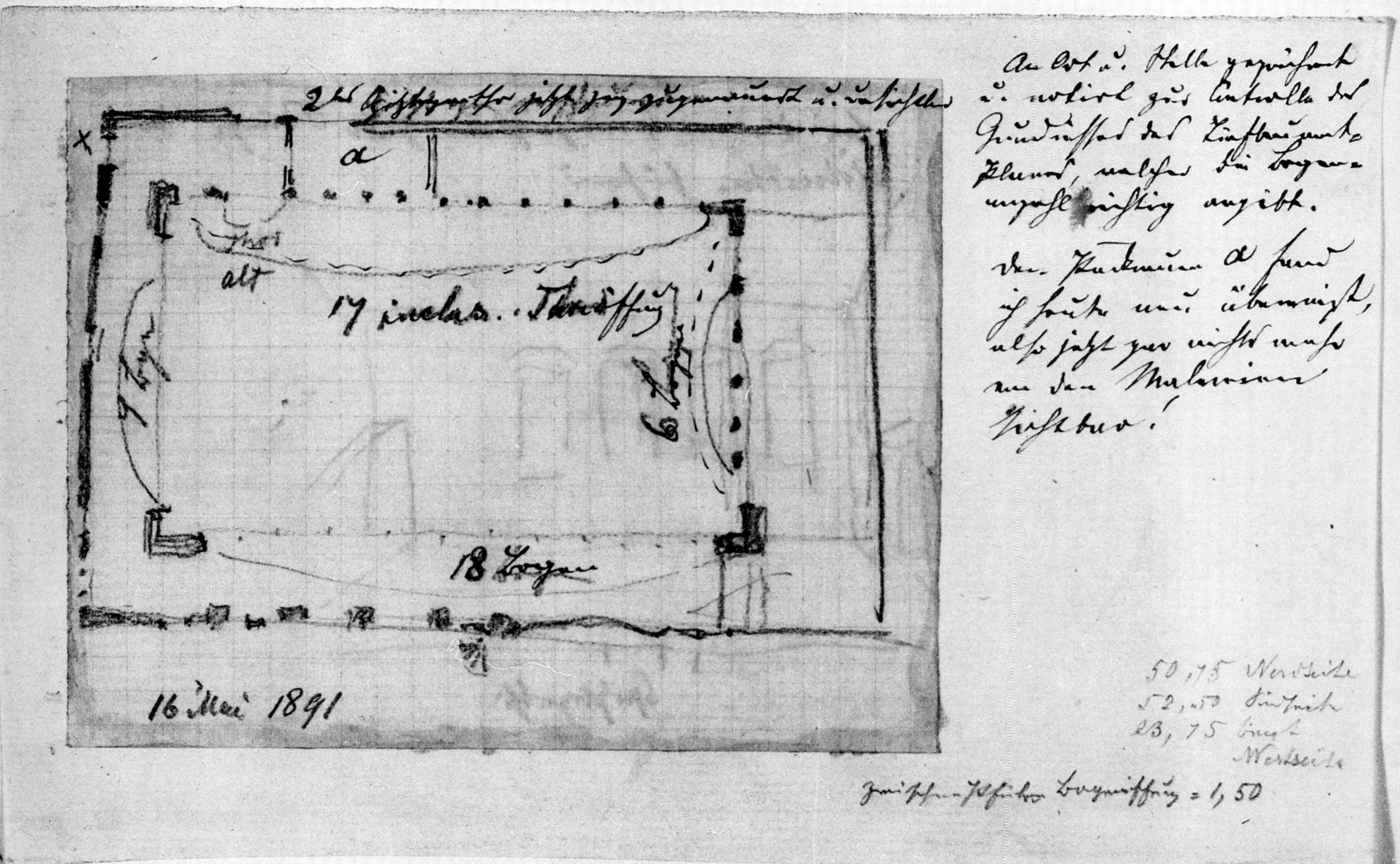
α
Thor
alt
17 incl. Thoröffnung
9 Bogen
6 Bogen
18 Bogen
16 Mai 1891
50,75 Nordseite
52,50 Südseite
23,75 breit Westseite
= 1,50

H 2

H 3

G. BECKER del. C. KAPPES sc.

DIE ANBETUNG DER KÖNIGE

Wandmalerei im Kreuzgang des ehemaligen Carmeliterklosters zu Frankfurt a/M.

DIE SCÖPFUNGSTAGE

Frescogemälde von Schwed im Carmeliterkloster
zu Frankfurt a/M.

PERIBITIS SI INOBEDIENTES FUERITIS VOCI ONI DEI VRI
DEUTER 8
ADAM EXEMPLV MEVM AB ADOLESCENTIA MEA
ZACH
Blatt II Westwand

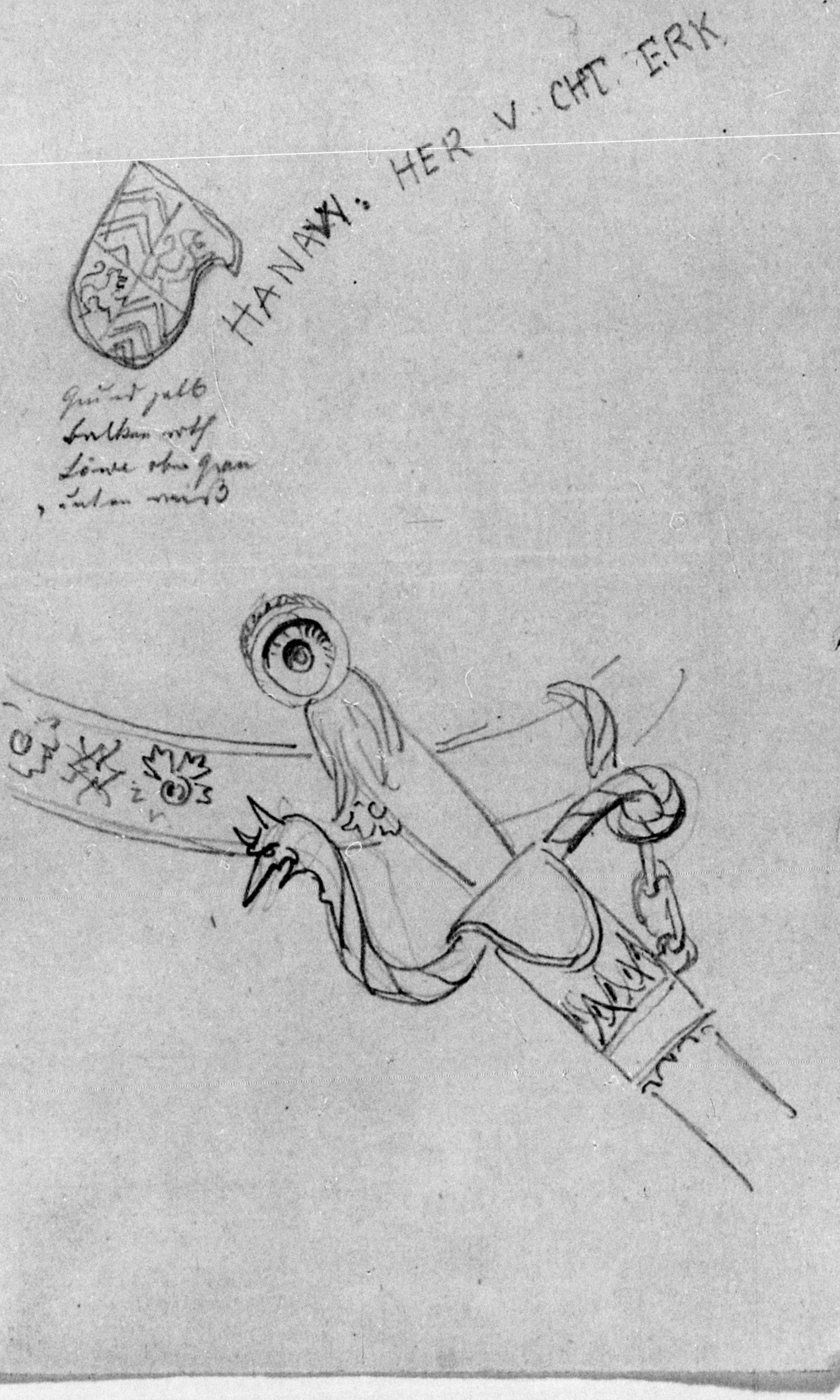
HANAW: HER V
CHT
ERK
Grund gelb
Balken roth

Blatt III. Westwand.

I

Blatt III

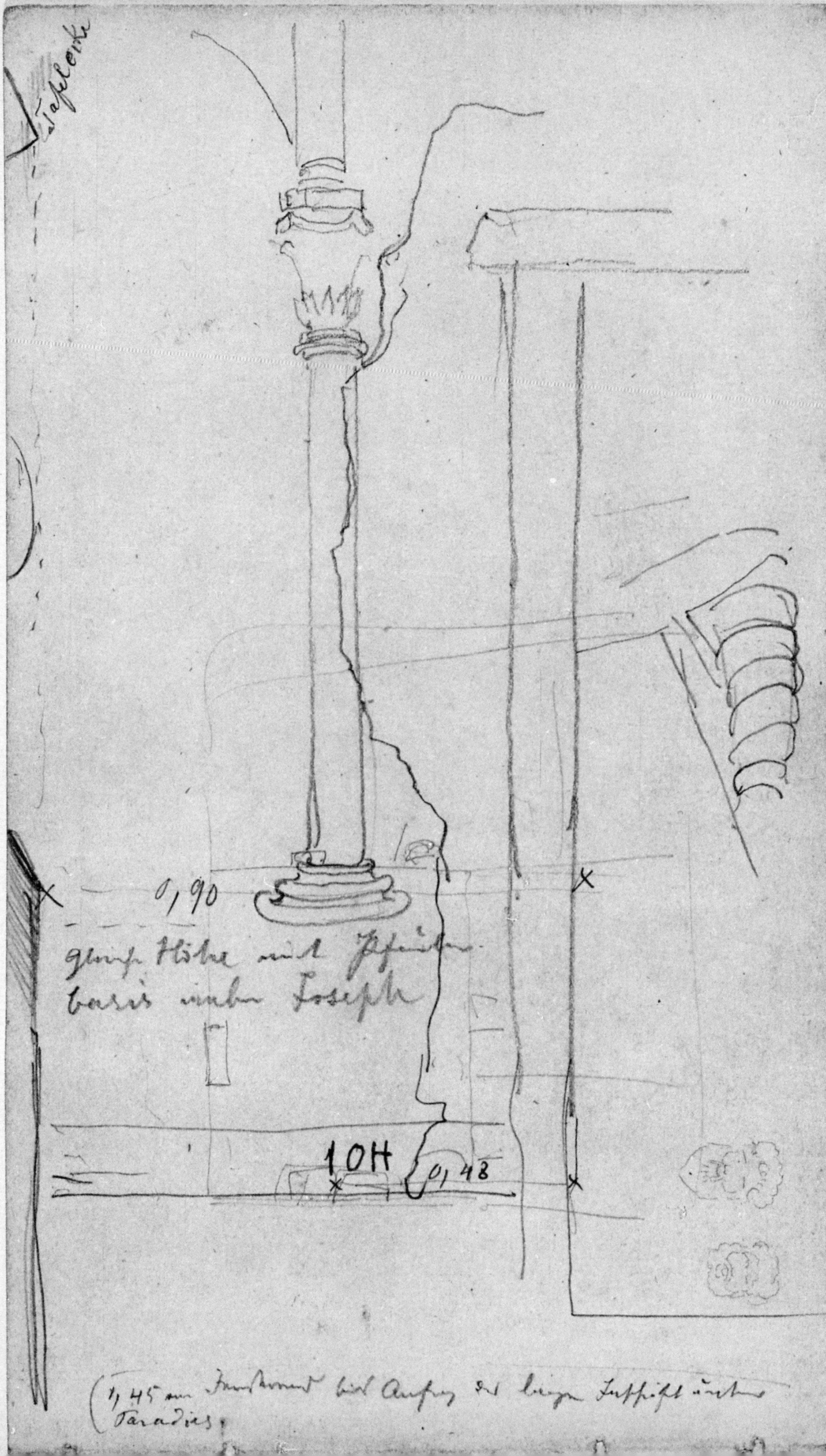
0,90
10H
0,48
1,45
Paradies

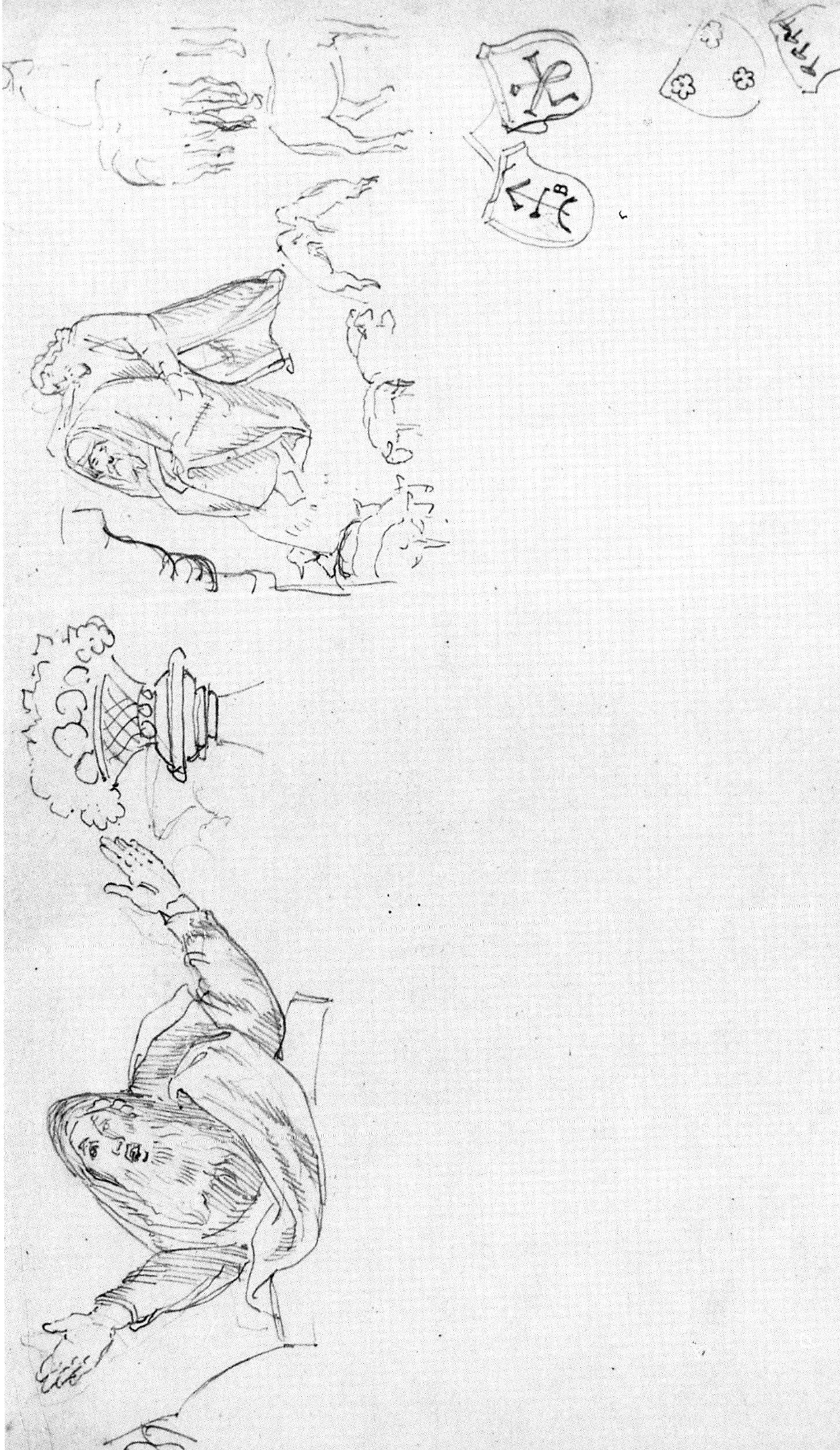

H 13

H 17

ECCE · SALVATOR TVVS · VENIT · ESA · 62
TV ES REX NOSTER ANTE SAECVLA QVI OPERATVS ES SALVTEM IN MEDIO TERRAE · P · S ·
A · PARVVLIS TVLISTIS LAVDEM · MICHE · Z ·
GLORIA IN EXCELSIS DEO ET IN TERRA PAX
INFANS OCTO DIERVM CIRCVMCIDETVR IN VOBIS · GENE · 17 ·
REGINA SABAE AVDITA FAMA SALOMONIS IN NOMINE DNI VENIT · 3 · R · 10
IESVM TVLERVNT IN IHRLM VT SISTERENT EVM DOMINO · LVCAE · 2 ·
VIRGA AARONIS FLORVIT
SPONSVS SANGVINVM TV MIHI ES · EXO · 3
VIDEBAT QVOD RVBVS ARDERET ET NON COMBVRERETVR · EXO · 3
P · S · 71 · ADORABVNT EVM OMNES REGES OMNES GENTES SERVIENT EI ·
LEVITICI · 12
NASCITVR INTACTA FE LIX DE VIRGINE PROLES NEMPE PARIT SVMMVM SANCTA PVELLA DEVM · R · S ·
K · RAB WICHT · KATHERI
LEX CIRCVMCIDI PVERO PRAECIPIT MANDAT OBSERVAT LEGEM SIC DEVS IPSE SVAM · R · S ·
CONRT WIS · ANA · FROS
CHT · ST · HVSFRW ·
HART WIS · ELISABET
OSTEMMERN SEIN HVSFRWEN
WALTER VO SCHWARZENBERG ANGES STEFIN SEIN HVSFRW
HEINRICH VON REIN EIN RATZMANN

ECCE SAL VATOR TUUS VENIT ESA 62
GLORIA IN EXCELSIS DEO ET IN TERRA PAX
TU ES REX NOSTER ANTE SAECULA OPERATUS ES SALUTEM IN MEDIO TERRAE
A PARUNTIS TULISTIS LAUDIM MICHE
INEAS OCTO DIE RUM CIRCUMCIDETUR IN VOBIS SENE IA
CONRT·WISS ANNA TROS
ET. SI. HUSERW
HART·WIS·ELIZABET
OSTEMMERN·SEIN HUSERWEEN

H 19

RESINA SABA AVIDITA ... SALOMONIS ...
NOMINE DNI VENIT: 3 · R · 10 ·
IESUM
TULERUNT IN IERLM
UT SISTERENT EUM
DOMINO
LUCAE 2.
PSAL.
ADORABUNT EUM
OMNES RESES
OMNES SENTES
SERVIENT EI.
LEVITICI
12

H 20

H 23

Zur Königin
von Saba gehörig

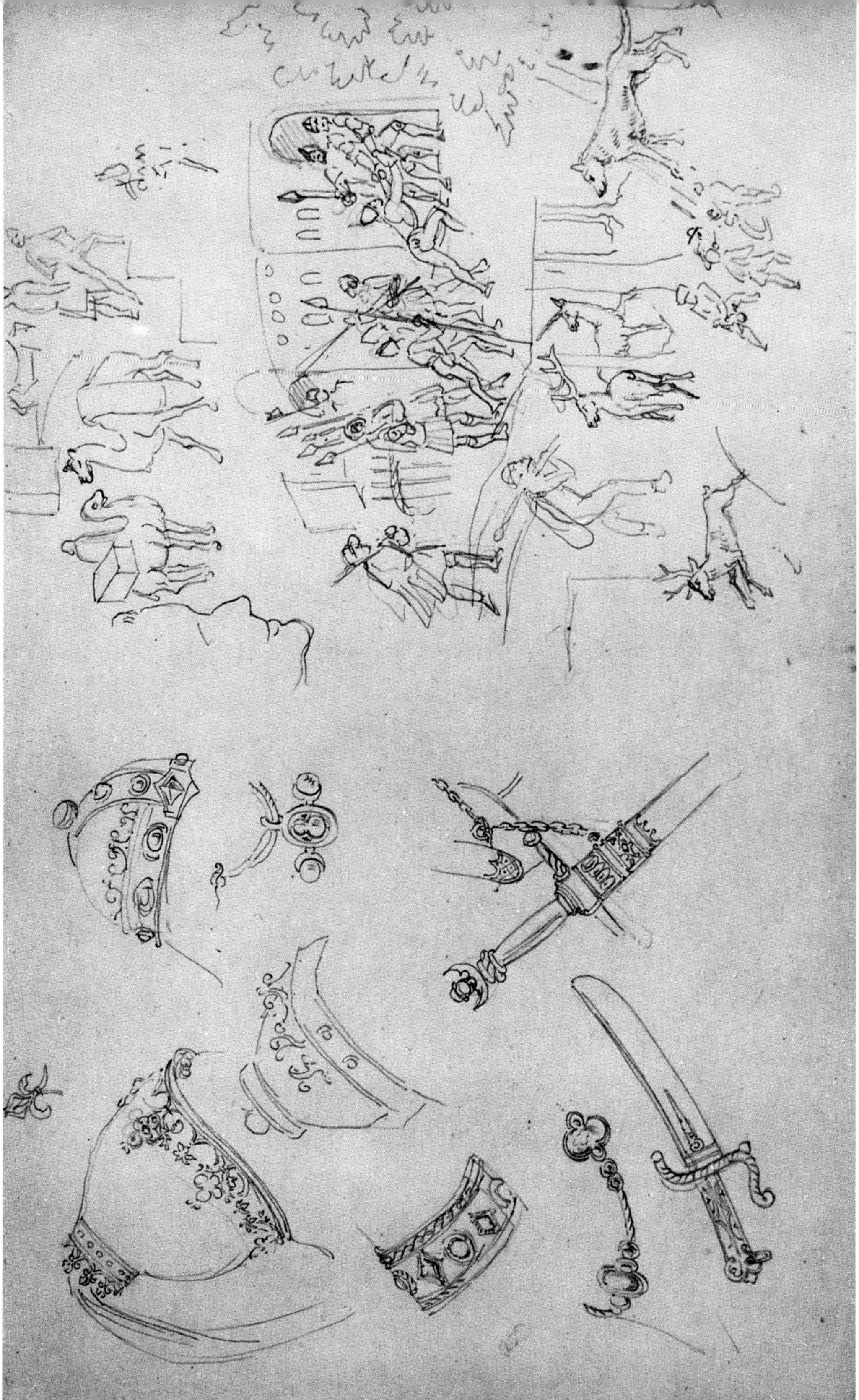

MATH · Z
INGREDITVR ÆGIPTV ET COMOVEBVR SIVLCHRA A FATIE EIVS · ESA · 19
A BIATHAR FVGIT AD DAVIT ET ANVCIAVIT EI Q2 OCCIDISSET SAL SACEDOTES DOM · R · 22 ATHALIA · PREFECTONE SEEN REGIV GEERIS DAVID · R · I
VLCIO SAG VINIS SERVO TVORV QVI EFFVS ESP PSA 78
DISPERDA · NOMIA IDOLORV · DE TERA · ET NO MECRABITV · VLTRA
ESA · Z · ELEVABITVR DVS · SOLVS · I · DIE ILLA ET IDOLA · PEITV CETERETVR
OSEE · 10 IPSE COTRINGET SIMVLACHRA EORV DEPOPVLABIT AR EORV
EX EGIPTO VOCAVI FILIV MEV · OSEE
DAVID I · R · 19
EXODI · 32
GENESIS · 31
MATHIS · VAN · DVSBORCH · ALIAS · CRVMBACH · BARBARA · PVRET · ST · HVF
SVRGE ET ACCIPE PVEV ET MATE EI ET VADE I ISRAEL MATH · Z
VENERABILIS · DN · MATERNVS SARTORIVS PLEBANVS · I · ARHELGEN ET FRATER CONRADVS CARMELITTO PROFESSIONIS EIVS CONVENT SACERDOTES
JOHAN · EBLIN · JOANNEN · VAN · LIPPELOR ST HVSFRW
CORAT LERDER · MARGRETE VON LOER

IV

MATT
DAVID
ENVOLT HERODIS UCCUPIETUR
EGIPUO VIO MOXCIPETE

Blatt. V a.

X.

EXODI
32
GENESIS
31
MATHIS · VAN · DUSBORCH · ALIAS · CROBACH · BARBARA · PURE'B · SI · HUF
CCRAT LERDER MARSRETE VON

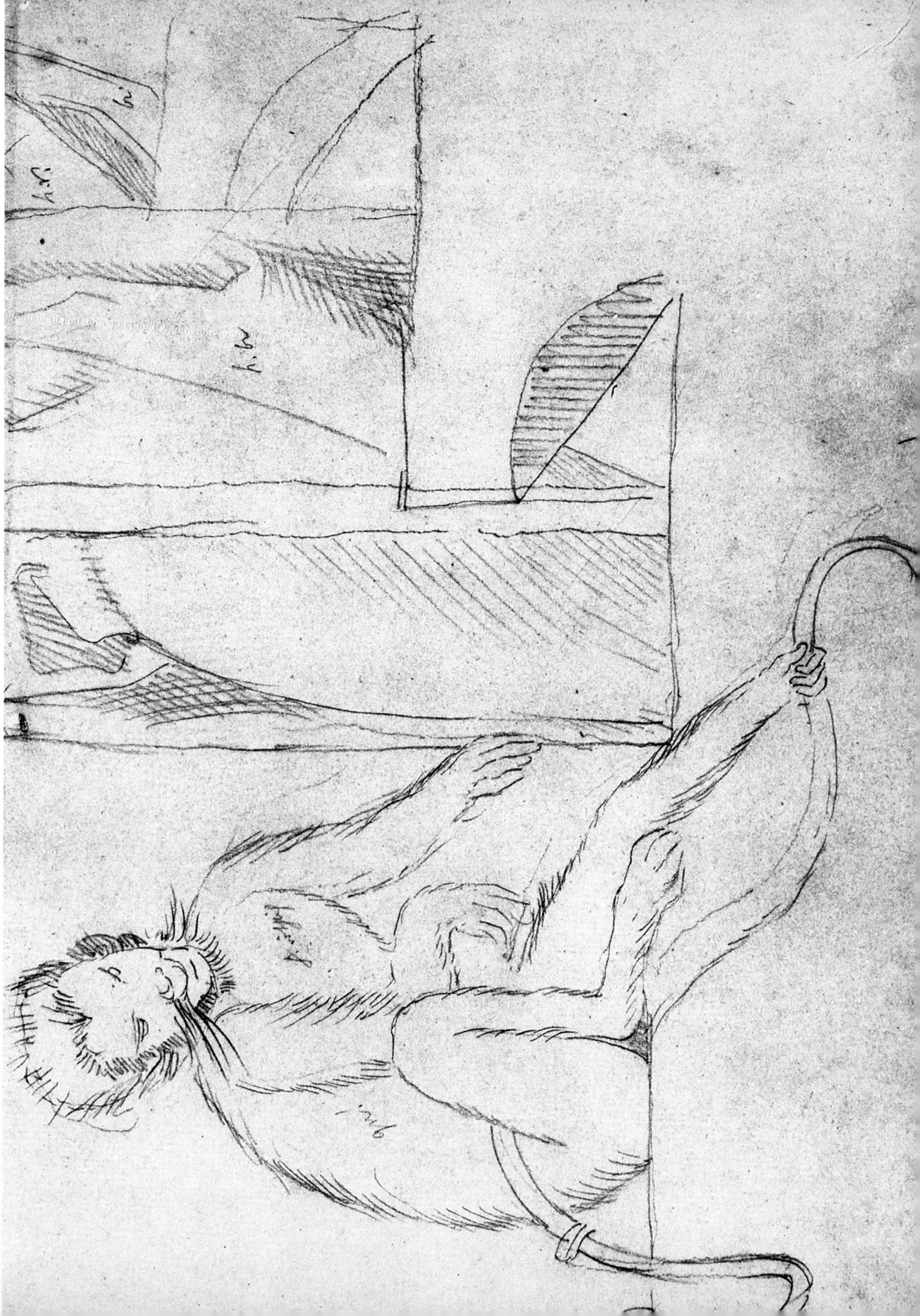

H 38

H 40

H

Stahl
nackt
nackt

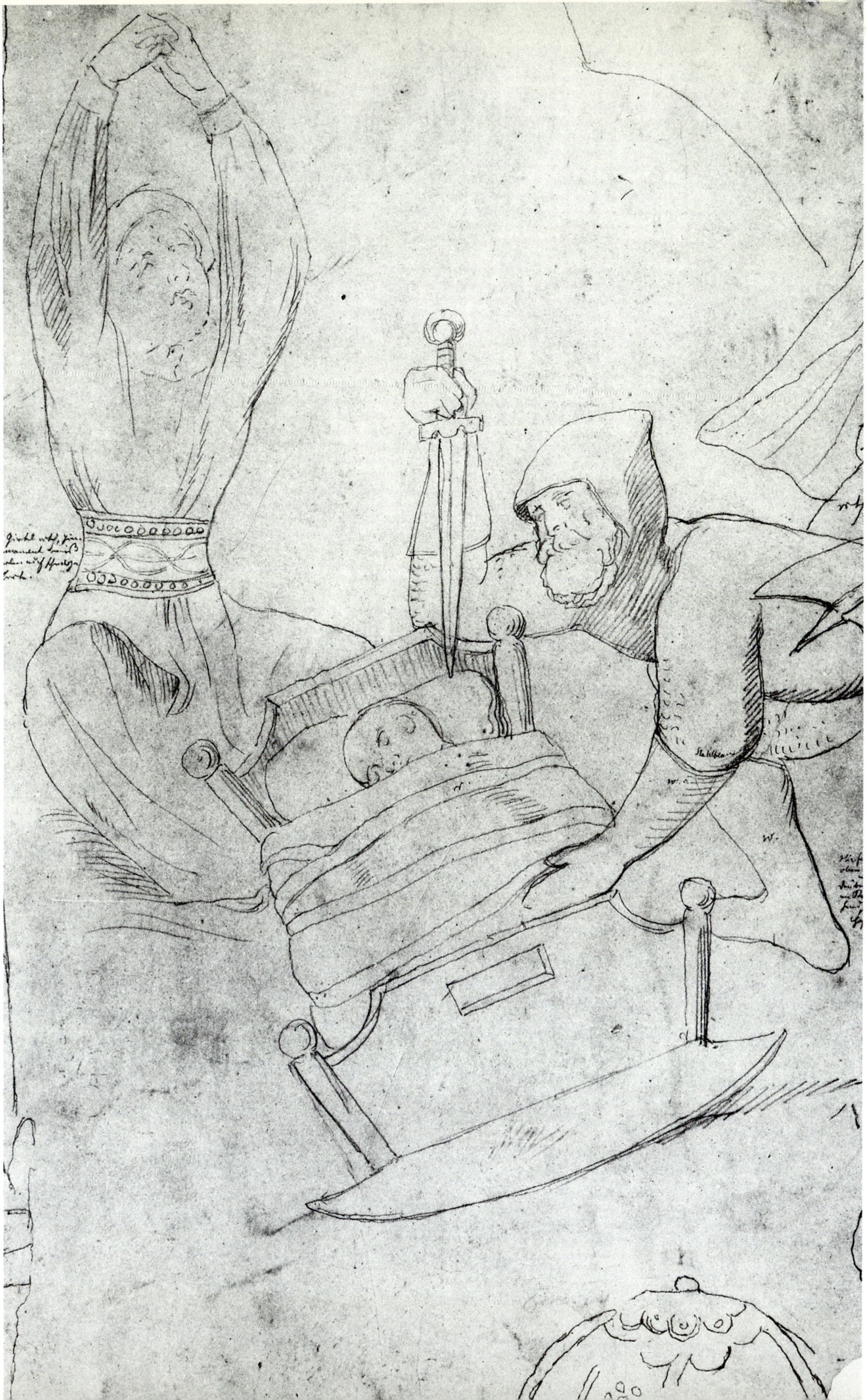

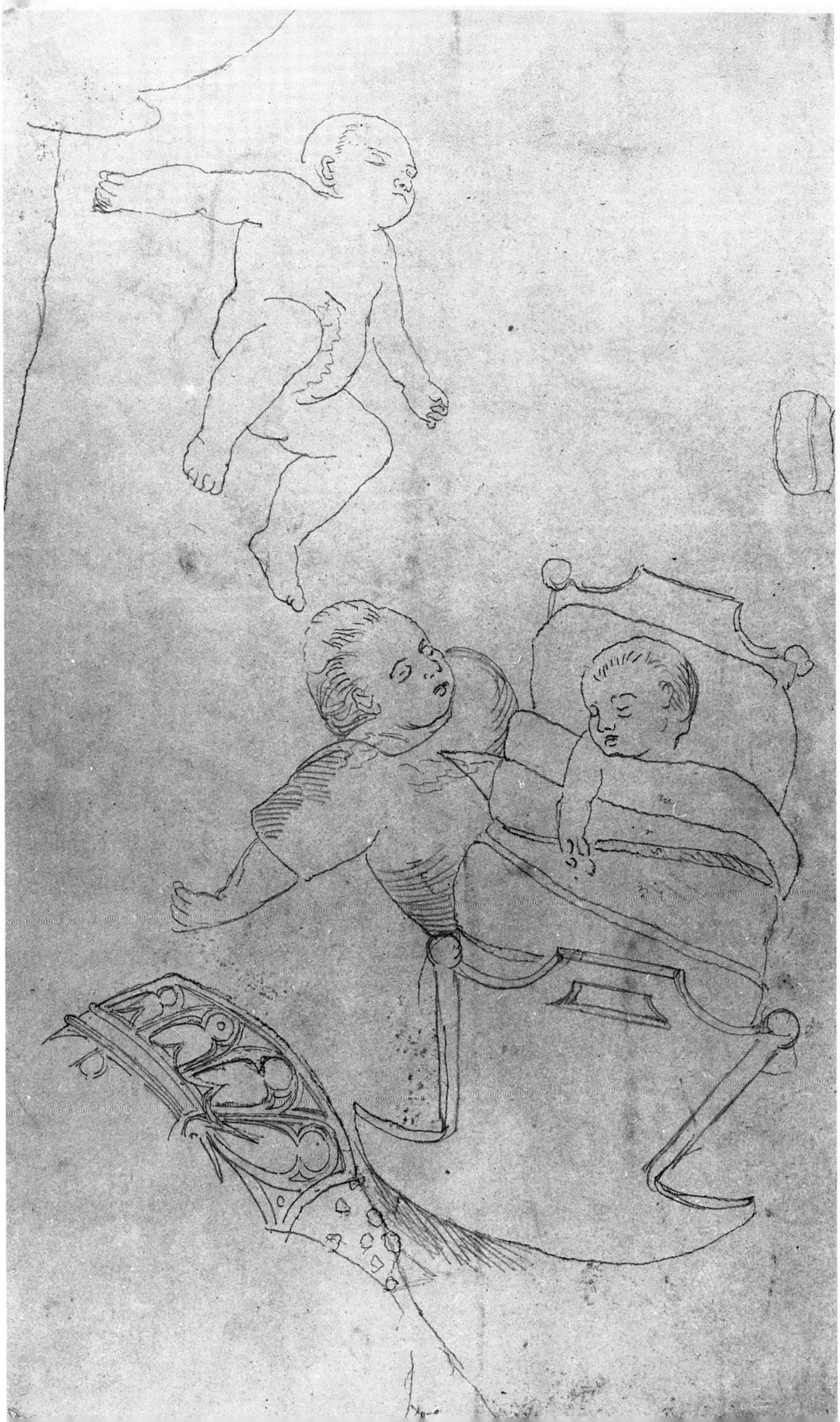

H

H 49

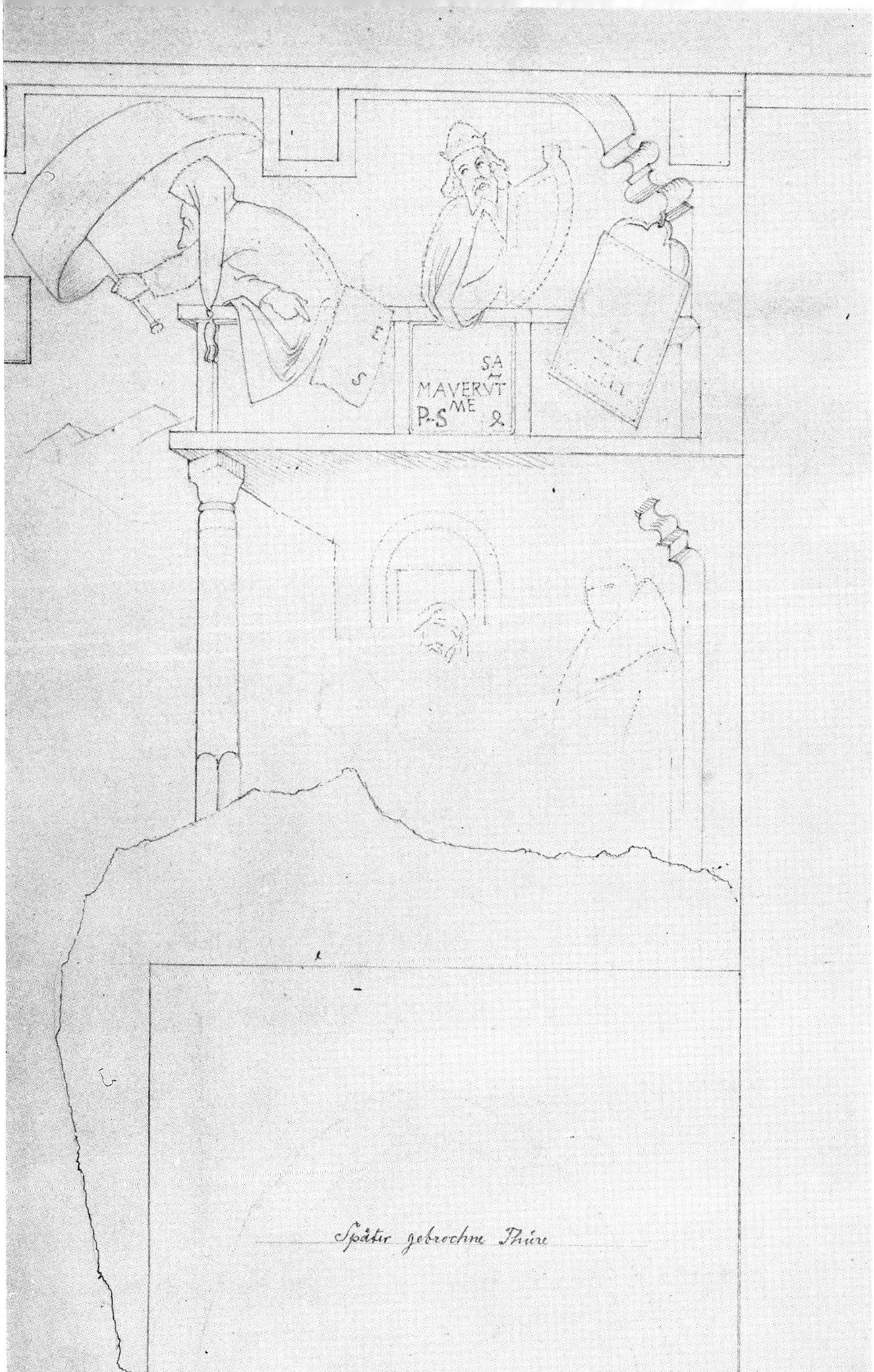

Blatt VI Westwand

H

51

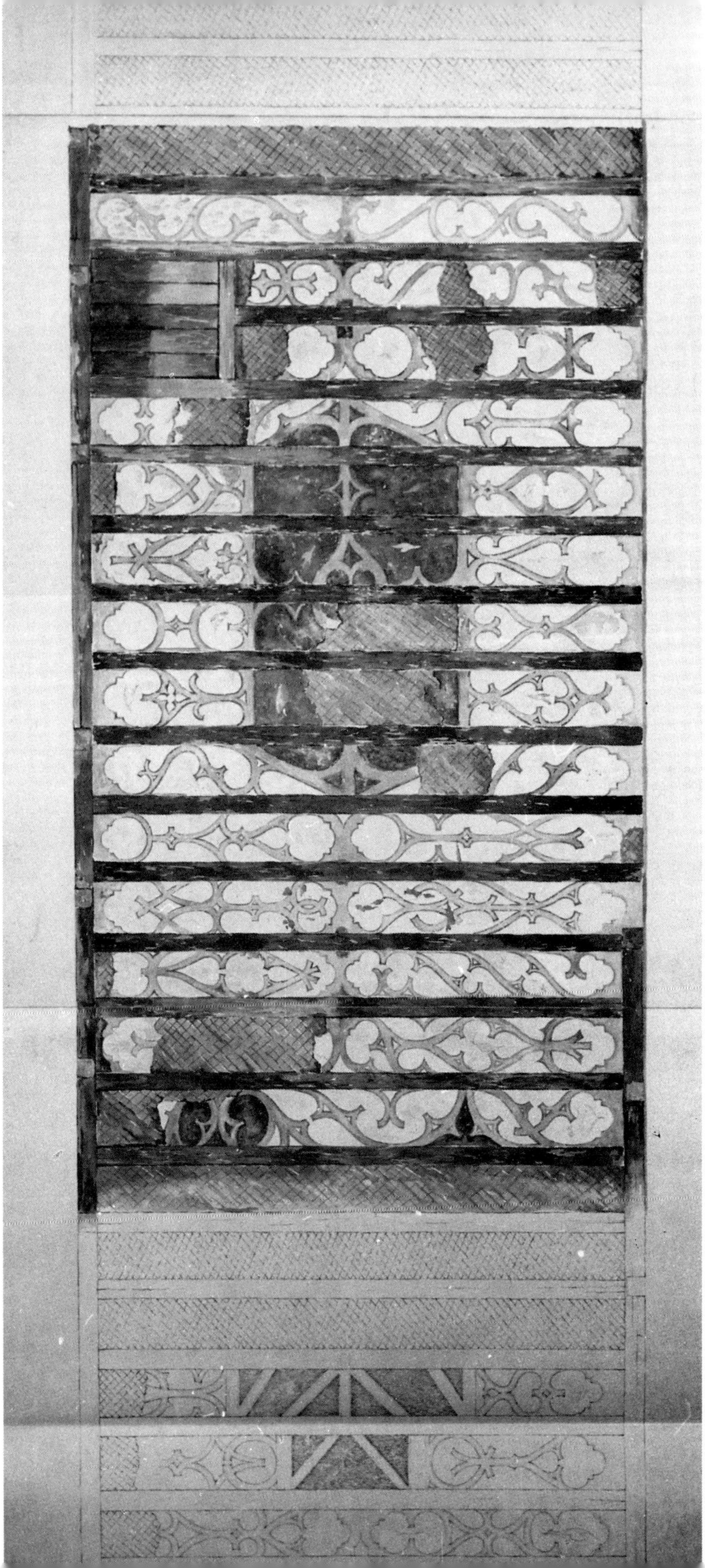

H 52

IN DIE ILLA ERIT FONS PATENS TABUCIOEM PECCATORIS Zach 13
EFUNDAM SUP VS AQUA MUDAM ET MUNDABIMI EZECH 36.25
HAURIETIS AQUAS I GAUDIO DE FONTIB SALUT ESAIE 12.3
HIC EST FILI ME DILECT I QUO
SPECIOS FORA PRE FILIIS HOIU P.S. 22.
SPLENDOR EIUS UT LUX ERIT ABACU 3
HOSTIS MEUS TERIBILIBUS OCULIS INTUITUS EST ME IOB 16
GEBEL STUGMA LYSET WOLFARTS SY HUF FRAS LYSSE GERTRUT STEGANS SY HUSFRW JOAN V GLAUBURG KAR GEUCHIN SYN HUSFRW WENDEL VO OFFEBURG S

VII

Blatt. VII

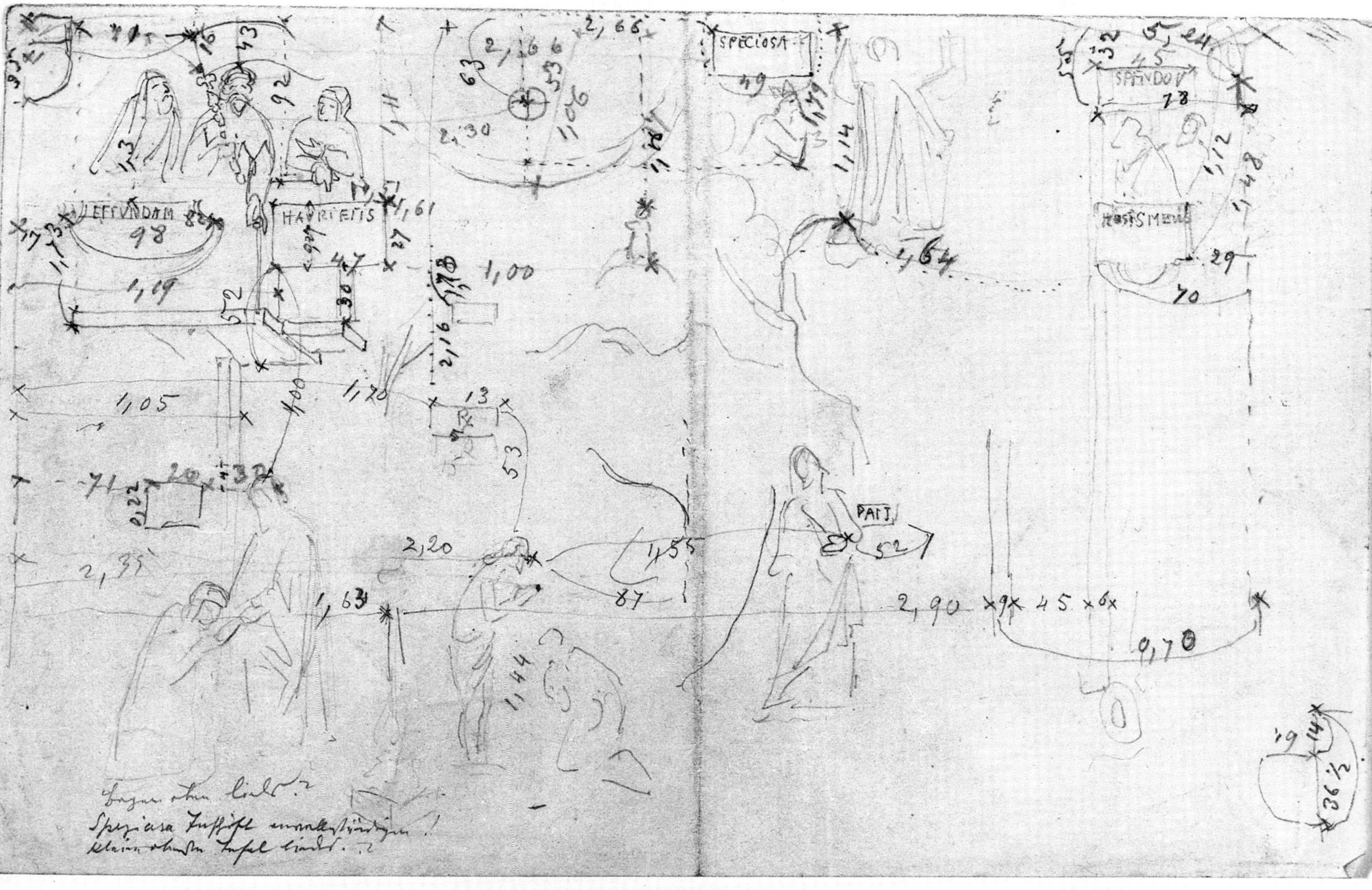

EFFUNDAM
HAURIETIS
SPECIOSA
PATI

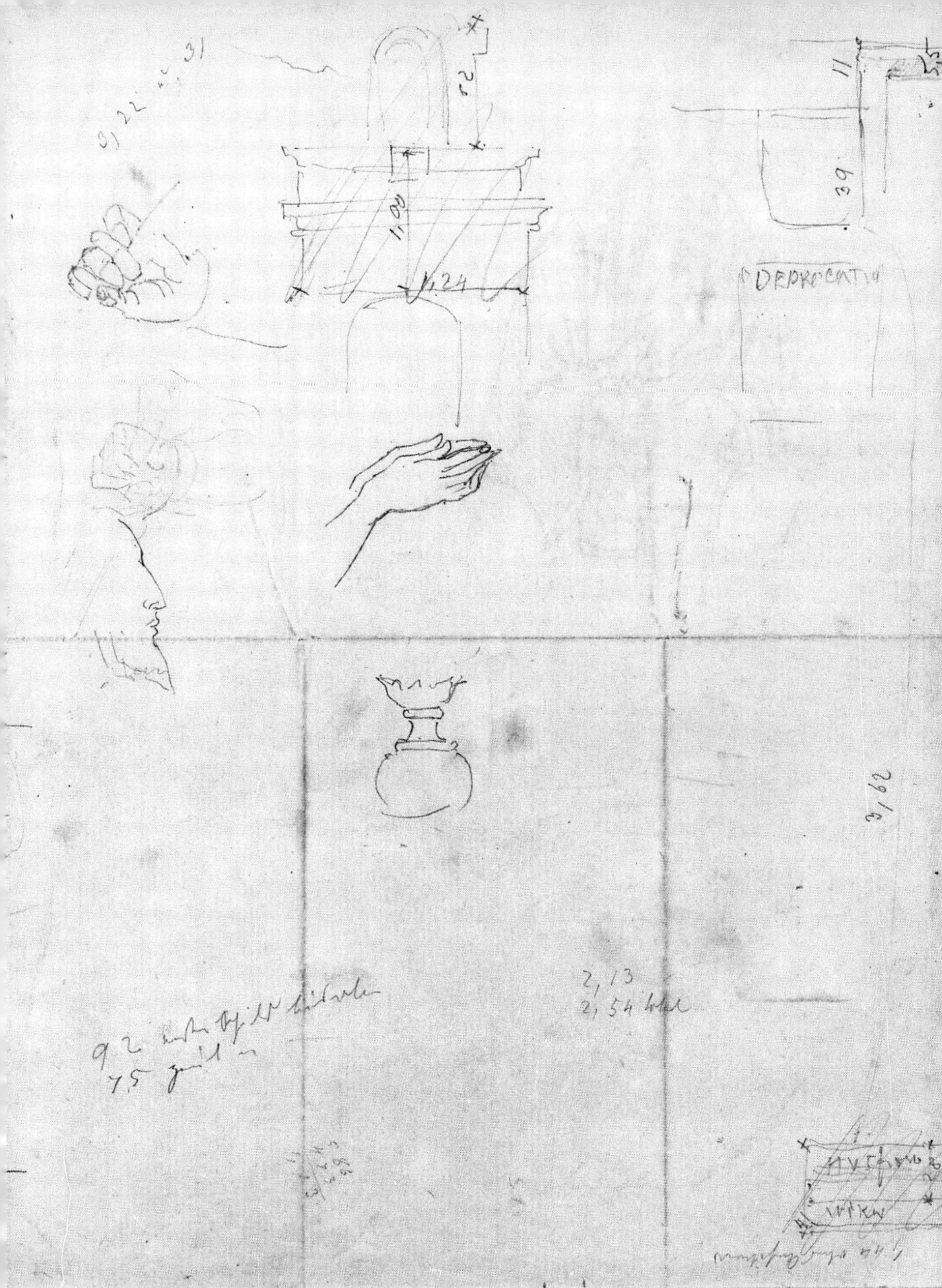
1,24
1,00
39
11
3,62
2,13

Blatt VIII Nordwand

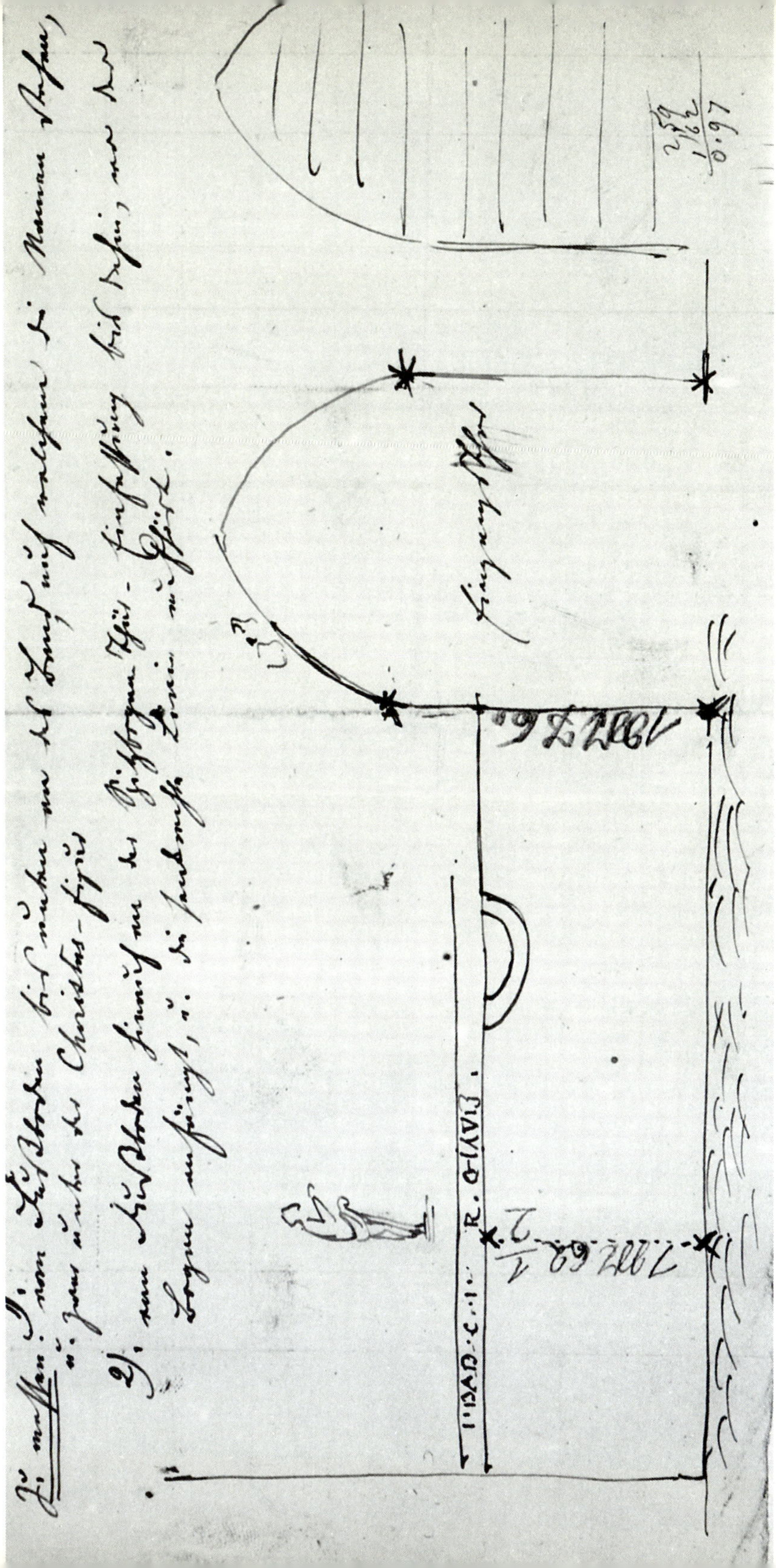

H 64

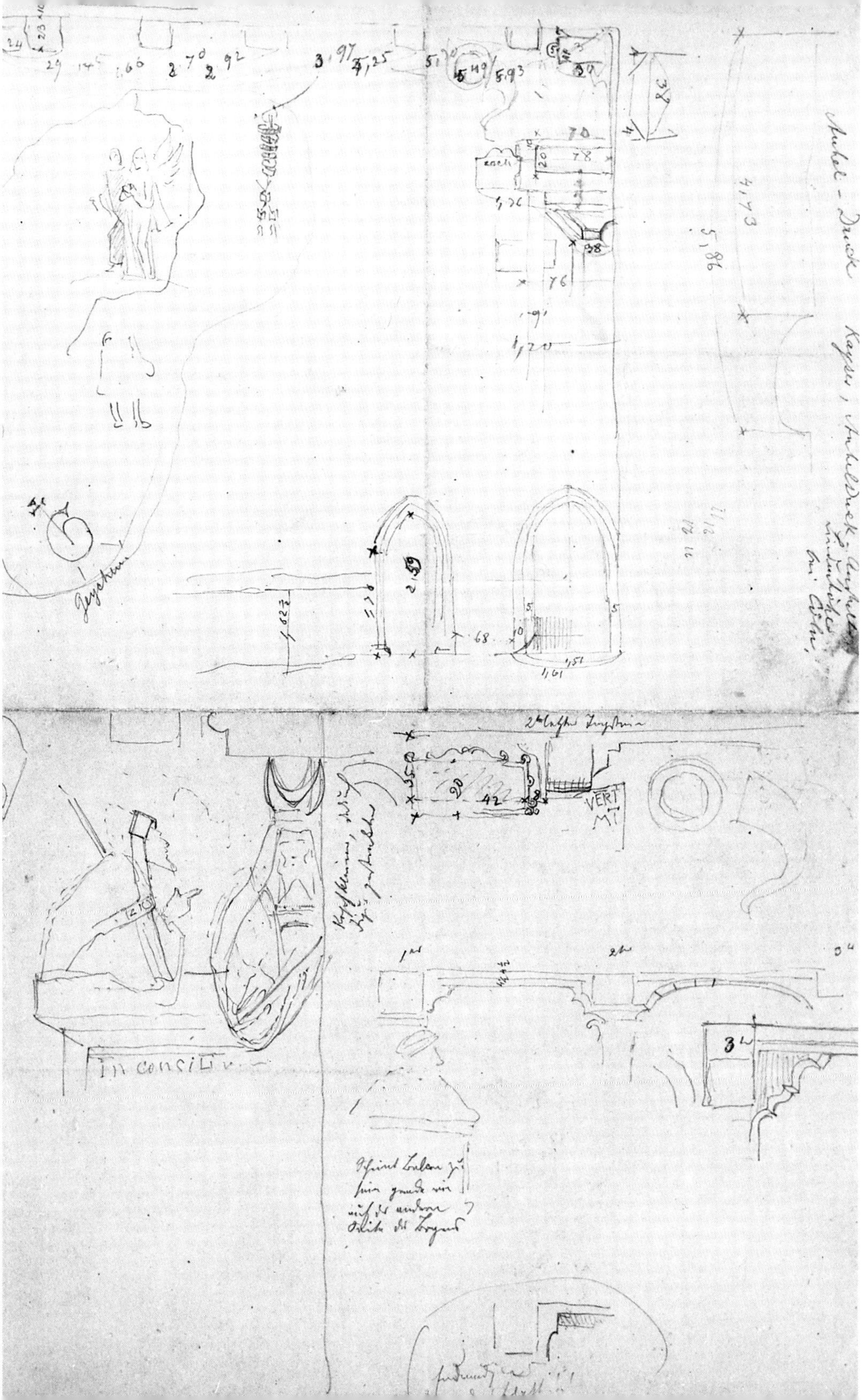
IN CONSILI
VERT
MT

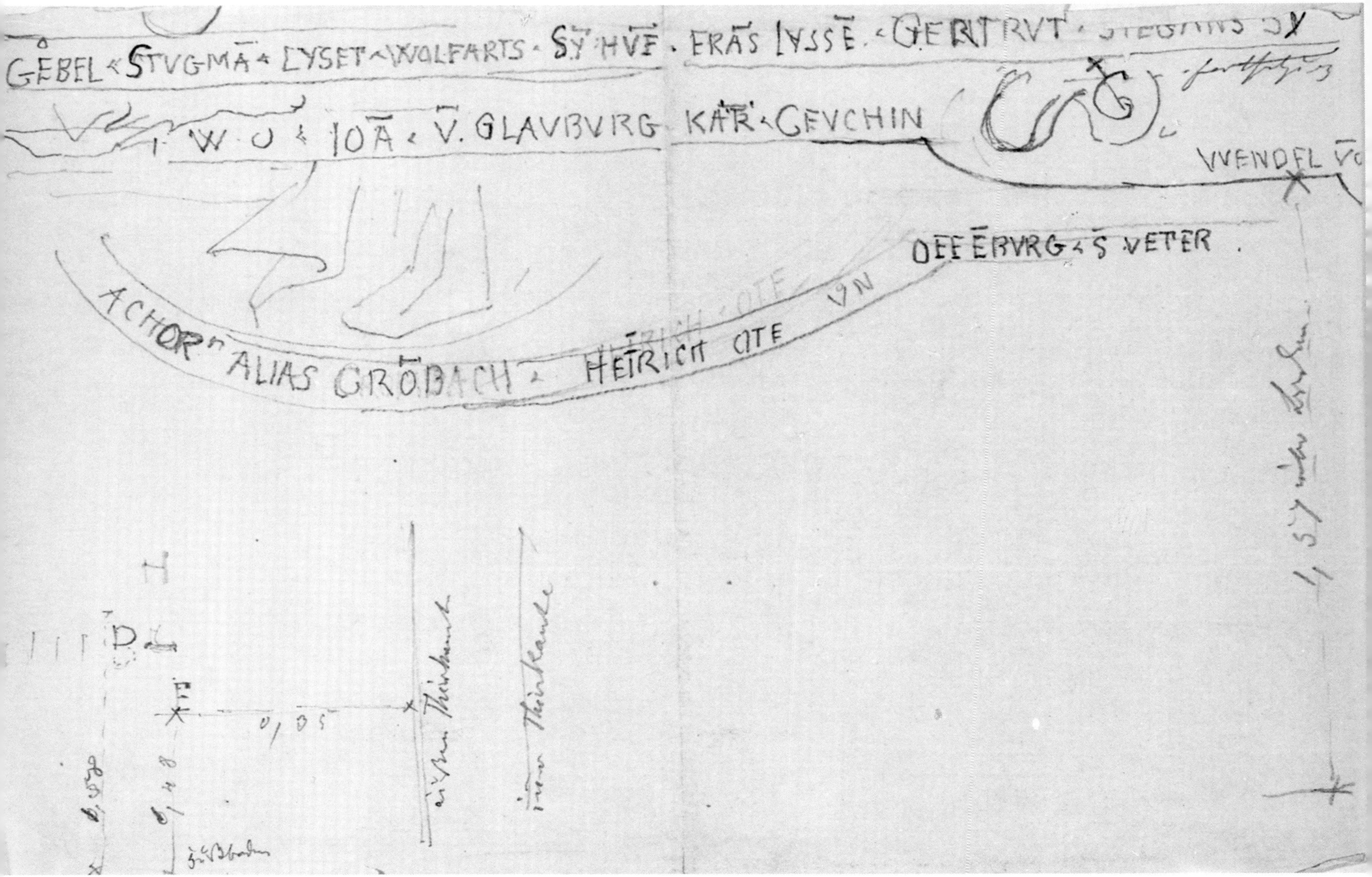
GEBEL · STVGMA · LYSET · WOLFARTS · SY HVE · ERAS LYSSE · GERTRVT
W · O · IOA · V. GLAVBVRG KAR · GEVCHIN
WENDEL
ACHOR ALIAS GROBACH · HEIRICH OTE VN OFFERVRG · S VETER
0,05
D
E

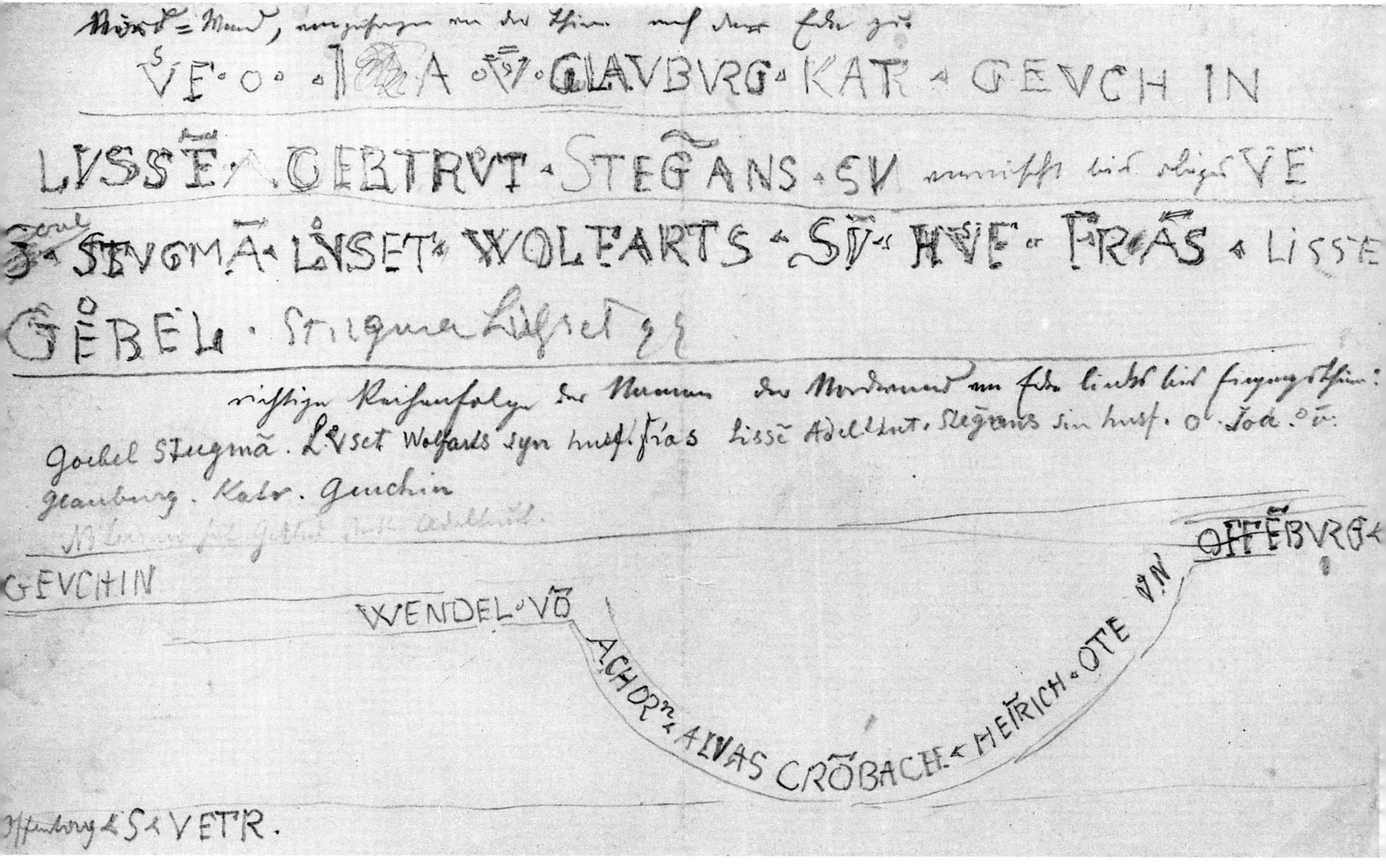
VE · O · IDA · SV · GLAVBVRG · KAT · GEVCH IN
LVSSE · GEBTRVT · STEGANS · SV
VE
STEVGMA · LVSET · WOLFARTS · SV · HVE · FRAS · LISSE
GEBEL · Stiegman
Goebel Stiegmä . Lvset Wolfarts syn husf. fras Lisse Adelheit . Stegans sin husf. O. Ida. O v. Glauburg . Kato . Geuchin
GEVCHIN
WENDEL · VO
ACHOR · ALVAS CROBACH · HEIRICH · OTE VN OFFEBVRG
S · VETR.

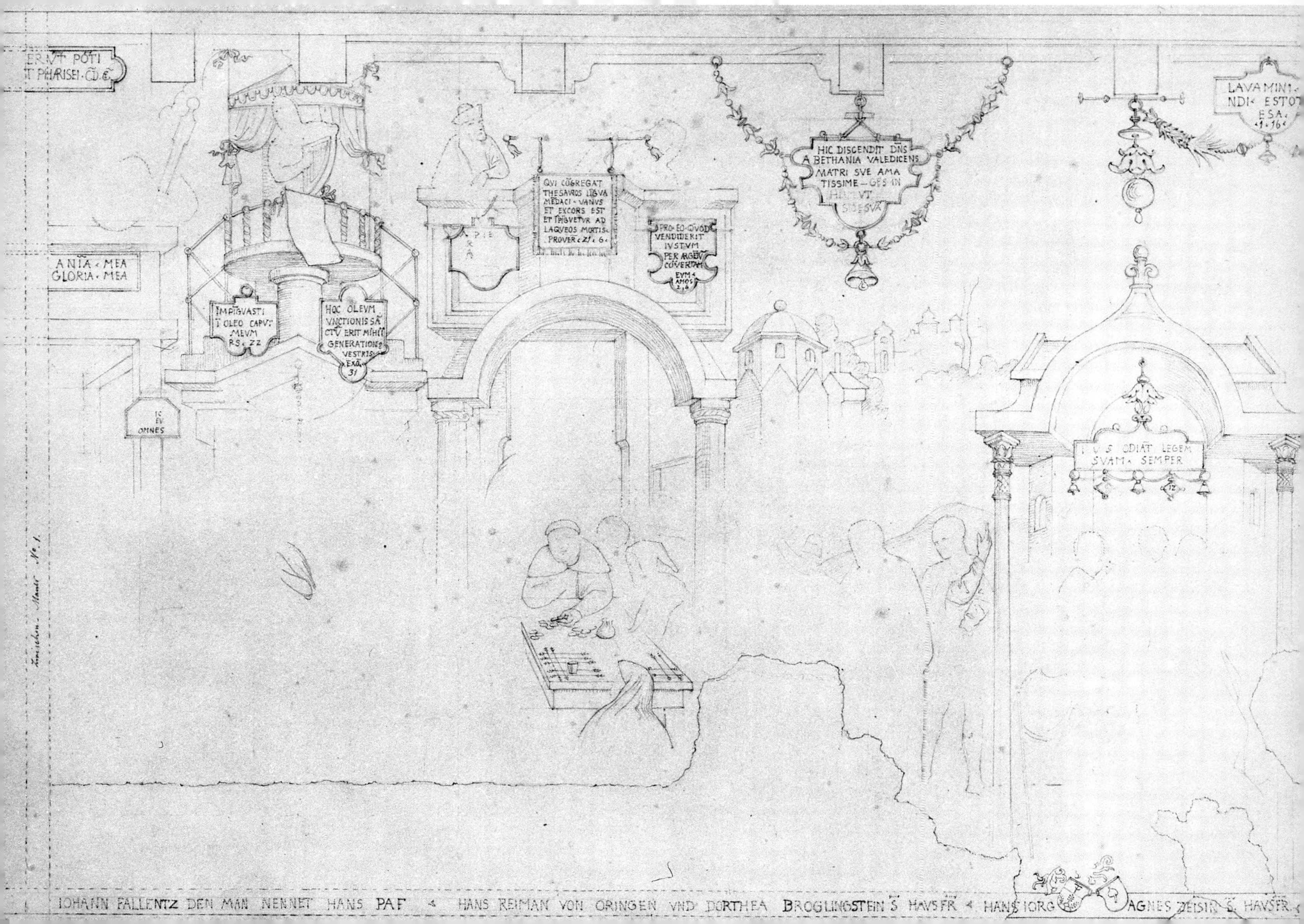

ERVNT POTI
T PHARISEI · CD · E
ANIA · MEA
GLORIA · MEA
IMPIGVASTI
I OLEO CAPVT
MEVM
PS · ZZ
HOQ OLEVM
VNCTIONIS SA
CTV ERIT MIHI
GENERATIONE
VESTRIS
EXO
31
IC
EV
OMNES
QVI COGREGAT
THESAVROS LIGVA
MEDACI · VANVS
ET EXCORS EST
ET IPIGVETVR AD
LAQVEOS MORTIS ·
PROVER · 21 · 6 ·
PRO · EO · QVOD
VENDIDERIT
IVSTVM
PER ARGEN
COVERTAM
EVM ·
AMOS
2 · 6
HIC DISCENDIT DNS
A BETHANIA VALEDICENS
MATRI SVE AMA
TISSIME – GES IN
SIOESVA
LAVA MINI ·
NDI · ESTO
ESA ·
· 1 · 16 ·
S ODIAT LEGEM
SVAM · SEMPER
12
IOHANN FALLENTZ DEN MAN NENNET HANS PAF · HANS REIMAN VON ORINGEN VND DORTHEA BROGLINGSTEIN S HAVSFR · HANS IORG AGNES ZEISIN S HAVSFR

FIAT
TV
PANEM
HANS PIRCKELL
SANCT DEI GENETRIX PRAECIBVS CVM
ORO CARMELITANOS PROTIGE TV FAMVLOS
HVIVS CONVENTVS
Zwischen - Mauer No. 2.
Blatt X Nordwand

H 69

Blatt XI Nordwand

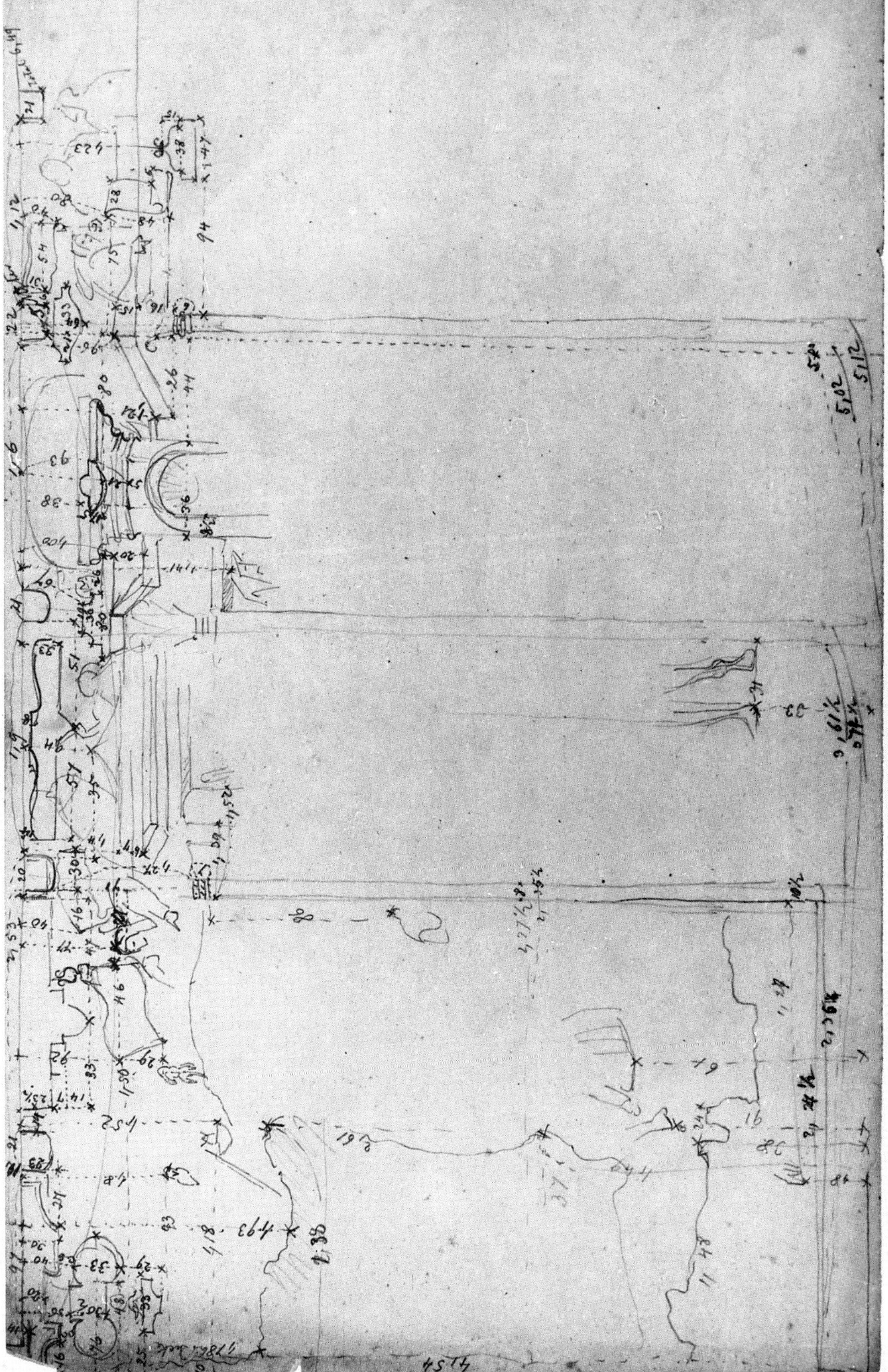

AVDITE CELI
ET AVRIBVS PSPICE TERRA
QIA DOMINVS DIXIT FILIOS ENV
TRIVI ET EXALTAVI IPSI AVTEM
SPREVERVNT ME
ESAIE
P–S 31
EGO AVTEM AD PLAGE
LLA PARATVS SVM
QVARE FACTVS EST
DOLOR MEVS PPETVVS
ET PLAGA MEA
INSANABILIS
IHERE 15
OPPRESSI
ME DOLOR
MEVS ET AD
NICHILV RE
DACTI SVT
ÕNES ARTVS MEI
IOB 16
INVALVERVT
SVPER ME
VERBA VSI
MN
3
ORATE PRO HONORIFICO DOMINO IOHAN CARPENTARIO
CASPAR V ESBORN GEB S H MELCHIOR ELISABET S H F
CONRAT BEERN
BARBARA VND GEYL SEINE HAUSFRAWEN
ORATE PRO VR̄I PATRIBVS ADAM HECK PR̄I COVĒTVS WINDHEIMĒSIS

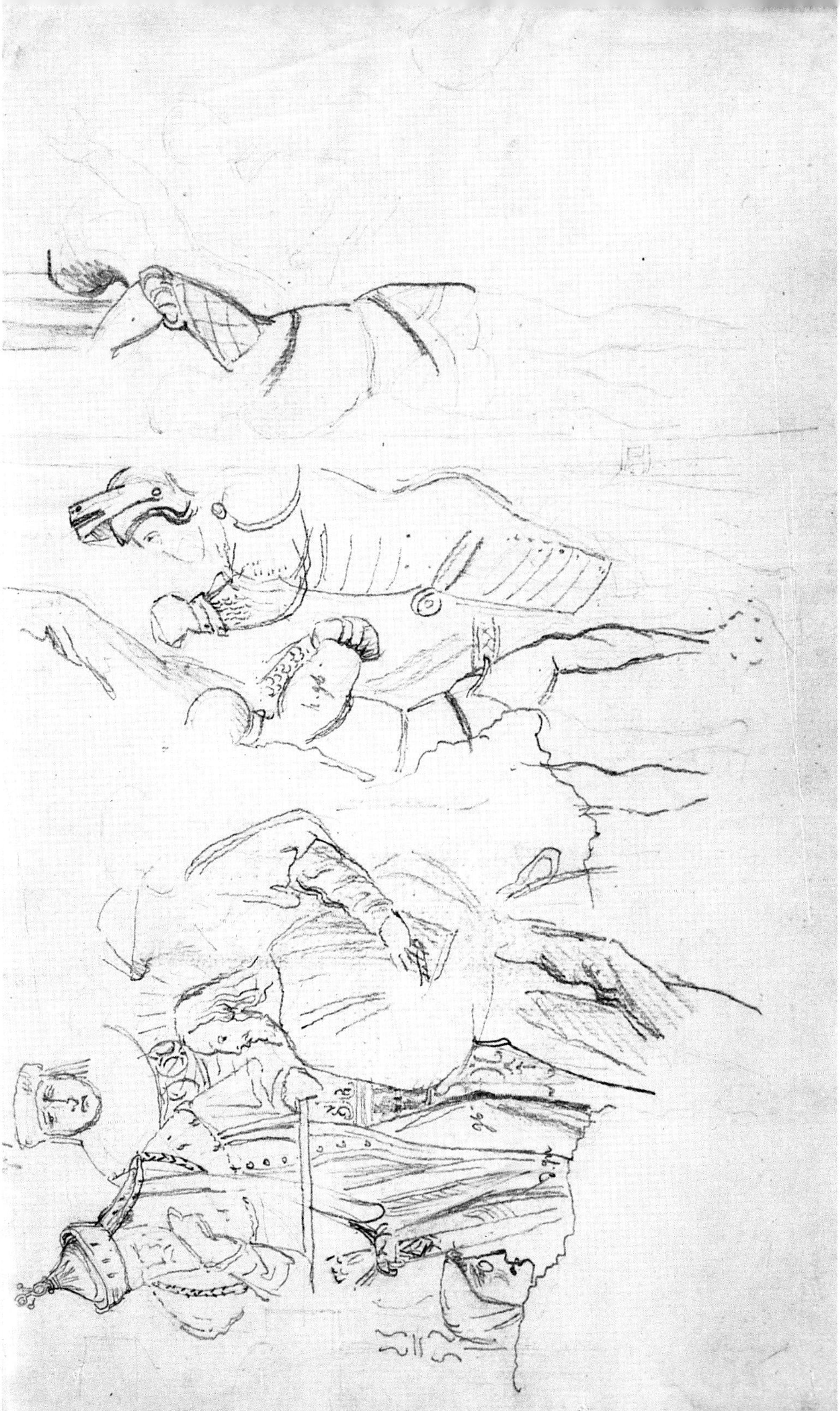

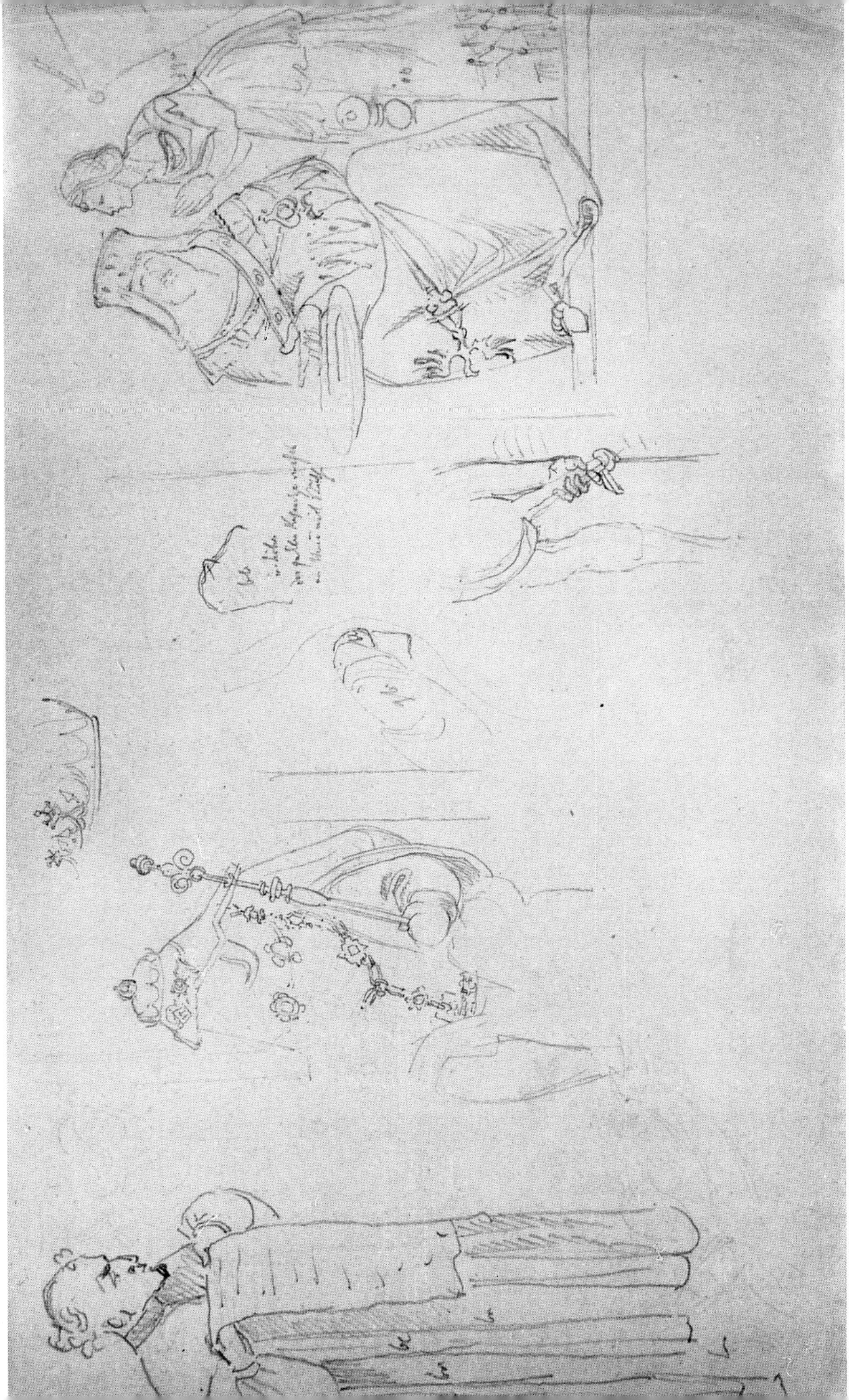

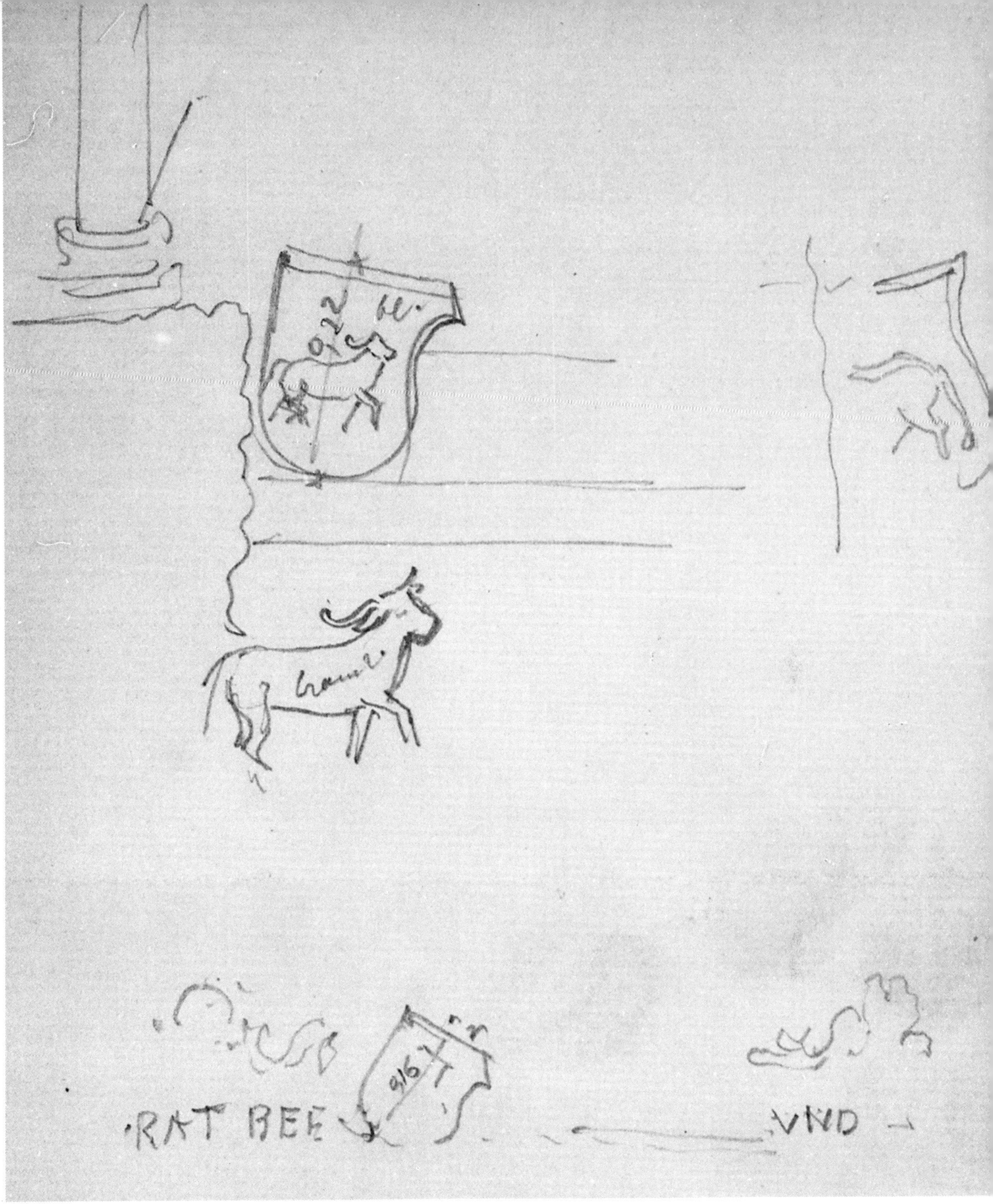

H 78

Blatt XIII Nordwand

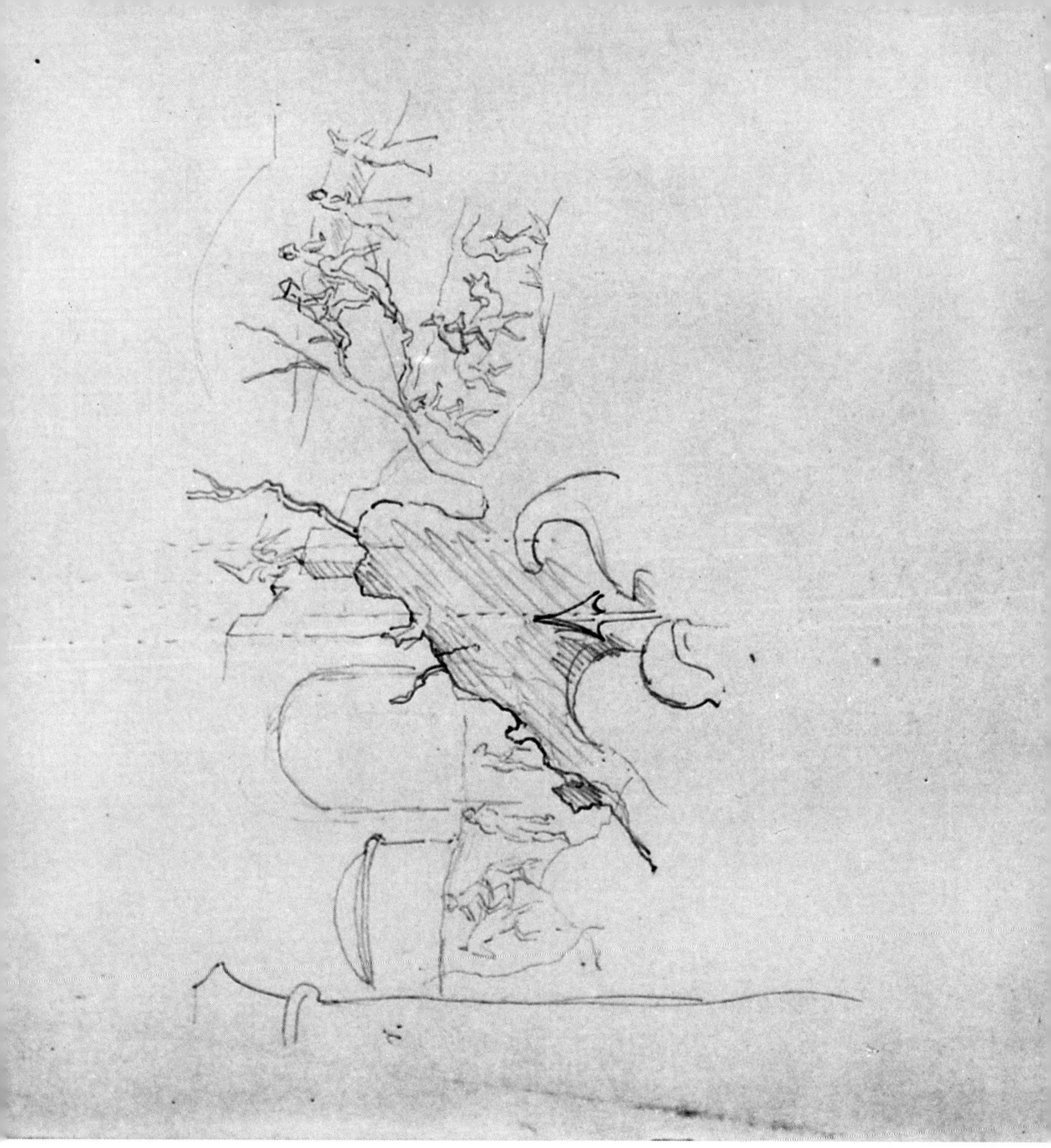

H 81

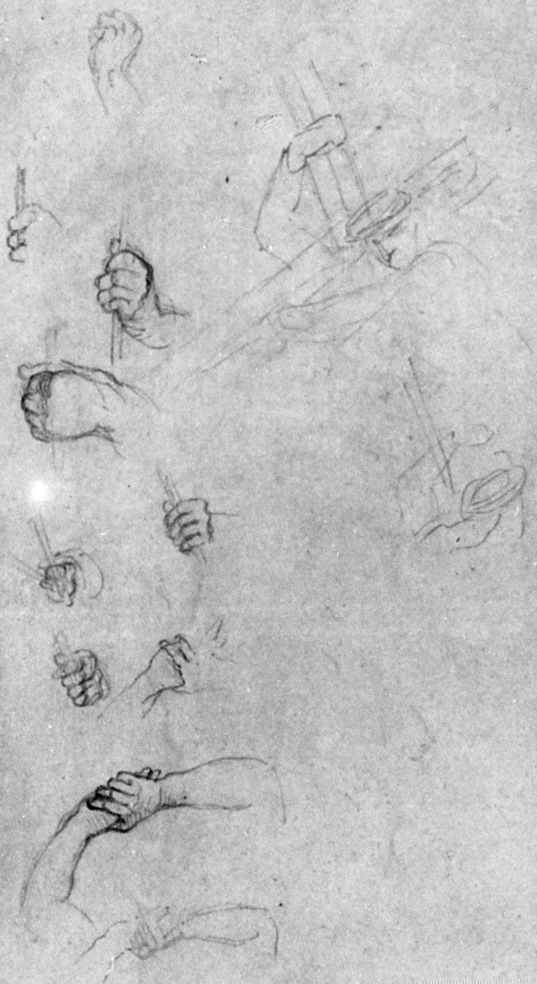

59

Blatt XIV. Nordwand

SOL ET LUNA OBTENEBRATI SUNT ET STELLAE RETRAXERUNT SPLENDOREM SUUM JOHEL 2
IN DIE ILLA OCCIDET SOL IN MERIDIE ET TEEBRESCERE FACIA TERA I DIE LUINIS AMOS 9
EXACERBASTIS EU QUI FECIT VOS DEU ETER BARU X
OS NŌ COM MINUENTIS EX EO EXO
CUM SCELER ATIS RE PUTATUS EST ISA. 53
TRENOV 3
FACTUS SUM IN DERISUM OMI POPULI
IESUS NAZAR REX IUDAEOR
BLASPHEAVERUT SANCTŪ ISRAEL ESAY
DEDERUT I ESCĀ MEAM FEL ET I SITI MEA POTAVER UT ME A CETO PS 68
IOST GRONEBERGER DER ELTER ELISABET MERCKEL S. H. IOST GRONEBERGER MARGRETA ASSENHEIMERIN S H. WEIGEL GRONENBERGER MARGRETA ROSENBECHERN S. H. HANS GRONEBERGER

FACTVS . SVM . IN
DERISVM OMNI POPVLIE
CVM
STELER
OS NO CO
INVETIS
LUDWIG GLASER 1933

Dein Leyden O Herr Jesu Christ, meins Hertzens beste Labsahl ist

H 89

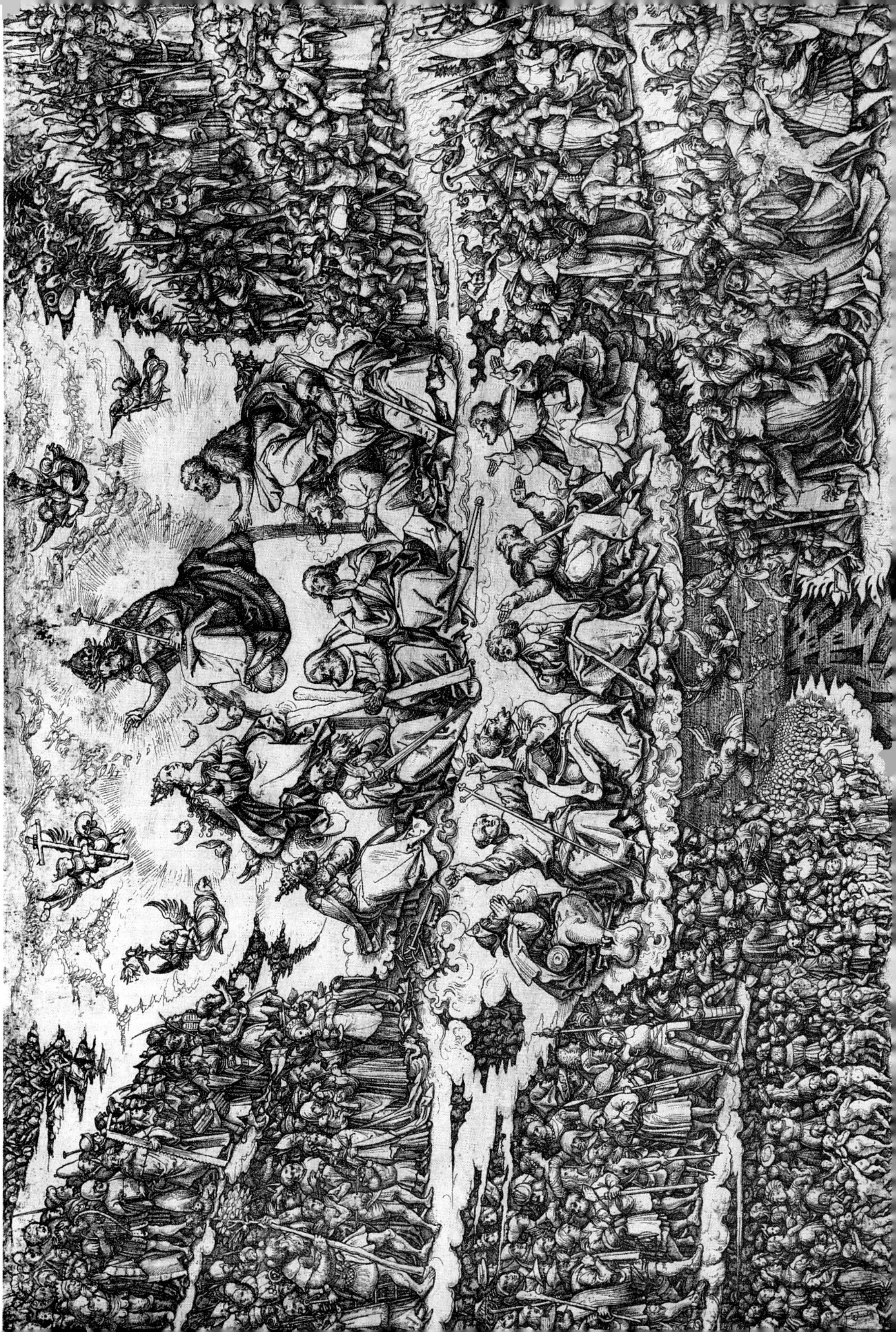

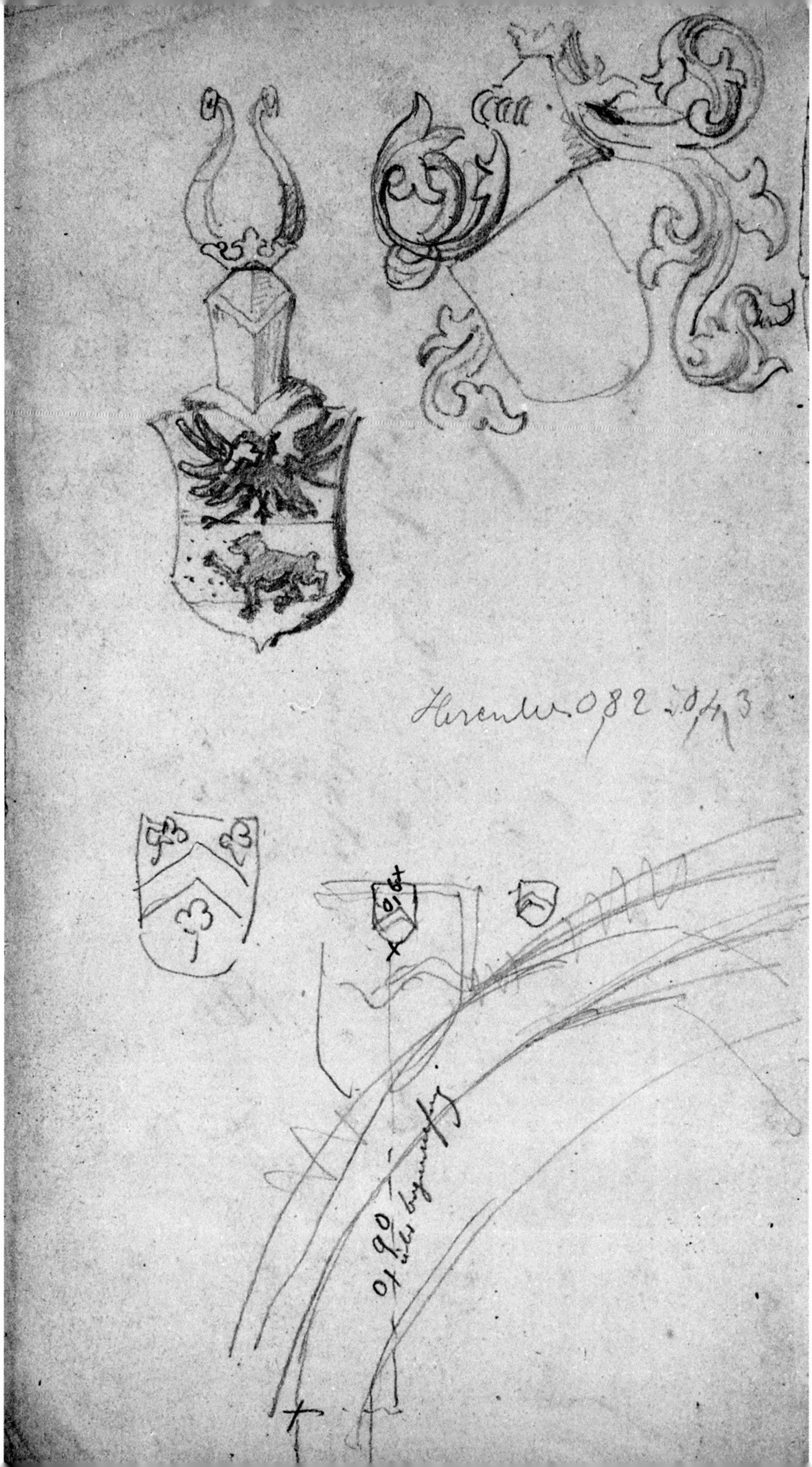

H 92

Rauscher

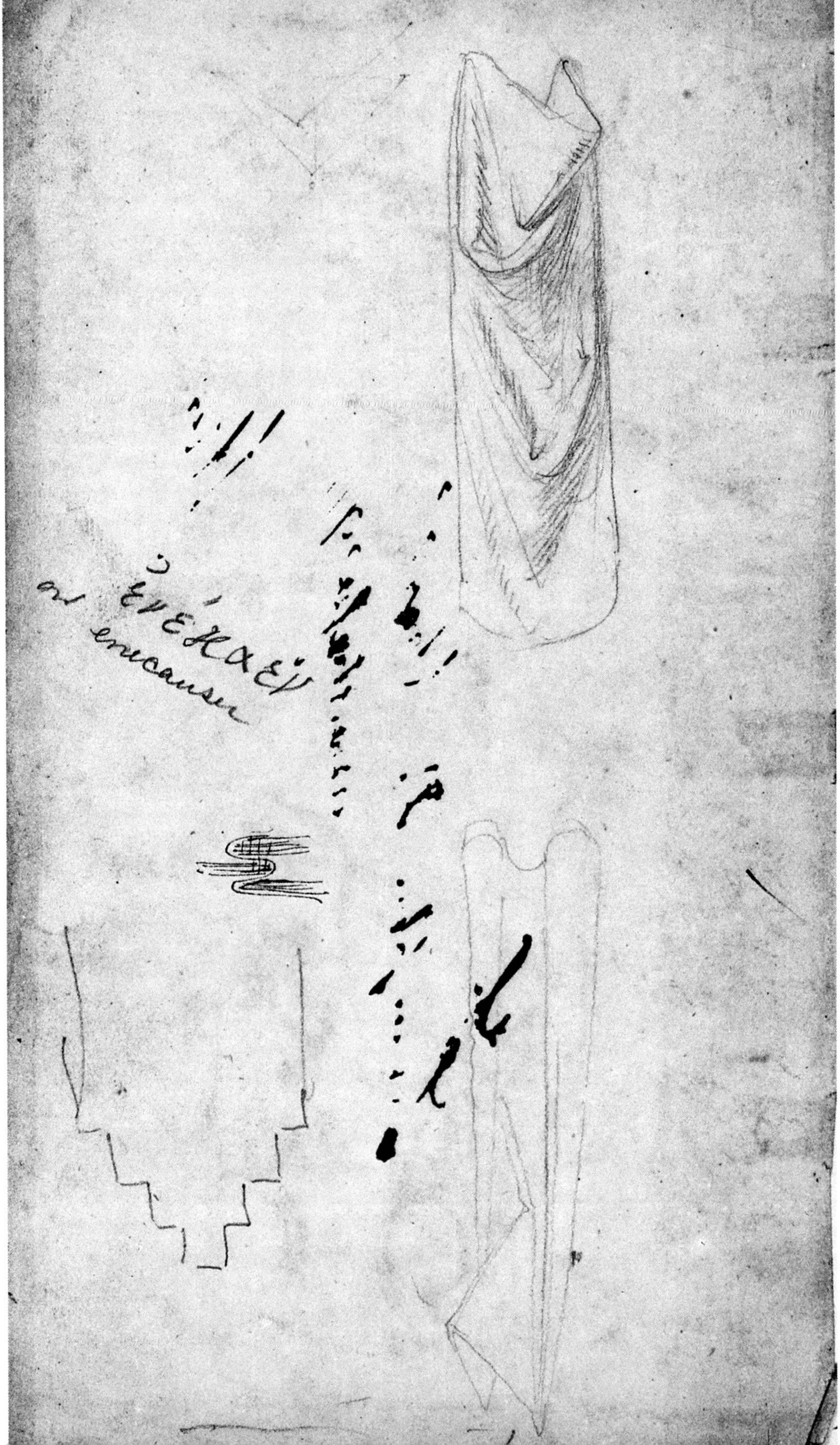
ἐνέκαεν
or encausen

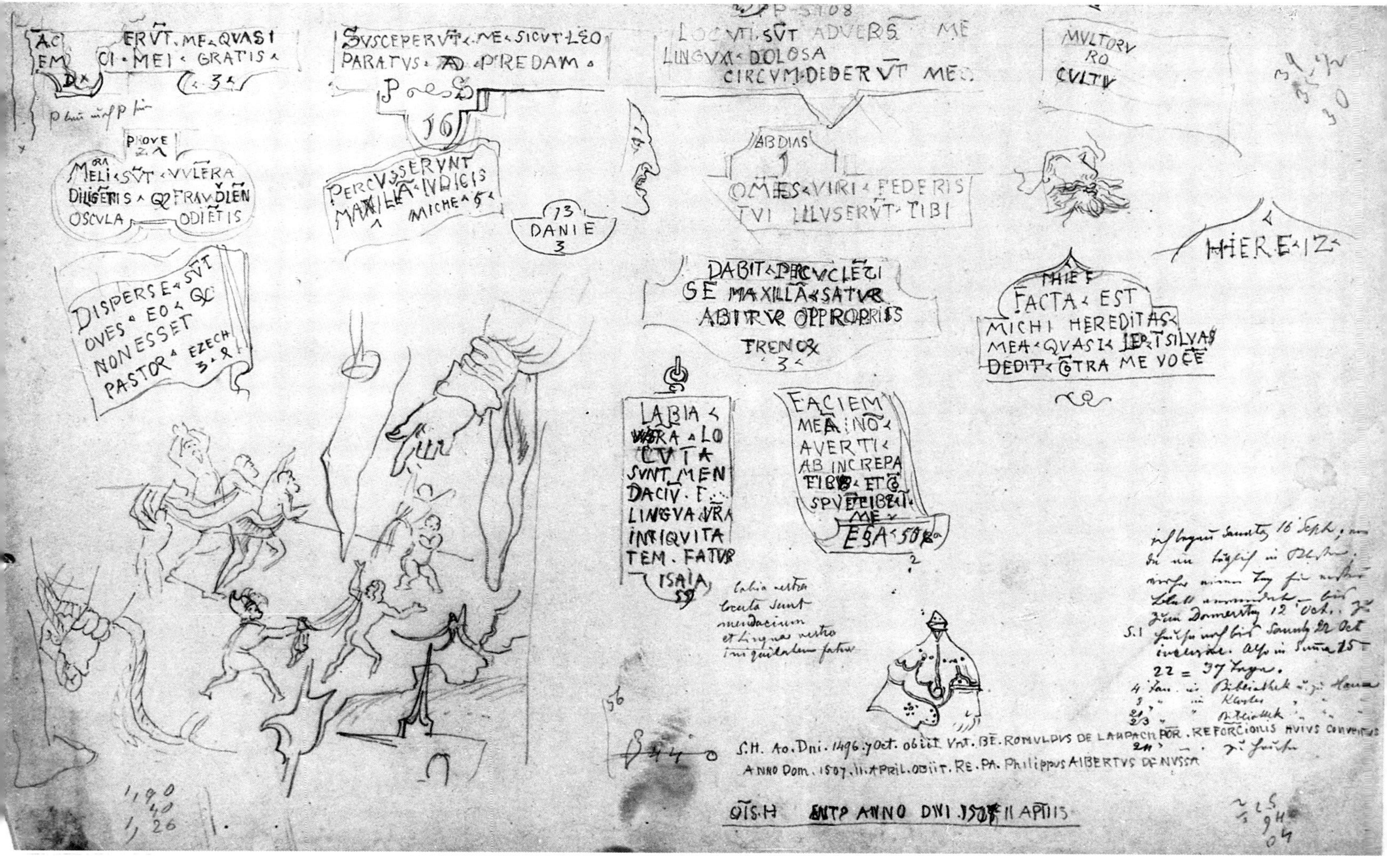
AC ERVT. ME QVASI EM CI. MEI GRATIS D 3
SVSCEPERVT ME SICVT LEO PARATVS AD PREDAM
16
LOCVTI SVT ADVERS ME LINGVA DOLOSA CIRCVM DEDERVT ME
MVLTORV RO CVLTV
P-5108
PROVE
MELI SVT VVLERA DILIGETIS Q FRAVDLEN OSCVLA ODIETIS
PERCVSSERVNT MAXILLA IVDICIS MICHE 5
13 DANIE 3
ABDIAS
OMES VIRI FEDERIS TVI ILLVSERVT TIBI
HIERE 12
DISPERSE SVT OVES EO Q NONESSET PASTOR EZECH 3
DABIT PERCVCIETI SE MAXILLA SATVR ABITVR OPPROBRIIS TRENO 3
FACTA EST MICHI HEREDITAS MEA QVASI LEO T SILVAS DEDIT CTRA ME VOCE
LABIA VRA LOCVTA SVNT MENDACIV LINGVA VRA INIQVITATEM. FATVR ISAIA 59
FACIEM MEA NO AVERTI AB INCREPA TIBVS ET CO SPVETIBVS ME ESA 50
S.H. Ao. Dni. 1496. 9 Oct. obiit Vnt. BE. ROMVLVS DE LAMPACH POR. REFORCIONIS HVIVS CONVENTVS
ANNO Dom. 1507. 11. APRIL. OBIIT. RE. PA. Philippus AIBERTVS DE NVSSA
OIS.H ENTP ANNO DNI 1507 11 APRIIS
22 = 37
1,90 40 1,26

Herrn
C. Donner von Richter
Westendplatz,
Hier

E MONETVR
A PORT
A COTIVNX
OA. MATTI

Blatt XVI: Refectorium

I

2

4

Die beiden Stuttgarter Tafeln

Stuttgart, Staatsgalerie
Fichtenholz
Tempera mit Öllasuren (Mischtechnik)
Ecce-Homo 98 x 55 cm
Kreuztragung 97,5 x 64 cm

Die beiden kleinen Tafeln, die die Stuttgarter Staatsgalerie aus englischem Privatbesitz erwarb, sind die Flügel eines kleinen, wahrscheinlich insgesamt gemalten Altarretabels, dessen Mitteltafel verloren ist. Die Form des Retabels, ob es z. B. von einer Lünette bekrönt wurde oder ob es auch Standflügel besaß wie der Frankfurter Heller-Altar von Dürer und der Schwaigeren Altar von Jerg Ratgeb von 1510, ist heute nicht mehr zu klären. Mit Sicherheit kann aber eine verlorene Predella erschlossen werden.

Auf den beiden Flügelinnenseiten sind zwei Szenen aus der Passion Christi dargestellt – Ecce-Homo und Kreuztragung –, so daß vom ikonographischen Zusammenhang wahrscheinlich eine weitere Passionsszene zu erschließen ist, nur bereitet dann der chronologische Ablauf der Szenen auf dem Altar von links nach rechts große Schwierigkeiten. So ist in diesem Fall auch die Darstellung eines Schmerzensmannes und einer Schmerzensmutter ins Auge zu fassen, nur ist eine solche Darstellung im Werk von Ratgeb nicht belegt, so daß die Alternative eines geschnitzten Mittelschreins wie beim Herrenberger Altar nicht ganz zu verwerfen ist.

Auf den beiden Flügelaußenseiten ist die Szene der Verkündigung dargestellt, die mit Sicherheit nicht von der Hand Ratgebs stammt. Auf der rechten Flügelinnenseite mit der Kreuztragung Christi befinden sich unter der Landschaft rechts oben Vorzeichnungen von der Hand Ratgebs. Ob der Künstler aber die Tafel insgesamt eigenhändig gemalt hat, stellt sich als Frage, da in den mittelalterlichen Werkstätten Arbeiten immer im Zusammenspiel aller Kräfte – Lehrlinge, Gesellen, fertige Meister – unter der Oberaufsicht des leitenden Meisters, in diesem Fall Ratgeb, entstanden sind. Auffällig ist bei der Vorzeichnung der ungeheure Schwung, mit dem hier der Pinsel geführt wurde, aber auch die Mühelosigkeit, die Leichtigkeit des Pinselstriches. Ähnliches läßt sich von den Figuren sagen. Die Kraft der Gebärden, Gestik und Mimik, der Bewegungsablauf, der in den Figuren gezeigt wird, die sehr frei gehandhabte Drehbarkeit der Körper, die hier im Bild vorgeführt wird, ist typisch für Ratgeb.

Das Motiv des Mannes mit der Schriftrolle auf der linken Tafel ist uns bereits vom Dominikaner Hochaltar von Hans Holbein d. Ä. bekannt; es wird auch auf der Nordwand des Kreuzgangs zweimal wiederholt. Die in sich gedrehte Figur des Mannes in Gelb auf der gleichen Tafel erinnert an eine Rückenfigur der Nordwand, der nach hinten geworfene Kopf erinnert an den von Christus bei der Szene der Geißelung. Der Mann mit dem als Schwan geformten Helm wird in ähnlicher Weise auch auf der Nordseite des Kreuzgangs wiederholt. Dieser Vergleich, der, bezogen auf alle Einzelheiten, durchgeführt werden muß, wird in einer Untersuchung mit allen Details vorgelegt, da in diesem Katalog nur die wesentlichen Züge herausgearbeitet werden können.

Wichtig aber ist vor allem, daß nun diese Tafel nicht mehr Jerg Ratgeb – und seiner Werkstatt – abgeschrieben werden kann, wie dies noch Chr. Anhalt in ihrer Besprechung der Monographie von Fraenger getan hat. Es ist jetzt abzuwarten, wie sich diese beiden Tafeln neben den Wandgemälden und dem Schwaigerner Altar präsentieren werden und ob man nicht doch die beiden Innenseiten vielleicht Ratgeb selbst - nicht seiner Werksttatt - zuschreiben kann.

Der Vergleich mit der Nordwand hat zugleich gezeigt, daß die beiden Stuttgarter Tafeln um 1516 angesetzt werden müssen. Folglich sind sie in Frankfurt entstanden. Wahrscheinlich wurden sie für eine Person des gleichen Kreises geschaffen, für den Ratgeb zu dieser Zeit vorrangig tätig war, die Frankfurter Patrizier. 1516 starb Walter von Schwarzenberg, der das Wandgemälde mit der Anbetung der Könige auf der Westseite gestiftet hatte, und wurde in der Karmeliterkirche begraben. Seinen Epitaph kennen wir aus einer späteren Nachzeichnung im Epithaphienbuch des Holzhausen-Archives, seine Großmutter war eine Geborene von Holzhausen. Wahrscheinlich können wir auf eine Arbeit von Hans Backoffen oder einen seiner Schüler schließen. Es ist nicht unwahrscheinlich, daß seine Gattin, Agnes Steffin, einen kleinen Altar von Ratgeb für ihren 1516 verstorbenen Gatten malen ließ; dann wäre der Aufstellungsort des Altares mit den beiden Flügeln in Stuttgart die Fankfurter Karmeliterkirche gewesen. Der eventuelle Zusammenhang mit der im Zweiten Weltkrieg zerstörten gemalten Ornamentnische wäre dann noch abzuklären.
Die beiden Flügelaußenseiten sind noch im Hinblick auf die Darstellung der Landschaft, die mit Sicherheit auch von Ratgeb stammt, mit Infrarotaufnahmen zu untersuchen; wahrscheinlich sind auch hier Unterzeichnungen vorhanden, was aber aufgrund der Aufhängung in der Stuttgarter Staatsgalerie nicht zu klären war, es sind dort nur die Innenseiten des Flügelpaares sichtbar.
Lit.: Th. Musper, Münchner Jb. der Bild. K., III/IV, 1952/53. S. 191. - **W. Fraenger a.a.O. 1972/81,** S. 55-60, Abb. 26-29. - **B. Bushart,** Rez. z. W. Fraengers Monographie J. R., Ein Maler u. Märtyrer aus dem Bauernkrieg, hrsg. v. G. Fraenger u. J. Baier-Fraenger, Dresden 1972, **Pantheon,** XXXIV, 1975, S. 80. - **Chr. Anhalt,** Rez. z. W. Fraengers Monographie, J. R., Ein Maler u. Märtyrer aus dem Bauernkrieg, hrsg. v. G. Fraenger u. I. Baier-Fraenger, Dresden 1972, **Zs. f. Kg.,** 39, 1976, S. 236-239.

Der Herrenberger Altar

Stuttgart, Staatsgalerie
Fichtenholz
Predella 65 x 70 cm (Schweißtuch der Veronika)
Gesamthöhe mit Predella und Aufsatz ca. 4 m
Flügel: Zwölf Boten/Abendmahl 274 x 147 cm
Geißelung/Verlobung 262 x 142 cm
Kreuzigung/Beschneidung 261 x 145,5 cm
Zwölf Boten/Verklärung 270 x 147cm
Aufsatztafel 54 x 129,7 cm bzw. 53 x 131 cm

Der ehemalige Hochaltar der evangelischen Pfarrkirche (1439–1534 Stiftskirche U. L. Frau) war durch den nicht erhaltenen Lettner im Chor eingekapselt und im von Westen nach Osten ansteigenden Kirchenschiff (ungüstige Lage auf einer Bergnase mit Gefährdung durch den unsicheren Baugrund, der ein Abrutschen nach Westen begünstigte, Umbau in der Mitte des 15. Jahrhunderts) nur durch zwei vergitterte Türen sichtbar. Wahrscheinlich sind aus dem Ansteigen des Kirchenschiffes und der Treppenanlage zum Chor hin auch die Überlänge, die Überdehnung der Figuren des Hochaltares von Ratgeb zu erklären.

Die Rekonstruktion des Lettners mit zwei Türen ist von folgendem Faktum herzuleiten: Der Dreisitz von 1517, der heute in der Mitte des Chores unmittelbar vor dem mittleren Chorfenster aufgestellt ist, stand im Chor auf der Rückseite des Lettners; damit wird eine symmetrische Anlage mit zwei Gittertüren notwendig. Auf der Außenseite des Lettners – dem Kirchenschiff zugewendet – stand der nicht erhaltene Laienaltar, eine ähnliche Situation, wie wir sie auch von anderen spätgotischen Kirchen kennen, z. B. vom Würzburger Dom mit dem ehemaligen Hochaltar von Tilman Riemenschneider. Die Anlage wird auf dem Gemälde von Hans Ulrich Buehler gezeigt. Hier ist noch der spätgotische Zustand des Domes vor der Barockisierung wiedergegeben. Damit ist auch die ehemalige Situation des Chores der Herrenberger Stiftskirche sehr gut zu rekonstruieren. Das 1517 von Heinrich Schickhard aus Siegen geschnitzte Chorgestühl dürfte an dem Ort, wo es noch heute steht, aufgestellt gewesen sein; der Dreisitz aus der gleichen Zeit mit dem Wappen der Grafen von Tübingen stand auf der Rückseite des Lettners, dem Hochaltar zu gewendet; der Hochaltar von Jerg Ratgeb war hinten in der Mitte des Chores aufgestellt.

Der Altar war ein Flügelratabel mit geschnitztem, ungefaßtem Mittelschrein und zwei gemalten Doppelflügelpaaren, die von Jerg Ratgeb stammen. Über den Mittelschrein geben sowohl die beiden Flügel der Feiertagsseite mit der Darstellung der Verlobung Mariens (links) und der Beschneidung Christi (rechts) Auskunft als auch das erhaltene, ungefaßte Chorgestühl von 1517 und der ebenfalls ungefaßte Dreisitz, der an der Rückseite des Lettners, dem Hochaltar zugewandt, aufgestellt war.

Auf der Werktagsseite – äußeres Flügelpaar geschlossen – werden die Zwölf Boten (die zwölf Apostel) dargestellt, die gemäß dem Auftrag Christi ausziehen, um das Christentum zu predigen und zu missionieren.

Bei der ersten Wandlung werden dann die vier Tafeln mit Szenen aus der Passion Christi gezeigt, das Abendmahl mit der Ölbergszene im Hintergrund, die Geißelng Christi mit Ecce-

Homo und Dornenkrönung, die Kreuzigung mit Kreuztragung und Grablegung, die Auferstehung mit dem Noli me tangere.
Auf der Feiertagsseite wurden dann – bei ganz geöffnetem Zustand des Altares – auf den beiden gemalten Flügeln Szenen aus dem Leben Mariens sichtbar, links die sehr seltene Darstellung der Verlobung Mariens mit den kleinen Szenen von Anna und Joachim und dem Tempelgang Mariens und rechts der Darstellung der Beschneidung Christi mit der Darbringung im Tempel und der Flucht nach Ägypten.
Weit weniger aber sind wir über den Mittelschrein unterrichtet, da er zerstört wurde. Dennoch gibt es verschiedene Kriterien, die uns die Rekonstruktion ermöglichen.
Aus den Urkunden geht hervor, daß bereits 1516 Visierungen in Auftrag gegeben und bezahlt wurden; so liegt die Vermutung nahe, daß Jerg Ratgeb bereits zu diesem Zeitpunkt die Risse für den geplanten neuen Hochaltar fertigte, zumal das ikonographische Programm des Herrenberger Altares kaum ohne die Bezüge zu den Frankfurter Wandmalereien bei den Karmelitern, besonders zu denen der Nordseite von 1516, deutbar ist. Zum andern ist das Gestaltungsprinzip gleich: der Simultanstil mit seinen narrativ-additiven Elementen ist nur von den Frankfurter Kompositionen herleitbar, auch das Einsetzen von verschiedenen, zunächst nicht deutbaren Details, die aber im Altar in Herrenberg wie in den Wandgemälden in Frankfurt zum Bedeutungsträger werden.
Auch das ikonographische Programm des Chorgestühls mit den Büsten der Apostel und Propheten des Alten Testamentes im alternierenden Wechsel, die Schriftbänder mit den Inschriften und verschiedene andere Details lassen die Vermutung entstehen, daß Ratgeb zu dem Zeitpunkt 1516 möglicherweise auch die Visierung für das Chorgestühl geliefert hat, obwohl es sonst ganz in der Tradition mittelalterlicher Chorgestühle steht und Ratgeb in seinen Werken ungemein fortschrittlicher ist. Aber auch vom Konstanzer Hochaltar und vom Chorgestühl ist uns z. B. überliefert, daß die Entwürfe auf Nicolaus Gerhaert zurückgehen, obwohl er dann wegen eines Rechtsstreites mit der Stadt Konstanz letzteres nicht mehr ausführte; in Ulm war die Syrlin-Werkstatt mit der Anfertigung des Hochaltares und des Chorgestühls betraut. Der Konstanzer und der Ulmer Hochaltar sind Opfer des Bildersturms geworden, aber der Riß des Ulmer Hochaltares im Stuttgarter Landesmuseums zeigt eindeutig die Einheitlichkeit der Planung von Altar und Chorgestühl.
Für die Herrenberger Verhältnisse aber scheint die Sachlage noch etwas anders zu sein. Heinrich Schickhard präsentiert sich in der Dekoration der spätgotischen Wimpergen, Kreuzblumen und Ranken noch als sehr rückschrittlicher Meister, der die Wendung zu den Dekorationsformen in „welschen Manier" noch nicht mit vollzogen hat, während sowohl das gemalte Schnitzwerk unter der Szene mit der Verlobung Mariens als auch der Beschneidung Christi ungeheuer modern und abstrakt wirkt. Dies läßt darauf schließen, daß dann auch Heinrich Schickhard 1518/19 unter dem unmittelbaren Einfluß von Ratgeb wahrscheinlich andere Dekorationsformen für die Rahmung seiner Figurenreihe im Mittelschrein wählen mußte. Das Wort „Aufzug" in den Urkunden deutet darauf hin, daß der Mittelschrein nicht mehr von einem geschnitzten filigranen Gesprenge, sondern von einem modernen Aufzug, z. B. in Form einer geschnitzten Ädicula, möglicherweise mit der Büste von Christus als Salvator, bekrönt wurde.

Der Simultanstil, den Jerg Ratgeb in seinen gemalten Flügeln anwendet, und die gemalten Rahmen mit der schweren Gold-Ornamentik und den Schriftbändern, ursprünglich auf silbernem Grund – verhindert aber, daß er mit diesem Werk auf der Höhe der Kunst seiner Zeit steht. Ihm gelingt es so im Herrenberger Altar nicht, Schauwände zu gestalten, jenes moderne Phänomen der geschnitzten und gemalten Altäre der deutschen Frührenaissance, unabhängig davon, ob es sich um ein Flügelretabel oder um das noch modernere einansichtige Architekturretabel handelt. So richtungsweisend Ratgeb in seinen Wandgemälden im Frankfurter Karmeliterkloster ist, so „rückständig" war er hier, er blieb der Tradition spätgotischer Flügelaltäre vor der Übergangsphase des Absterbens verhaftet. Der Heilbronner Hochaltar der Kilianskirche von 1498, in dem Hans Seyfer alle Elemente der Übergangsphase hatte einfließen lassen - Einansichtigkeit durch Standflügel und damit die Hinwendung zur Schauwand - hat anscheinend keinen bleibenden Eindruck bei ihm hinterlassen; er verwirklicht das einmal bei Hans Holbein gelernte Rezept Flügelaltäre zu gestalten, das zum Beispiel auch beim Frankfurter Dominikaner Hochaltar verwirklicht war, aber mit dem Unterschied, daß die Flügelseiten jeweils nur noch mit einer einzigen großen Szene (abgesehen von den kleinen Szenen im Hintergrund) bestimmt wurden. Der Vergleich mit dem Kirchenväteraltar von Michael Pacher in der Alten Pinakothek München oder dem Isenheimer Altar von „Gründewald" zeigt deutlich, daß hier die Flügelnähte negiert und große einheitliche Kompositionen geschaffen werden. Ratgeb hat aber einen anderen Weg beschritten, der bereits ganz im Sinne der Reformation gedeutet werden kann. Wie bei gleichzeitigen Altären im Rahmen durch den blauen Grund und das goldene Ornament angezeigt wird, daß das Bild im Rahmen durch den Bedeutungsträger Ornament in einen transzendenten Raum verlegt wird, bzw. Transzendenz im Bild immanent ist, so geht Ratgeb beim Herrenberger Altar, ähnlich wie bei den Frankfurter Wandgemälden, den gleichen Weg.

Die Originalrahmen mit der schweren Ornamentik in Gold und Rot und die davon eingefaßten Schriftbänder zeigen an, daß der dargestellte Bildinhalt eingebettet ist in die Schrift und damit Transzendenz im Bild zum Ausdruck gebracht wird, die immer nur eine mittelbare sein konnte. Haben seine Zeitgenossen versucht, durch den altertümlichen Goldgrund, den blauen Himmelsgrund oder durch die Transparenz bei geschnitzten Altären das Undarstellbare im Bild bzw. Bildwerk einzufangen, so bedient sich Ratgeb der Heiligen Schrift. Wenn man bedenkt, daß als Folge der Reformation in evangelischen Kirchen sogar reine Schriftaltäre aufgestellt wurden, hier ist z. B. der protestantische Schriftaltar in der Heilig Geist-Kirche in Dinkelsbühl von 1537 zu erwähnen, so hat Ratgeb selbst einen großen Schritt über die Schrift als reines Ornament hinaus getan, indem er wieder auf ihren heiligen Charakter zu verweisen versucht und sich ihrer als Bedeutungsträger bedient.

Es wird immer wieder angeführt, daß die Brüder vom Gemeinsamen Leben entschieden auf die Gestaltung des Chorgestühls und des Herrenberger Altares eingewirkt hätten; dies muß jedoch, wie viele Fragen zum Leben und Werk von Jerg Ratgeb, unbeantwortet bleiben, und zwar aus folgenden Gründen, denen man sich nicht ganz verschließen kann: Zwar ist bekannt, daß der sechste Probst der Stiftskirche in Herrenberg, Johannes Rebmann aus Neuhaus an der Erms bei Urach, von 1502 bis zu seinem Tod am 10. Juli 1517 im Amt, viel für die Ausstattung der Herrenberger Stiftskirche als Kunstmäzen getan hat.

Von seinem Leben ist nur wenig bekannt; 1483 ist er an der Universität in Tübingen nachzuweisen, 1502 wurde er Linzentiat der Theologie und noch im gleichen Jahr sechster Probst in Herrenberg. Er stiftete die neue Kanzel, die Meister Hanselmann 1503 errichtete und die sich mit den vier Kirchenvätern - Augustinus, Hieronymus, Gregorius und Ambrosius - von dem ikonographischen Programm anderer Kanzeln nicht unterscheidet, aber in der Gestaltung sich kaum an der Großartigkeit der Kanzel im Wiener Stephansdom von Anton Pilgram messen kann. Die Madonna mit Kind im Strahlenkranz nimmt Bezug auf das Patrozinum der Marienkirche. Gegen Ende seines Lebens plante er dann um 1516 die Neuausstattung des Chores hinter dem Lettner. Von 1516 ist bekannt, daß Visierungen angefertigt und bezahlt wurden. Aber bereits ein Jahr später ist Rebmann, den der Chronist Heß in seiner Herrenberger Chronik einen „leutseligen Mann" nennt, tot, ohne den Abschluß des Chorgestühls erlebt zu haben, aber zuvor Geld in seinem Testament für den neuen Hochaltar bereitstellte.

Folglich war auch er es, der Jerg Ratgeb mit diesem Auftrag betraut hatte, ehe der Vertraute von Herzog Ulrich von Württemberg, Benedikt Farner, 1517 als siebter und letzter Probst nach Herrenberg berufen wurde. Er ließ seinen Vorgänger im Amt, der so großzügig für die Ausstattung der Herrenberger Stiftskirche Geld bereitgestellt hatte, im Hochaltar auf der Feiertagsseite, auf dem linken Altarflügel, bei der Verlobung Mariens mit Josef im Bild darstellen. Das Porträt eines Geistlichen im roten Mantel - cappella mortualis - und der Kappe der Kappenherrn ist von einer solchen Großartigkeit, daß es aus dem Bilde heraustritt, der Dargestellte blickt den Betrachter an. Hätte Jerg Ratgeb nicht bereits zu Lebzeiten ein Porträt dieses bedeutenden Mannes angefertigt, so hätte er ihn bestimmt nicht in dieser großartigen Form auf dem Altar wiedergeben können. Zu bedenken ist noch, daß wahrscheinlich der Mittelschrein schon in der Mitte des 16. Jahrhunderts zerstört und nicht mehr im Chor aufgestellt war und so die Flügel der Werktagsseite und die Flügel der Feiertagsseite gleichermaßen der Sonnenbestrahlung - wenn auch nur morgens bis mittags - ausgesetzt waren und die Malerei stark gelitten hat.
Der Vergleich mit dem auf der südlichen Seite des Chorgestühls, auf der dem ehemaligen Lettner zugewandten Wangenseite dargestellten Chorherrn zeigt, daß vermutlich auch mit diesem Bild Johannes Rebmann gemeint ist, der hier in ungeheurer Naivität von dem Bildschnitzer Heinrich Schickhard geschildert wird als lächelnder, betender Chorherr mit einem leerem Wappenschild rechts zu seinen Füßen.
Da der verschwendungssüchtige Herzog Ulrich das Geld der Kappenherrn für die Deckung seiner eigenen Bedürfnisse und seines Haushaltes laut Genehmigung des Papstes einziehen durfte, ist es nicht verwunderlich, daß er dafür sorgte, daß als nächster Probst in Herrenberg einer seiner Vertrauten, Benedikt Farner, eingesetzt wurde.
Auch über sein Leben ist nur wenig bekannt; vermutlich in Klosterreichenbach oder dem nur wenige Kilometer entfernten Baiersbronn (Kreis Freudenstadt im Schwarzwald) oder Dornstetten (ebenfalls Kreis Freudenstadt) geboren, war er der Sohn des Johannes Farner, der aus Bulach stammte und mit Genoveva Dolckerin verheiratet war. Obwohl die Familie über keine großen materiellen Güter verfügte und zahlreiche Kinder hatte, konnte Benedikt Farner studieren und war vom 24. Juli 1492 an an der Tübinger Universität immatrikuliert. Sehr begabt, bestand er bereits nach einem Jahr die Prüfung als Bakkalaureus, und nach zwei weiteren Jahren erwarb er sich den Magistertitel. Den Ingolstädter Theologieprofessor Johannes Eck bezeichnete Farner als seinen Lehrer, und mit dem Tübinger Humanisten Heinrich Bebel stand er im Briefwechsel. Da Farner bereits um 1502 in der Stiftskirche Heilig-Kreuz in Stuttgart Chorherr wurde, dies bis 1513 blieb und in die Reihe der Räte von Herzog Ulrich von Württemberg aufgenommen wurde, ist es durchaus möglich, daß ein frühes Zusammentreffen zwischen ihm und Jerg Ratgeb im Jahre 1503, 1508 oder 1512 zustande kam, da von der Tatsache ausgegangen werden muß, daß sich die maßgeblichen Menschen jener Zeit, die in späteren Jahren Kontakt aufnahmen, sich bereits irgendwann zuvor begegnet waren.
Wenn er nun Jerg Ratgeb 1518/19 mit der Ausführung des gemalten Doppelflügelpaares als Stiftung seines Vorgängers im Amt betraute, dann hat auch dieser Auftrag nichts mehr mit den Brüdern vom Gemeinsamen Leben zu tun, selbst wenn der Stifter Johannes Rebmann ihnen noch angehörte; denn bereits um 1516/17 war das Chorherrenstift in ein weltliches Stift umgewandelt worden. Ein ähnlicher Vorgang spielte sich fast gleichzeitig auch in Salzburg ab, als Matthäus Lang von Wellenburg, seit 1519 Nachfolger des Erzbischofs Keutschach, seine Wahl zum Salzburger Erzbischof nur dadurch gewann, daß er dem Domkapitel zusagte, es in ein weltliche Chorherrenstift umzuwandeln.
Der Herrenberger Altar ist in der Reihe der Flügelaltäre des frühen 16. Jhs wie der Isenheimer Altar von Mathis Gothard Neithard und der sog. Bamberger Altar von Veit Stoß noch einer der wichtigsten Altäre, die am Vorabend der Reformation in Auftrag gegeben wurden.

Lit.: Württ. Inv., Schwarzwaldkrs., S. 111, 505. - **Beschr. des Oberamtes Herrenberg,** 1855, S. 111 (Reste eines erst in neuer Zeit wieder hergestellten Altares). - **O. Donner-v. Richter,** J. R. Maler v. Schwaeb.-Gmünd, seine Wandmal. im Karmeliterkloster zu Ffm. u. sein Altarwerk in Herrenberg, Ffm. 1892, Taf. 15f. - **G. Dehio,** Khist. Aufsätze, Mchn. 1914, S. 141f. - **A. Stange,** J. R., zugleich ein Beitr. z. Verarb. ital. Formmittel in Dtld., **Fs. H. Wölfflin,** Mchn. 1924, S. 195f., 198-205, 207, Abb. 4ff. - **O. Schmid,** Aus Herrenberg ums Jahr 1505, **Sonntagsglocke,** Unterhaltungsbeil. zum **Gäu- u. Ammertalboten,** Nr. 47, 1924. - **O. Benesch,** Z. Werk Ratgebs, **Zs. f. bild. K.,** B. 1, 1927, S. 51, 53, Abb. - **A. Pfeffer,** Neues z. Herrenberger Altar v. J. R., **Chr. K.,** 1928/29, S. 378ff. - **J. Forderer,** J. R. u. sein Herrenberger Altar, **Festbeil. der Tübinger Chr..,** 20. Juli 1929. - **J. Forderer,** J. R. u. sein Herrenberger Altar, **Tübinger Bll.,** N. F. 21, 1930, S. 17ff. - **Th. Musper,** J. R., Der Herrenberger Altar, **Dt. K.,** Bd. 4, Taf. 55ff. - **W. Fraenger,** J. R., Der Schöpfer des Herrenberger Altares, **Stuttgarter Neues Tagbl.,** Ostern 1937. - **G. Schwarz,** J. R. u. der Herrenberger Altar, **Hochld.,** 36, 1938/39, II, S. 81-84. - **H. Bürgin-Kreis,** Die Geißelung Christi auf dem Herrenberger Altar v. J. R., **Das Münster,** 2, 1948/49, S. 272ff. - **H. R. Fuhrmann,** J. R. der Maler u. sein Herrenberger Altar, **Aus Schönbuch u. Gäu,** Beil. des **Böblinger Boten,** Nr. 31f., 1959, S. 19ff. - **W. Fraenger,** J. R. u. sein Herrenberger Altarwerk, **Bild. K.,** 1958, S. 309-317. - **B. Bushart - H. R. Fuhrmann,** J. R., Der Maler des Herrenberger Altares, Böblingen 1959. - **A. Burkhard,** The Herrenberger Altar of J. R., Mchn. 1965. - **W. Fraenger,** J. R., Ein Märtyrer aus dem Bauernkrieg, Dresden 1972, Mchn. 1981, Abb. 71-108. - **K. Löcher,** Staatsgal. Stg., Altdt. Meister, 1972/73, (Handschr. Manuskript). - **B. Bushart,** Rez. z. W. Fraengers Monographie J. R., Ein Maler und Märtyrer aus dem Bauernkrieg, hrsg. v. G. Fraenger u. I. Baier-Fraenger, Dresden 1972, **Pantheon,** I. XXXIV, 1975, S. 80. - **U.-N. Kaiser,** Der skulp. Altar der Frührenss. in Dtld., Diss. Ffm. 1975 / Druck Bamberg 1978, S. 26f., 248ff. - **Chr. Anhalt,** Rez. z. W. Fraenger, J. R., Ein Maler u. Märtyrer aus dem Bauernkrieg, hrsg. v. G. Fraenger u. I. Baier-Fraenger, Dresden 1972, **Zs. f. Kg.,** 39, 1976, S. 236ff. - **E. Rettich,** Staatsgal., Altdt. Meister, Stg. 1978, Abb. - **E. Rettich,** Das Abendmahl des Herrenberger Altares, **Große Gem. Gal.,** hrsg. **E. Steingräber,** Mchn. 1980, S. 447, Abb. - **P. Baye,** Staatsgal. Stg., Stg. 1984, S. 68-73, Abb.

Urk.Nr. 1
Frankfurt Stadtarchiv
F 294
Am 3. Okt. 1518 Brief aus Herrenberg abgeschickt von Jerg Ratgeb an Maler Claus Stalburg den Reichen; ins Papier gepreßter Trockenstempel Jerg Ratgeb (I+R)
Anfrage von Claus Stalburg an Ratgeb nicht erhalten; Inhalt beider Briefe die Berufung neuer Stadtärzte für Frankfurt, eine in Zeiten der Pest wichtige öffentliche Angelegenheit (entdeckt v. Stadtarchivar H. Grotefend)
Lit.: O. Donner-von Richter a.a.O. 1892, S. 82f. - **W. Fraenger a.a.O. 1972/82,** S. 12 (Abb. Trockenstempel), 25, 67, 237(9), 249, Abb. 112.

Urk.Nr. 1
Herrenberg, Stiftsarchiv
Armenkasten-Rechnungen
Rechnungsjahr 1516/17

3 Schilling dem Stattschryber umb beide schriften des Verdings von Fassung der Röhren uff den Fronaltar.

Lit.: O. Schmid, Das kirchl. Leben Herrenbergs im Jh. v. der Reformation, **Bll. f. Württ. Kirchengesch.,** N.F. 40, 1936. - **W. Fraenger** a.a.O. 1972/81, S. 102.

Urk.Nr. 2
Herrenberg, Stiftsarchiv
Armenkasten-Rechnungen
Rechnungsjahr 1517/18

Dabei 52 Gulden uß unser frowen seckel frend uff die franckfurter meß maister Jerg malern zu geben.

Lit.: O. Schmid a.a.O. 1936. - **W. Fraenger** a.a.O. 1972/81, S. 102.

Urk.Nr. 3
Herrenberg, Stiftsarchiv
Armenkasten-Rechnungen
Rechnungsjahr 1518 (Aug. 24.)

100 Gulden maister Jergen malern geben uff das verding der taffel uff bartlome 1518.

Lit.: O. Schmid a.a.O. 1936. - **W. Fraenger** a.a.O. 1972/81, S. 102.

Urk.Nr. 4
Herrenberg, Stiftsarchiv
Armenkasten-Rechnungen
Rechnungsjahr 1518

4 1/2 Gulden Hainrich schrynern von baiden flügeln für die tafel uff dem fronaltar.

Lit.: O. Schmid a.a.O. 1936. - **W. Fraenger** a.a.O. 1972/81, S. 102.

Urk.Nr. 5
Herrenberg, Stiftsarchiv
Armenkasten-Rechnungen
Rechnungsjahr 1518/19

Item 1 Pf(und) 7 Sch(illing), 6 H(eller) Jerg Schlossern von 3 Stangen zu schmidten zu der taffel.

Lit.: O. Schmid a.a.O. 1936. - **W. Fraenger** a.a.O. 1972/81, S. 102.

Urk.Nr. 6
Herrenberg, Stiftsarchiv
Armenkasten-Rechnungen
Rechnungsjahr 1518/19

3 Gulden 8 glaich (Angeln) zu zwayen flügeln an der taffel den schlosser zu rotemburg.

Lit.: O. Schmid a.a.O. 1936. - **W. Fraenger** a.a.O. 1972/81, S. 102.

Urk.Nr. 7
Herrenberg, Stiftsarchiv
Armenkasten-Rechnungen
Rechnungsjahr 1518/19

8 Sch(illing) Hainrich schrynern, dem maler und schlosser von glaichen angeschmiedt.

Lit.: O. Schmid a.a.O. 1936. - **W. Fraenger** a.a.O. 1972/81, S. 102.

Urk.Nr. 8
Herrenberg, Stiftsarchiv
Armenkasten-Rechnungen
Rechnungsjahr 1518/19

6 Sch(illing) Hainrich schryner acht Lysten (Leisten) und sunst an der tafel verdient.

Lit.: O. Schmid a.a.O. 1936. - **W. Fraenger** a.a.O. 1972/81, S. 102.

Urk.Nr. 9
Herrenberg, Stiftsarchiv
Armenkasten-Rechnungen
Rechnungsjahr 1518/19

8 Sch(illing) noppen geben vom krist (Gerüst), als man die alte tafel abgebrochen und die nuwen uffgesetzt hat.

Lit.: O. Schmid a.a.O. 1936. - **W. Fraenger** a.a.O. 1972/81, S. 102.

Urk.Nr. 10
Herrenberg, Stiftsarchiv
Armenkasten-Rechnungen
Rechnungsjahr 1518/19

4 Sch(illing) den zymerluten ... als sie dz gerüst machten und den malern halfen den Sarch (Predella) hinufftragen.

Lit.: O. Schmid a.a.O. 1936. - **W. Fraenger** a.a.O. 1972/81, S. 102.

Urk.Nr. 11
Herrenberg, Stiftsarchiv
Armenkasten-Rechnungen
Rechnungsjahr 1518/19

4 Sch(illing), 4 H(eller) etliche Gesellen verzert, so die flügel in die kirche getragen und das erst gerüst abgebrochen hand.

Lit.: O. Schmid a.a.O. 1936. - **W. Fraenger** a.a.O. 1972/81, S. 102.

Urk.Nr. 12
Herrenberg, Stiftsarchiv
Armenkasten-Rechnungen
Rechnungsjahr 1518/19

11 Sch(illing) von 12 rist hölzer (Gerüstholz) zu der tafel gebrucht.

Lit.: O. Schmid a.a.O. 1936. - **W. Fraenger** a.a.O. 1972/81, S. 102.

Urk.Nr. 13
Herrenberg, Stiftsarchiv
Armenkasten-Rechnungen
Rechnungsjahr 1518/19

2 Sch(illing) etlichen gesellen von den höltzern in die kirchen tragen und uffrichten.

Lit.: O. Schmid a.a.O. 1936. - **W. Fraenger** a.a.O. 1972/81, S. 102.

Urk.Nr. 14
Herrenberg, Stiftsarchiv
Armenkasten-Rechnungen
Rechnungsjahr 1518/19

18 Sch(illing), 6 H(eller) 2 tag roß, taglon (zwei Tagesreisen mit dem Pferd) und zerung, als Ich (Stiftsrechner Bernhart Satler) die maler (Jerg Ratgeb und seine Mitarbeiter) berufft (in Stuttgart?) hab zu besichtigung der taffel.

Lit.: O. Schmid a.a.O. 1936. - **W. Fraenger** a.a.O. 1972/81, S. 103.

Urk.Nr. 15
Herrenberg, Stiftsarchiv
Armenkasten-Rechnungen
Rechnungsjahr 1518/19

7 Pf(und), 16 Sch(illing), 4 H(eller) min her propst, Custor, gericht und die maler (Jerg Ratgeb und seine Mitarbeiter) verzert und jnen geschenkt, als sie von der taffel wegen gehandelt hond.

Lit.: O. Schmid a.a.O. 1936. - **W. Fraenger** a.a.O. 1972/81, S. 103.

Urk.Nr. 16
Herrenberg, Stiftsarchiv
Armenkasten-Rechnungen
Rechnungsjahr 1518/19

Item 70 Gulden 9 Sch(illing) maister Jörgen malern geben lut der quittanzen tut 98 Pf(und) 9 Sch(illing).

Lit.: O. Schmid a.a.O. 1936. - **W. Fraenger** a.a.O. 1972/81, S. 103.

Urk.Nr. 17
Herrenberg, Stiftsarchiv
Armenkasten-Rechnungen
Rechnungsjahr 1518/19 (letzter Eintrag)

12 Schilling nopen als vom gruist (Gerüst) ze machen, als man den ußzug (Aufzug) uffsetzt.

Lit.: O. Schmid a.a.O. 1936. - **W. Fraenger** a.a.O. 1972/81, S. 103. - **U.-N. Kaiser,** Der skulpt. Altar der Frühress. in Dtld., Ffm. 1975 (Diss.), S. 2 (34), 119f. (149), 184, 332f.

Urk.Nr. 18
Herrenberg, Stiftsarchiv
Armenkasten-Rechnungen
Rechnungsjahr 1518/19 (Nachtrag)

2 malter dinckel Hainrich schryner geschenkt, als er die Tafel hat geholffen besehen.

Lit.: O. Schmid a.a.O. 1936. - **W. Fraenger** a.a.O. 1972/81, S. 103.

Urk.Nr. 19
Herrenberg, Stiftsarchiv
Armenkasten-Rechnungen
Rechnungsjahr 1519/20

8 Gulden den malern trinkgelt. 3 Pf(und), 9 Sch(illing), 2 H(eller) Zerung tag und roßlon uff Jerg malers rechnung gangen.

Lit.: O. Schmid a.a.O. 1936. - **W. Fraenger** a.a.O. 1972/81, S. 103.

Urk.Nr. 20
Herrenberg, Stiftsarchiv
Armenkasten-Rechnungen
Rechnungsjahr 1520

3 Gulden Thuma malern an der arbait hinder dem fronaltar verdient.

Lit.: O. Schmid a.a.O. 1936. - **W. Fraenger** a.a.O. 1972/81, S. 103.

Urk.Nr. 21
Herrenberg, Stiftsarchiv
Armenkasten-Rechnungen
Rechnungsjahr 1520/22

Maler Thuma 4 Pfund 5 Schilling (das brustbild und die standellen unter der taffell)

Lit.: W. Fraenger a.a.O. 1972/81, S. 99.

Urk.Nr. 22
Herrenberg, Stiftsarchiv
Armenkasten-Rechnungen
Rechnungsjahr 1524 (Invocabit 1525)

159 Gulden an Jerg Ratgeb (letzte Rate).

Lit.: O. Schmid a.a.O. 1936. - **W. Fraenger** a.a.O. 1972/81, S. 103.

Summe des weitgehend aus der Herrenberger Armenkasten bezahlten neuen Hochaltares

Urk.Nr.	Rechnungsjahr	Gulden	Pfund	Schilling	Heller	
1	1516/17	-	-	3	-	Stadtschreiber (Verding)
2	1517/18	52	-	-	-	Farbeneinkauf in Frankfurt a. M. (Jerg Ratgeb)
3	1518	100	-	-	-	Jerg Ratgeb (Abschlagszahlung)
4	1518 (8.24.)	4 ½	-	-	-	Hainrich Schryner (2 Altarflügel)
5	1518/19	-	1	7	6	Jerg Schlosser zu Rottenburg (3 Stangen)
6	1518/19	3	-	-	-	Jerg Schlosser zu Rottenburg (8 Angeln)
7	1518/19	-	-	8	-	Hainrich Schryner
8	1518/19	-	-	6	-	Hainrich Schryner (8 Leisten)
9	1518/19	-	-	8	-	Gerüst (Abbruch der alten Tafel, Aufstellung der neuen Tafel
10	1518/19	-	-	4	-	Zimmerleute (Transport der Predella)
11	1518/19	-	-	4	4	Gesellen (Transport der Flügel)
12	1518/19	-	-	11	-	Gerüstholz
13	1518/19	-	-	2	-	Gesellen (Transport des Gerüstholzes)
14	1518/19	-	-	18	6	Einladung Jerg Ratgebs und seiner Mitarbeiter nach Herrenberg
15	1518/19	-	7	16	4	Besichtigung der Tafel
16	1518/19	70	-	9	-	Jerg Ratgeb (Abschlagszahlung, Quittung über 98 Gulden)
18	1518/19	-	-	12	-	Gerüst für Aufbau des Aufzugs
19	1519/20	8	3	9	2	Maler Thuma
20	1519/20	3	-	-	-	Maler Thuma (Altarrückseite)
21	1520/22	-	4	5	-	Maler Thuma
22	1524	159	-	-	-	Jerg Maler (letzte Rate)
		399 ½	15	122	22	Gesamtkosten
		388 (409)	-	18	6	Abrechnung Jerg Ratgeb

Dok.Nr. 1
Herrenberg
Stiftungsrats-Protokoll der Oberamtsstadt Herrenberg
Band 1857/93, S. 512
Verhandelt am 25. Juli 1890 vor dem Stiftungsrat und Bürgerausschuß

§ 2

In der hiesigen Stadtkirche steht noch ein Hochaltar aus katholischer Zeit. Er besteht aus 2 Altarbildern mit 2 Flügeln. Altarbilder und Flügel sind auf beiden Seiten gemalt, so daß das ganze Werk 8 Bilder aus der neutestamentlichen Geschichte enthält. Die Bilder wurden Anfang des 16. Jahrhunderts von Jörg Ratgeb aus Gmünd gemalt. In einem von Prälat Merz im Christlichen Kunstblatt veröffentlichten Aufsatz über das hiesige Altarwerk heißt es: Man geht mit gemischten Gefühlen von diesem Altarwerk fort, einerseits könne nicht verkannt werden, daß ein gewisser Reichtum an Phantasie und eine achtbare Kraft des Wollens und Könnens darin stecke, andererseits müsse man bedauern, daß diese Kraft nicht besser angewandt worden sei. Der Maler habe Talent, aber es fehle ihm der Ernst des Studiums und der Antrieb, die Tiefe des Gemüts und die zartere Empfindung, seine Hand wie seine Phantasie seien ohne Zucht. Die Darstellung des ersten Abendmahls sei abstoßend häßlich, ja unwürdig. Christus sitze unedel gezeichnet, steif am Tisch. Johannes in kindisch kleiner Gestalt liege schlafend an seiner Brust, links schneuze sich ein Jünger mit dem Finger die Nase, rechts lege sich der gelbe Judas unflätig über den Tisch hinein, um den Bissen zu empfangen, indem er von einem umfallenden Stuhl sich erhebt, die übrigen Jünger seien abschreckende Gestalten von gemeiner Auffassung.

Ähnlich lautet die Kritik über die andern Bilder, Merz sagt: Zwei Zeiten, zwei Richtungen, Idealismus, Realismus, die alten Stoffe und die neuen Formen seien in dem Maler unvermittelt.

Gerade dieser unvermittelte Übergang vom Alten zum Neuen ist es, was den Bildern kunsthistorischen Wert verleiht, obgleich die Bilder vielfach gegen die Ästhetik verstoßen.

Die Direktion der Staatssammlung vaterländischer Altertümer in Stuttgart hat deshalb Lust das Werk zu erwerben und es in ihren Sammlungen aufzustellen. Als Kaufpreis bietet sie 5000 M.

Nach längerer Beratung kommen die Kollegien mit Rücksicht auf die teilweise unschönen Bilder, die vielfach ans Profane grenzen und gegen christliche Pietät verstoßen, und im Hinblick darauf, daß der Hochaltar der Anringung eines Glasgemäldes im Mittelfenster des Chors hinderlich im Weg steht, sofern er dieses Fenster in der unteren Partie verdeckt, zu dem Beschluß:

Das Offert der Direktion der Staatssammlung vaterländischer Altertümer in Stuttgart anzunehmen und den Hochaltar ihr um 5000 M., zahlbar in 2 Jahresraten Martini 1890 und 1891 zuzusichern. Der Kaufschilling soll dem allgemeinen Kirchenbaufonds zugewiesen werden. Höhere Genehmigung ist einzuholen ...

Lit.: H. Merz. J. R. u. sein Altarwerk in der Stiftskirche zu Herrenberg, **Chr. K.bl.**, Bd. 27, 1885, S. 17–24. – **W. Fraenger a.a.O. 1972/81,** S. 246f, 275.

Exkurs: The History of the Herrenberg Altarpiece

The Herrenberg altarpiece is Jerg Ratgeb's major surviving work as well as one of the largest and most important altarpieces from the period just before the Reformation in Germany.[1] It was made for the church of St. Mary in Herrenberg near Stuttgart and remained there until it was purchased by the Württembergische Altertumssammlung in 1891. It became part of the collection of the Staatsgalerie in Stuttgart in 1924.[2] The Herrenberg altarpiece was first indentified as the work of Jerg Ratgeb by Otto Donner von Richter in 1883.[3] A letter in the Frankfurt Stadtarchiv which Ratgeb wrote in Herrenberg to his patron Claus Stalburg, dated October 3, 1518, suggested to Donner von Richter that Ratgeb might have been working in Herrenberg. The high altarpiece in the church of St. Mary in Herrenberg had been described as signed by an unknown monogrammist R and dated 1519.[4] This led Donner von Richter to Herrenberg, where he established that the Herrenberg altarpiece was indeed by the same artist who painted the murals in the former Carmelite monastery in Frankfurt am Main.[5]

The question of who commissioned the Herrenberg altarpiece for the church of St. Mary is unresolved. The situation is complicated by the transformation of the church in the very year in which the high altarpiece was begun. The description of the unique history of the church in Herrenberg illustrates the circumstances in which the altarpiece was created.

The church of St. Mary in Herrenberg had been a parish church until 1439 when it was transformed into a collegiate church.[6] The weltliche Chorherrenstift consisted of a lay priest, chaplains, and secular canons.[7] In an attempt to reform the collegiate church, Count Eberhard im Bart replaced the secular canons with a chapter of the Brethren of the Common Life in 1481. The Bethren of the Common Life represented the late medieval religious movement known as the Devotio Moderna. The influence of the Brethren was significant in Württemberg as in other parts of Germany.[8] Communal living was an essential aspect of each chapter of the Bethren of the Common Life. The Bethren were not required to take the traditional monastic vows of chastity and obedience. However, they renounced all claim to private property, lived in common dormitories, ate at the same table, and worshipped in the church together daily.[9] The dress of the Brethren in Herrenberg consisted of a cowl and a tall round grey cap. Hence, they were known as "Kappenherren" or "Gugelherrn".[10]

After the death of the Brethren's patron, Eberhard im Bart in 1496, Ulrich of Württemberg became duke in 1498. At the provincial diet held in Tübingen in 1514, the citizens protested to Ulrich about the presence of the Brethren in Württemberg. They claimed that the monasteries of Württemberg should take in native inhabitants before foreigners. In fact, many members of the Brethren of the Common Life did come from the Netherlands or other parts of Germany. Wenzel Melweis, for example, the first provost of the Herrenberg Brethren, came from the Netherlands.[11] The citizens called on Duke Ulrich for an investigation of the superfluous expenditures of the Brethren. Ulrich then requested that the Pope grant permission for the removal of the chapters of the Brethren from Württemberg.[12] Duke Ulrich obtained a Papal Bull from Pope Leo X on April 19, 1516, ordering the removal of the Brethren from Württemberg and the reestablishment of the weltliche Chorherrn in Herrenberg.[13] The last provost of the Brethren in Herrenberg, Johannes Rebmann, died on July 10, 1517.[14] The Papal Bull did not

take effect in Herrenberg until July 30, 1517, three weeks after Rebmann's death.[15] Benedikt Farner then became the new provost of the church of St. Mary in Herrenberg.[16]
The Herrenberg altarpiece was one of the final elements in an overall program of renovation and redecoration of the church of St. Mary in Herrenberg. The financial accounts of the church, known as the "Armenkastenrechnungen", kept record of the money that was given out by the church in payment for goods, repairs done on the church, and commissions of works of art. The keeping of the account book was begun in 1471, however, not all of the records which would be of interest from the following years have survived.[17] The financial accounts also reveal that the church amassed considerable wealth collecting taxes, leasing land for farming, and selling property.[18] Much of this income was spent on the renovation and redecoration of the church.
The series of improvements made on the church was begun before the Brethren of the Common Life were established in Herrenberg. Several things were commissioned for the church in the 1470's: a stone baptismal font (1471–2), costly new church vestments, and a stone and gilded wood tabernacle made by Jerg Herwig (1475).[19] In addition, all of the existing altarpieces were renovated.[20]
After the Brethren of the Common Life were established in Herrenberg, a major building campaign was begun on the church (1487–92). An architect, Hans Murer from Ulm, was appointed to oversee the rebuilding of the church.[21] The narthex and its vaulted gallery were rebuilt. The nave received a new roof and new vaults to form a late gothic hall church. The two towers, formerly on the west facade of the church, were also completed during this time.[22] After this period, new pews were built for the church (1492–3), a carved stone pulpit was made by Meister Hanselmann (1503–4),[23] and the windows of the church were rebuilt by Hans Steinmetz and reglazed by Konrad von Tübingen (1516).[24]
By 1513, a new set of choir stalls had been begun under the direction of Heinrich Schickhardt. The beautiful carved ensemble is still preserved in the choir of the church. In the tradition of the choir stalls of Ulm and Blaubeuren, the Herrenberg choir stalls contain an elaborate program of 64 reliefs and 14 busts of secular and Old and New Testament figures.[25] Many of these figures are accompanied by banderoles filled with Biblical citations. Two patrons dressed in clerical robes are depicted in reliefs on the east ends of the choir stalls.[26] The figures face towards the apse of the choir where the high altarpiece would have been situated. The figure on the south side holds his hands in a position of prayer and wears a cap and a hooded cape over a long robe. By his feet ist a now empty plaque which would have held his coat of arms. The figure in the north side wears the same cap but a slightly different robe. His arms are crossed and his hands are hidden in the sleeves of his robe.[27] On the north set of choir stalls near the high altar, the work is signed and dated through the following inscription: "Im jar christi MDXVII and der X^{m} riter tag ward dis werck usgemacht durch Hinrich Schickhart von Sigen, burger zu Herenberg." Thus, the choir stalls were completed by the festival of the 10,000 Martyrs, the 22nd of June, 1517.[28]
The earliest evidence of the commission of the Herrenberg altarpiece is a note in the financial accounts of the church of 1516–1517: "Item III Schilling um beid schriften des verdings von fassung der tafel uff dem fronaltar".[29] The earliest recorded payment to Jerg Ratgeb was at the beginning of the year 1518.[30] Therefore, the altarpiece was either commissioned by the last provost of the Brethren of the Common Life, Johannes Rebmann, or by the provost of the secular canons, Benedikt Farner. Whether the altarpiece was made for the Brethren of the Common Life or for the secular canons may not have been a determining factor in the appearance of the altarpiece. The altarpiece was made essentially for the same audience even after the return of the church to a weltliche Chorherrnstift. Before the transformation, there were 16 members of

the chapter of the Brethren of the Common Life in Herrenberg besides the provost. After the Papal Bull of 1517 took effect, 13 out of the 16 Brethren remained in Herrenberg and became secular canons.[31]

It has been suggested that Johannes Rebmann determined the subjects of the altarpiece before he died on July 10, 1517.[32] However, this hypothesis is difficult to substantiate due to the lack of surviving historical documentation. Furthermore, the significant parallels between the imagery and inscriptions in the Herrenberg altarpiece and those of the murals Ratgeb painted for the Carmelite monastery in Frankfurt, suggest that Ratgeb may have chosen some of the imagery of the altarpiece himself, reusing material from his previous work.

There is also evidence that various private donors contributed money to the church for the building of the altarpiece. In the financial accounts of the church from the years 1518–19, the following donations for the altarpiece were recorded: "Innemen gotzgaben: Item LXX lb von Hans Brenner an tafel geben . . . Item 1 lb XIII schilling von alten Marx Hilbers frawen an die tafel geben."[33] Hans Brenner contributed the substantial sum of 70 Pfund Heller, which is the equivalent of 50 Florins. Otto Schmid estimated that Ratgeb received a total of 800 Pfund Heller for the Herrenberg altarpiece, the equivalent of about 571 Florins.[34] It is therefore probable that one of the donor portraits in the choir of the church is Hans Brenner.

There is a figure in the painting of the Marriage of the Virgin which could very well be a portrait of the patron of the Herrenberg altarpiece. Donner von Richter was the first to suggest that the male figure standing behind the Virgin in this painting is the patron of the altarpiece.[35] Indeed, directly behind the patron saint of the church would be a logical place for a patron's portrait. Wilhelm Fraenger supported this indentification for the following reasons: the figure occupies a prominent place in the scene yet has no role in the Biblical narrative; he is dressed in contemporary clerical robes unlike the other figures in the painting; and the figure places his right hand on the mantel of Virgin, as if to enter into her protection by touching her garment.[36] In addition, one could point out the similarity of the costume of this figure to the one worn by the patron carved on the choir stalls on the south side. The identification of this figure in the painting would be helpful in understanding the patronage of the altarpiece. However, it is difficult to identify this figure with any one person living in Herrenberg, partly because the age of the man is hard to determine from the painting. Thus, the question of the identification of this figure must remain open until more historical information is found about the lives of the men in the Herrenberg church.

All that survives from the original altarpiece are eight paintings on the fronts and the backs of four panels, plus three separate smaller panels which once made up the predella. The predella, also called a Sarg, is the lower section of the altarpiece, which served to raise the altarpiece above the altar table. The eight large paintings were the wings of the altarpiece and are still in their original frames. One of the unusual aspects of the Herrenberg altarpiece is that the frames contain carefully composed Latin inscriptions on all sides which are an essential part of the content of the altarpiece. Of the 27 inscriptions, 25 are quotations from the Old Testament which foretell events described in the New Testament. The inscriptions do not always reproduce the exact wording of the Latin Vulgate, the wording being altered slightly in at least one case to fit the scene from the New Testament which is depicted in the painting. However, every event which is referred to in the inscriptions is not always literally portrayed in the paintings.

There have been several different reconstructions of the original configuration of the altarpiece. Donner von Richter assumed that what he saw in the church in Herrenberg was the altarpiece's original appearance. This must have been similar to its present state in the Staatsgalerie in Stuttgart. In 1924, Alfred Stange correctly proposed that the altarpiece had been dismantled at least once at which time the central part of the altarpiece structure, known as the corpus, was lost.[37] Stange's reconstruction described a traditional altarpiece type with a sculptural corpus and two sets of painted folding wings, similar to the Isenheim altarpiece. The first stage of the altarpiece when closed would have shown the two panels which represent the Parting of the Apostles. When the wings were opened once, the four panels illustrating the Passion of Christ would have been visible. When opend again, the third and final stage of the altarpiece was revealed, the corpus of the shrine which has been lost, flanked by the two panels with scenes from the Life of Mary.

Unfortunately, no documents are known which record a commission or payment for the sculpture of the high altarpiece. For this reason, Wilhelm Fraenger proposed an alternative reconstruction of the altarpiece with no sculptural corpus. He suggested that two panels would have been fixed together to form the center of the shrine and that only the exterior wings would have been movable.[38] In Fraenger's reconstruction, the altarpiece would have been situated bet ween the choir and the nave of the church so that the scenes of the Marriage of the Virgin and the Circumcision of Christ could be seen only from the choir and the scenes of the Passion of Christ could be seen only from the nave. This suggested location of the altarpiece fails to take into account that there was a choir screen which divided the nave from the choir. The choir screen was constructed in 1453 and not torn down until the 18th century.[39] The part of the choir stalls known as the Dreisitz most likely stood facing the high altar in the apse of the choir with its back to the choir screen.[40] Fraenger's reconstruction seems unlikely because the provost who sat in the Dreisitz would not have been able to see the altarpiece. Furthermore, if the two panels with scenes from the Life of Mary were viewed from the choir, the scenes would not appear in chronological order. It is only when the two panels with scenes of the Life of Mary function as wings which fold away from the center of the shrine, that the narrative sequence in the panels is preserved. Moreover, the two patrons carved in relief in the choir stalls face the east end of the choir where it appears the high altarpiece was indeed located.

In folding altarpieces of the pre-Reformation period, it is often the case that when the altarpiece is in a fully opened stage, the wings which flank the corpus have more gold leaf on them than the outer wings of the altarpiece. A trace of this tradition can be seen in the Herrenberg altarpiece. The panels themselves have very little gold leaf. The letters of the inscriptions on the paintings which would be seen in the closed first stage (the Parting of the Apostles) and the second stage (the Passion of Christ) are black. However, the inscriptions on the panels of the Marriage of the Virgin and the Circumcision of Christ, the two panels which would flank the corpus when fully revealed, are silver and gold.

In 1930, Otto Schmid informed J. Forderer of a record in the account book of the church from the years 1520–22: "4 Heller und 5 Batzen Thuma malern von aim newen Crutz und den standellen unter der taffell und dem Brustbild zu bessern."[41] "Thuma Malern" was identified in 1934 by Hans Rott as the Stuttgart painter Thomas Fridlins.[42] Schmid and Forderer interpreted this document to mean that the predella of the high altarpiece contained sculptured figures. Forderer then assumed that the painted predella panels of the Sudarium (Veronika's veil with the image of Christ) and the two angels waving censers must have belonged originally on the back side of the altarpiece facing the church wall. This idea has been generally accepted in the literature on the Herrenberg altarpiece. Bruno Bushart also reconstructed the back side of the altarpiece with the three predella panels and for iconographic reasons, added a painting of the Last Judgment, all of which he attributed to Thomas Fridlins.[43]

The altarpiece probably had a Gesprenge, also called an Aufsatz or Auszug, which is a sculptural structure above the corpus. Fraenger published a document which records a payment for its construction (1518–19): "12 Schilling nopen als vom gruist ze machen, als man den usszug (Gesprenge) uffsetzt."[44]

Edeltraud Rettich has suggested to me that the two small scroll-shaped panels of the Annunciation which are now fixed to the top of the panels of the Flagellation and Crucifixion, do not belong to the original altarpiece and date from later in the 16th century. Indeed, they might have been commissioned to replace an Annunciation which had been part of the sculptural program of the original Gesprenge. Furthermore, these two panels may be identical to an Annunciation commissioned from Marx Schickhardt and recorded in the financial acounts of the church from the years 1548–9: "Marx Schickarten, vom sarch der tafel im chor zu besseren, desgleychen dem praespitorium uff der tafel, daran der engelischen gruss (the Annunciation) gemalt, ze machen, auch den trippeln zu baiden altheren und anderm, tut alles 1 lb XVII Schilling IIII hl."[45]

The altarpiece in a fully opened position would have revealed the corpus of the shrine with the scenes from the Life of Mary to either side. The corpus usually displayed a narrative scene or statues related to the subject to which the altar was dedicated. Because the church in Herrenberg was dedicated to the Virgin Mary and the two paintings which would have flanked the corpus when completely open were scenes from the Life of Mary, one may assume that the imagery of the corpus was devoted to her. It has been suggested that the corpus might have contained the scene of the Nativity of Christ or the Adoration of the Magi, both of which would have been appropriate for the celebration of the birth of Christ.[46] The Madonna of Mercy, the Coronation of the Virgin, and the Holy Kindred, are also Marian subjects which can be found in the centers contemporary altarpieces.

The dimensions of the corpus of the shrine, however, would have been very large (about 430 x 325 cm), perharps too large for the representation of a single subject. The shape of the corpus would have been a rectangle with the addition of a smaller rectangular area at the top. When the wings were closed, this smaller rectangle would have been covered by the two panels which carry Ratgeb's monogram and the date 1519 which are affixed to the tops of the second set of wings. Altarpieces having this shape often contained separate sculptures of standing figures.[47] The central sculptural figure, especially if it was the Virgin Mary, was often set on a higher pedestal than the other figures. Hence, the top part of the shrine was extended in the middle to leave ample room for the passage of ornamental carving which usually occupied the upper part of the statue's niche. The resulting form had several compositional advantages. The added rectangular space at the top emphasized the central axis of the shrine and stressed the importance of the central cult statue. In the Herrenberg altarpiece, a central sculpture of the Virgin and Child might have been surrounded by two or four other sculptures of saints who bore some significance to the church.

No documents about the sculpture from the altarpiece have been found. This leaves open several possible explanations as to its history. As in the case of the Isenheim altarpiece, the sculptural part of the Herrenberg altarpiece might have been commissioned before the painted wings. The sculpture could have been commissioned some time between 1504 and 1513, from which years the financial accounts of the church have been lost. In this case, the sculpture for the altarpiece may very well have been executed by the same team of sculptors who made the choir stalls for the church under the direction of Heinrich Schickhardt. Another possible explanatation is that the sculpture might have been taken over from an earlier altarpiece in the church, perhaps from the former high altar, and reused in the new altarpiece for which Jerg Ratgeb painted the wings and a predella.

The Herrenberg altarpiece was completed in 1519. However, Ratgeb continued to receive payments for the altarpiece in the following years. In the financial accounts from the year 1524, the final payment made to Ratgeb was recorded: "Maister Jerg, malern, uff invocavit anno XXIIII an der tafel, und ime darmit gantz abbezalt I^{c}LIX lb XII Schilling."[48] With the addition of the high altarpiece, the rebuilding and redecorating of the church was complete. The church of St. Mary, with its newly vaulted nave, numerous altarpieces and many other furnishings, must have been at the height of Late Gothic color and splendor. The church, however, did not remain in this state for very long. The Reformation spread to Herrenberg in the years 1534–35.[49] The townspeople did not resist the changes which were brought by the Reformation. Only the provost of the church, Benedikt Farner, could not conform to the new faith.

The Reformation took its toll on the many works of art which were in the church. In 1536, Heinrich Schickhardt and his son dismantled the choir stalls. The many paintings which had hung in the church were taken down and stored in the scaffolding over the vaults of the nave. Otto Schmid wrote that at this time, the high altarpiece received a satin curtain so that its paintings would not disturb worshippers during mass. The high altarpiece also was eventually dismantled, as the following record from the years 1537–38 in the account book describes: "Als man das gestüel im chor und die altar abgebrochen, ist von den schreynern, maurern und andern, so dartzu geholfen, im beysein meister Caspars und mein, Hans Seers, verzert worden XVI Schilling X hl."[50]

During the so-called Interim period of the Schmalkaldic War, Herrenberg was occupied by more than one hundred Spanish soldiers with their families and camp followers (1548–49). The Spanish ordered that the Roman mass be reestablished in the church and that the surviving church furnishings, including the high altarpiece and the choir stalls, be put back into place. In the Herrenberg Chronicle of 1761, Gottlieb Friedrich Hess described the church records from these years: "In der rechnung von 1548 bis 1549 heisst es, dass die stühl und der alte wider aufgerichtet werden mussten, der hohe altar musste geflickt, die malerey renovirt und ein crucifix auf den creutz altar angeschafft werden."[51] According to Hess, then, repair and renovation of the altarpiece were undertaken barely 30 years after it was painted. In a description of 1855 of the Herrenberg church, the following account of the high altarpiece appears: "Der um drei Stufen höher gelegte Chorschluss bewahrt die Reste eines erst in neurer Zeit wieder hergestellten Hochaltars."[52] This description of the high altarpiece confirms the assumption that what survives of the Herrenberg altarpiece today is incomplete, that is to say, the sculpture has been lost. It also it implies that the altarpiece was dismantled a second time after 1549, and reconstructed again at some time closer to 1855. Thus, the Herrenberg altarpiece remained relatively unknown in the church of St. Mary in Herrenberg until 1883, when Otto Donner von Richter first recognized it as the work of Jerg Ratgeb.

Lisa Farber
Princeton University

Notes

1) The Herrenberg altarpiece is the subject of my forthcoming PH. D. dissertation at Princeton University.

2) **Katalog der Staatsgalerie Stuttgart. Alte Meister,** (Stuttgart: Turmhaus, 1962), p. 160.

3) **Donner von Richter's** disovery was reported in: **Kunstchronik und Kunstmarkt,** 18 (1883), pp. 482–3.

[4] **Otto Donner von Richter,** Jerg Ratgeb, Maler von Schwaebisch-Gmuend, seine Wandmalereien im Karmeliterkloster zu Frankfurt am Main und sein Altar-Werk in der Stiftskirche zu Herrenberg (Frankfurt am Main: Heinrich Keller, 1892), p. 88. The author cites the following text: **Beschreibung des Oberamts Herrenberg**, Königlich statistisch-topographisch Bureau. (Stuttgart: Hallberger, 1855), p. III..

[5] **Donner von Richter,** p. 88.

[6] **Otto Schmid,** "Aus Herrenberg um die Wende des Mittelalters," in **Festschrift zur 700. Jahrfeier der württembergischen Oberamtsstadt Herrenberg,** (Herrenberg: Körner, 1929), p. 37.

[7] **Schmid,** p. 37.

[8] **Albert Hyma, The Christian Renaissance. A History of the "Devotio Moderna,"** 2nd ed. (Hamden, Conn.: Archon, 1965), p. 111.

[9] **Hyma,** pp. 119–120; Schmid, p. 38.

[10] **Schmid,** p. 38.

[11] **Otto Meyer,** Die Brüder des gemeinsamen Lebens in Württemberg 1477–1517," **Blätter für württembergische Kirchengeschichte,** 17, (1913), pp. 97–138; 18 (1914), pp. 142–160; p. 142.

[12] **Meyer,** pp. 150–1.

[13] **Meyer,** pp. 152–3.

[14] **Helmut Maier, Vor 500 Jahren. Die Brüder vom gemeinsamen Leben in Herrenberg,** 2nd ed. (Karlsruhe: KBK, 1983), p. 9.

[15] **Meyer,** p. 154.

[16] **Schmid,** p. 46.

[17] **Schmid,** p. 45. According to Schmid, the accounts are lost from 1504–1513; **Wilhelm Fraenger** described all of the accounts as being lost, in Jörg Ratgeb. Ein Maler und Märtyrer aus dem Bauernkrieg, 2nd ed. (Munich: Beck, 1981), p. 101; The "Armenkastenrechnungen" of the church were found again when the Herrenberg church archive was reorganized in 1959–60 (Letter received from Ute Knopp, 23 January 1985).

[18] **Schmid,** p. 39.

[19] **Schmid,** p. 42.

[20] **Schmid,** p. 42. Besides the high altar, there were the following altars in the church: St. Urban, St. Michael, St. Leonard, St. Katherine, a Crucifixion altar, an All Souls altar, and a "Lanzingersaltar" (Schmid, p. 40).

[21] **Schmid,** p. 43.

[22] **Hans Koepf and Erich Haage,** Die Stiftskirche zu Herrenberg, (Herrenberg: privately printed, 1952), p. 54.

[23] **Koepf and Haage,** p. 37.

[24] **Schmid,** p. 45.

[25] The choir stalls and their inscriptions have been published most recently by **Koepf** and **Haage**, pp. 38–45.

[26] The two reliefs are best illustrated by **Maier**, pp. 5 and 8.

[27] Just to the right of this figure there is a relief of the Baptism of Christ. John the Baptist is the dominant figure in the composition and is positioned so that he faces the altarpiece. It is possible that the patron on this side of the choir stalls (north) is Johannes Rebmann or even Hans Brenner, John the Baptist being their likely patron saint.

[28] **Eduard Paulus,** Die Kunst- und Altertums-Denkmale im Königreich Württemberg. Inventar. Schwarzwaldkreis, (Stuttgart: Neff, 1897), p. 110.

[29] **Hans Rott,** Quellen und Forschungen zur Kunstgeschichte im XV. und XVI. Jahrhundert. Altschwaben und die Reichsstädte, (Stuttgart: Strecher and Schröder, 1934), p. 223;

Wilhelm Fraenger records this document differently (p. 102): "3 Schilling dem Stadtschryber umb beide schriften des Verdings von Fassung der Röhren uff den Fronaltar."

30) "Dabei 52 Gulden uss unser frowen seckel fernd uff die franckfurter mess (Frühjahrsmesse 1518) meister Jerg malern zu geben." According to a typed list of documents from Herrenberg in the archive of the Staatsgalerie in Stuttgart, this entry in the account book was made after the festival of St. Martin, the 11th of November, 1517. The payment was to be made at the Frankfurt fair in early 1518.

31) **Meyer,** p. 156.

32) **Maier,** p. 8.

33) **Rott,** p. 223.

34) **Schmid,** p. 47; see also **Schmid,** p. 34 for the equivalence of different types of money in this period in Herrenberg.

35) **Donner von Richter,** p. 108.

36) **Fraenger,** p. 123.

37) **Alfred Stange,** "Jörg Ratgeb. Zugleich ein Beitrag zur Verarbeitung italienischer Formmittel in Deutschland," in **Festschrift Heinrich Wölfflin. Beiträge zur Kunst- u. Geistesgeschichte** (Munich: Schmidt, 1924), p. 202, n. 1.

38) **Fraenger,** p. 101.

39) **Paul Wilhelm von Keppler, Württembergs kirchliche Kunstalterthümer** (Rothenburg a. N.: Bader, 1888), p. 162.

40) **Koepf** und **Haage,** p. 42.

41) **J. Forderer,** "Jörg Ratgeb und sein Herrenberger Altar." **Tübinger Blätter,** NS 21 (1930), p. 26; **Schmid,** p. 47; **Hans Rott** transcribed the document slightly differently (p. 221): "Item Thuma, malern, von ainem nuwen creutz und den standelln under der tafel und dem brustbild zu bessern, IIII lb V Schilling." Fraenger's description of this document changes the sense of it entirely (p. 99).

42) **Rott,** p. 221.

43) **Bruno Bushart,** "Jörg Ratgeb," **Zeitschrift für württembergische Landesgeschichte,** 33 (1974), p. 278; Rather than suggesting an alternative reconstruction of the predella and whatever Thomas painted behind the altar based on secondary sources, I defer discussion of this issue until the Stadtarchiv in Herrenberg reopens and the documents can be checked.

44) **Fraenger,** p. 103.

45) **Rott,** p. 219.

46) **Bruno Bushart,** "Jörg Ratgeb," in Jörg Ratgeb. Der Maler des Herrenberger Altars, Sonderdruck von "Aus Schönbuch und Gäu", Heimatbeilage zum **Böblinger Boten,** (Böblingen: Schlecht'sche, 1959), p. 12.

47) For example: the altarpieces at Blaubeuren by Michel or Gregor Erhart (1493–4) and at Moosburg by Hans Leinberger (1511–114). There are some notable exeptions, for example, Tilman Riemenschneider's Altar of the Holy Blood in Rothenburg ob der Tauber. However, the tall and narrow dimensions of this rectangular section in the Herrenberg altarpiece suggest that it was an extension of a vertical element of the composition in the corpus, such as a niche.

48) **Rott,** p. 221.

49) **Schmid,** pp. 46–53; I follow throughout Schmid's account of the history of Herrenberg during this period.

50) **Rott,** pp. 223–224.

51) **Rott,** p. 224.

S. PETRUS
EVANGELIUM
VIROS SINGVLOS DE SINGVLIS TRIBVS ISRAEL
CHANAAN

BLASPHEMAVERT SANCTV ISRAHEL ESAIE 1

FACT9 SVM IN DERISV OMI POPVLO MEO
EGO DORMIVI ET SOPORATVS SVM ET EXSVRREXI

K 4

K 7

Mitte.
Herrenberger Altar.

K 9

K 10

K 11

K 12
K 13

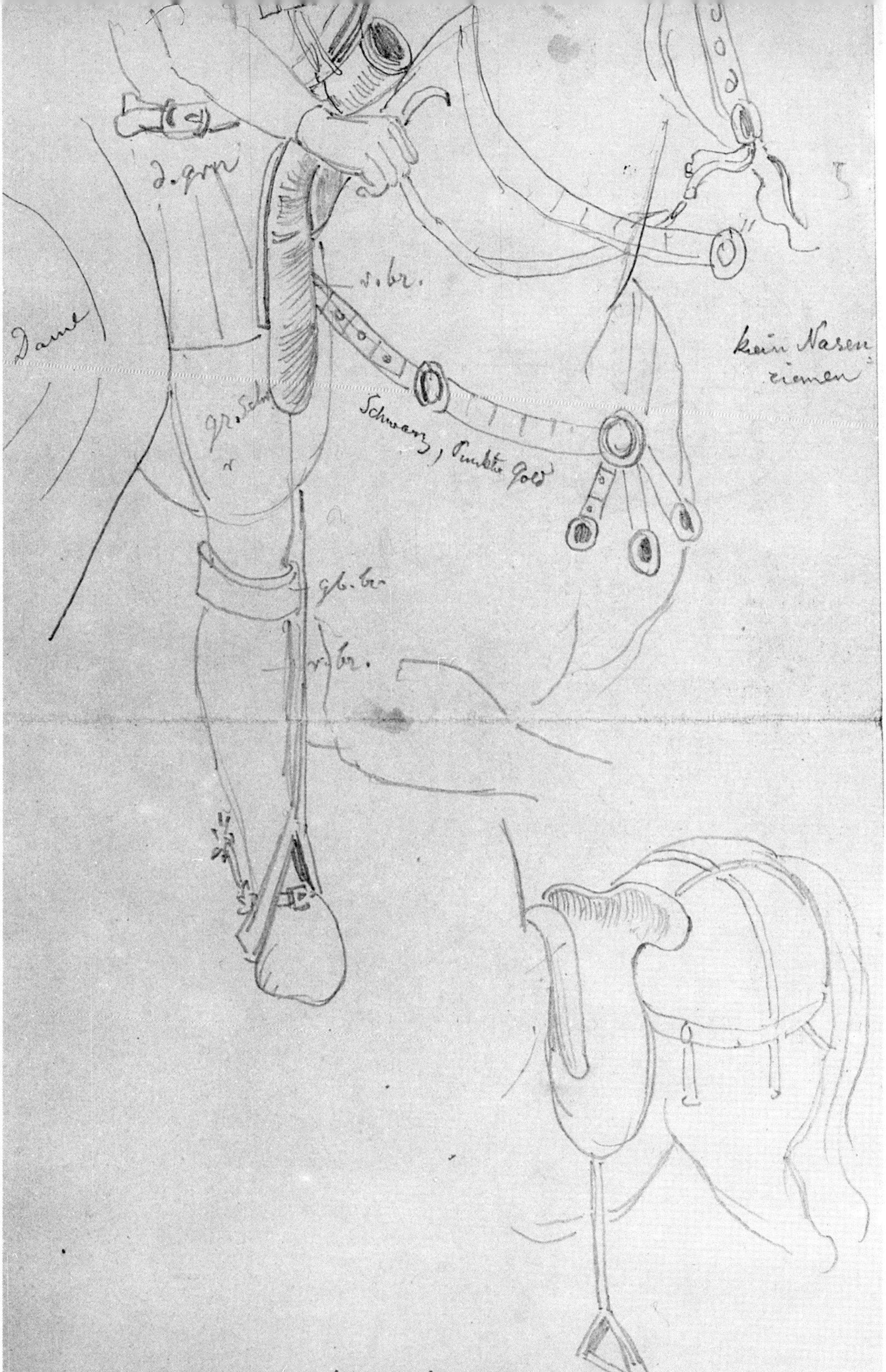

aus Karmeliter-Bilderreihe ca 1490 – 1500

For sichtiger Ersamer wyser lieber her noch dem
iwer ersam wyßheit mir in befelch geben
hat von Ich doctores der artzney sonnder practik
und kunst erfarren werend ouch einer erbern
züchtigen wesens und der ober lenthen sprach
werend selbs ich iwer ersam wyßheit anzeige
dem noch habich frag gehapt bij trefenlichen
hochgelerten doctoressen der artzney so ietz fast
die berumpsten in schwaben sind also
sind mir zwen jung wolgelert und in der
artzney fast wol erfarren for fil anderen angezeigt
die beide gern wolten bij ersamen und trefen
lichen steten ir kunst antag brinen dan
sie fast fillichß und habend ouch einß erliche
wesenß sind / die beide schick ich iwer
E. w. zu und bit in aller underterinkeit
wo ein Ersamer rat miner heren mit artzet
nit versehen werend sie zu versuchen welcher
dan aber sie beid an zu nemen werend
mit diensten zu begaben dan ich von glerten
und leyen grüß von in hor sagen datum herenbergk
uf sunntag nach mitthochellig anno xv · xvii

Iwer Ersam wyßheit

underteniger
Jerg ratgeb maler

254

K 15

Dem Ersamen fur
sichtigen herren
Clasen Stalbergern
Scheffen vnd rats zu
Franckenfurt minem
lieben herren

Dz [illegible] pfeffer [illegible]
Stalbergern [illegible]
[illegible]

Abb. K 1 Innenraum der Stiftskirche in Herrenberg, Blick nach Osten
Farbtaf. K 2 Hochaltar von Jerg Ratgeb in geschlossenem Zustand (Werktagsseite, zwölf Boten, Stuttgart, Staatsgalerie
Farbtaf. K 3 Hochaltar, erste Wandlung, Passion, Stuttgart, Staatsgalerie
Farbtaf. K 4 Hochaltar, Feiertagsseite, Flügel, die den verlorenen geschnitzten, wahrscheinlich ungefaßten Mittelschrein rahmten, Stuttgart, Staatsgalerie
Abb. K 5 Chorgestühl in der Herrenberger Stiftskirche, gestiftet von Johannes Rebmann (+ 1517)
Abb. K 6 Porträt des Stifters Johannes Rebmann auf der Feiertagsseite des Herrenberger Altares, linker Flügel
Abb. K 7 Feiertagsseite des Herrenberger Altares, linker Flügel, Verlobung Mariens, Stuttgart, Staatsgalerie
Abb. K 8 O. Donner-v. Richter, Skizze vom Herrenberger Altar, Feiertagsseite, linker Flügel, Hintergrund, Städelsches Kunstinstitut, Frankfurt, Nachlaß
Abb. K 9 O. Donner-v. Richter, Lichtdruck vom linken Flügel des Herrenberger Altares, Verlobung Mariens (Monographie zum Werk des Malers Jerg Ratgeb, 1892)
Abb. K 10 O. Donner-v. Richter, Zeichnung vom rechten Flügel des Herrenberger Altares, Beschneidung Christi, Städelsches Kunstinstitut, Frankfurt, Nachlaß
Abb. K 11 O. Donner-v. Richter, Lichtdruck vom rechten Flügel des Herrenberger Altares, Beschneidung Christi (Monographie über den Maler Jerg Ratgeb, 1892)
Abb. K 12 O. Donner-v. Richter, Frauen unter dem Kreuz, Ausschnitt aus der Darstellung der Kreuzigung von der ersten Wandlung des Herrenberger Altares, Skizze, Städelsches Kunstinstitut, Frankfurt, Nachlaß
Abb. K 13 O. Donner-v. Richter, Reiter unter dem Kreuz, Ausschnitt aus der Darstellung der Kreuzigung von der ersten Wandlung des Herrenberger Altares, Skizze, Städelsches Kunstinstitut, Frankfurt, Nachlaß
Abb. K 14 O. Donner-v. Richter, Skizze von Pferd und Reiter aus dem Bilderzyklus im Frankfurter Karmeliterkloster, nicht erhalten, Städelsches Kunstinstitut Frankfurt, Nachlaß
Abb. K 15 Brief von Jerg Ratgeb an Claus Stalburg den Reichen, abgeschickt aus Herrenberg, Frankfurt, Stadtarchiv (294)

Der dritte Frankfurt-Aufenthalt zwischen 1519 und 1521/22

Der Maler Jerg Ratgeb kehrte nach seinem Aufenthalt in Herrenberg um 1519/20 noch einmal ins Rhein-Main-Gebiet zurück. Er malte dann die im Zweiten Weltkrieg zerstörte Ornamentnische in der Frankfurter Karmeliterkirche und die Raumfassung des dortigen Sommerrefektoriums, die einwandfrei die Stilstufe der Ornamentik des Herrenberger Altares voraussetzt und weiterentwickelt.

Das Wandgemälde im Kapitelsaal des Mainzer Domes, das 1521 für Albrecht von Brandenburg gemalt wurde, muß hier ebenfalls erwähnt werden.

Ab 1522 ist Ratgeb dann wieder, wie die Urkunden belegen, in Stuttgart nachzuweisen. Damit stellt sich für den Wissenschaftler erneut die Frage: ist der Maler Jerg Ratgeb mit Meister Jorg Maler identisch, der, wie nachgewiesen, von 1503 bis 1522 mit Unterbrechungen in Frankfurt lebte? Eine Lösung dieser Fragestellung kann hier nicht angeboten werden, da die vielschichtige Problematik um den schwäbischen Maler Jerg Ratgeb auch weiterhin eine exakte Aufarbeitung und Diskussion notwendig macht.

1. Wandgemälde im Kapitelsaal des Mainzer Doms

An der Innenseite im südlichen Kreuzgangarm
Kaseintempera wie im Frankfurter Karmeliterkloster, erhalten, heute aber nicht sichtbar
Zuschreibung an Jerg Ratgeb
1521
(von Dr. A. Jung, dem Direktor des Diözesanmuseums Mainz aus konservatorischen Gründen mit Bespannung aus Nessel abgedeckt, damit das Wandgemälde nicht weiter verschmutzt; Restaurierung scheidet für ihn aus konservatorischer Verantwortung aus, damit nicht mehr zerstört werde, als bereits geschehen ist; Wandgemälde ist heute nur von alten Archivfotos, die bereits H. Feurstein abgebildet hat, bekannt)

Was spricht für eine Zuschreibung an Jerg Ratgeb?

Die Beurteilung eines Objektes allein von Fotos her ist immer ein schwieriges Unterfangen, da die Farbigkeit des Wandgemäldes nicht mit den anderen Werken von Jerg Ratgeb verglichen werden kann.
Jedoch erinnert der Aufbau der Architektur, besonders der des durchlöcherten Würfels auf der linken Seite des Tympanons, auf dem der kleine freche Putto sitzt, deutlich an ähnliche Konstruktionen auf dem nur von Christian Becker her bekannten Wandgemälde der Anbetung der Könige für Claus Stalburg den Reichen. Der Aufbau auf der linken Seite über dem Brunnen, der sich öffnende Kreis oder die ellipsenförmige Bekrönung über der Darstellung mit der Fußwaschung auf der Nordseite des Frankfurter Karmeliterkreuzganges sind mit Sicherheit nicht ohne die Proportionslehre, die aus Italien kam und auch in Deutschland Nachahmung fand, zu denken. Dies muß aber jedoch einer eigenen Untersuchung vorbehalten bleiben. Zum anderen ist das Motiv vielfach auf der Feiertagsseite des Herrenberger Altars zu sehen, wo es in der Gewölbezone mit dem sich öffnenden Kreis und in der bekrönenden Architektur wiederkehrt.
Die thronende Figur in der Mitte des Tympanons und die weibliche Gestalt darunter erinnern an die Gestalten im Werk von Jerg Ratgeb.
Hinzu kommt auch, daß, ähnlich wie in Frankfurt, Inschrifttafeln in das Wandgemälde integriert dargestellt wurden, die erklärende Funktion zu übernehmen haben wie die Inschriften in allen uns bekannten Werken von diesem Maler.
Die Frage nach der Auftragsvermittlung ist auch hier berechtigt, sie führt uns aber sogleich in den Frankfurter Raum zurück. Viele Mitglieder der Frankfurter Patrizierfamilie von Peugesheim gehörten über ein halbes Jahrhundert dem Mainzer Domkapitel an; zum anderen lebte zu dem Zeitpunkt der Vergabe des Mainzer Auftrages noch einer der Stifter der Wandgemälde des Frankfurter Karmeliterklosters, Johannes Thoes de Warbergk, in Mainz als Kanonikus des Mainzer Domstifts.
Auf die Querverbindungen zwischen Uriel von Gemmingen und seinem Nachfolger Albrecht von Brandenburg, beide in ihrer Eigenschaft als Erzbischöfe von Mainz, wurde schon im Zusammenhang mit den Karmelitern in Heilbronn hingewiesen.

GLV
ARMVT

Wie die Auftragserteilung an Jerg Ratgeb im einzelnen verlaufen ist, darüber geben die Mainzer Domkapitelprotokolle keine Auskunft; es wird nur summarisch erwähnt, daß man sich, um diesen Auftrag zu vergeben, mit verschiedenen Künstlern beraten habe.
Familiäre Bindungen ließen sich auch zwischen Albrecht von Brandenburg und dem Markgrafen Casimir von Brandenburg-Anspach, der ebenfalls 1517 als Stifter der Frankfurter Wandgemälde im Kreuzgang auftrat, nachweisen.
Zusammenfassend ist zu sagen: es gab die verschiedensten Beziehungen und Verbindungen zwischen den Frankfurter Stifterkreisen und den Auftraggebern in Mainz, der genaue Ablauf ist jedoch nicht mehr rekonstruierbar.
Lit.: Fr. Schneider, 1903 (A. 16. Jh.). - **P. Kautzsch-E. Neeb,** Der Dom v. Mainz, Hess. Kdm. - **P. Metz, Cicerone,** Mai 1929 (Entwurf Grünewald). - **H. Feurstein,** M. Grünewald, Rel. Schriftenreihe, 6. Bd., Bonn 1930, S. 33, 73, 118ff., Abb. 47-50 (Zuschreibung an Grünewald). - **A. Stange,** mündl. Hinweis an F. Arens (Zuschreibung an J. Ratgeb). - **F. Arens,** Mainzer Inschr., Bd. 3 (Manuskript, Sommer 1984, Gespräch mit Prof. Arens, Hinweise auf seine Veröffentlichung, die damals in Vorbereitung war; gleichzeitige Zuschreibung der Verfasserin an J. Ratgeb aufgrund der Abb. bei H. Feurstein, Bestätigung ihrer These durch F. Arens).

Urk.Nr. 1
Protokoll des Mainzer Domkapitels
19. Febr. 1521

Haben meine gnädigen Herren des Kapitels beschlossen, etlich Personen zu eligieren und zu deputieren, die Gewelb Ihrer Gnaden zu reformieren.

Lit.: H. Feurstein, M. Grünewald, Rel. Schriftenreihe, Bd. 6, Bonn 1930, S. 120.

Abb. L 1, 3-5 Archivaufnahmen von dem Wandgemälde im Mainzer Kapitelsaal (H. Feurstein)
Abb. L 2 Herrenberger Altar, Feiertagsseite, Tafel mit der Darstellung der Beschneidung, Ausschnitt aus der bekrönenden Architektur

2. Die nicht erhaltene Ornamentnische in der Frankfurter Karmeliterkirche und die Raumfassung des Sommerrefektoriums

Bei der Durchsicht der Archivaufnahmen vom ursprünglichen Zustand des Karmeliterklosters im 19. und 20. Jahrhundert, besonders bei denen von der Restaurierung vor dem Zweiten Weltkrieg, zeigte sich deutlich, daß zum damaligen Zeitpunkt noch sehr viel mehr Originalsubstanz vorhanden war, vor allem in der Karmeliterkirche. Eine gemalte Ornamentnische an der östlichen Seitenschiffwand war auf den Fotos zwar zu erkennen, aber erst eine Vergrößerung schuf hier Klarheit über die Details des Ornaments.
Die starke Untersichtigkeit der Architektur und Ornamentformen, die Gehänge, die Perlschnüre mit kleinen Quasten, die Feuerschale und das Glöckchen sind Details, die uns von der Nordseite des Karmeliterkreuzgangs her geläufig sind, aber die Beschränkung auf das reine Ornament ist vor den beiden Aufsatztafeln des Herrenberger Altares von keiner anderen Arbeit Ratgebs bekannt. Da aber der Maler bei den beiden kleinen Aufsatztafeln auf dem inneren Flügelpaar, in der Kartusche in der Mitte, sowohl das Datum 1519 wie auch seine Signatur, das „R", angebracht hat, kann man davon ausgehen, daß er diese auch eigenhändig gemalt hat, was wahrscheinlich auch in bezug auf die Frankfurter Ornamentnische angenommen werden kann. Da die Formen reifer sind als auf dem Herrenberger Altar, spricht dieses Faktum dafür, daß die Nische zeitlich nach dem genannten Altar angesetzt werden muß.
Die Ornamentnische der Frankfurter Karmeliterkirche gehört neben den Gemälden auf der Rückseite des Caldenbach-Altares in Mainz, dem Wandgemälde im Kapitelsaal des Mainzer Domes zu den Neuzuschreibungen an Jerg Ratgeb.
Weiterhin ist auch die nicht erhaltene Raumfassung des Sommerrefektoriums mit Sicherheit in ihrer Konzeption von Ratgeb festgelegt worden, während die Ausführung wahrscheinlich von seiner Werkstatt gemacht wurde.

Der letzte Stuttgart-Aufenthalt von 1522 bis 1525

1522 verließ Jerg Ratgeb, wie es anhand der Urkunden zu belegen ist, endgültig das Rhein-Main-Gebiet und kehrt wieder nach Stuttgart zurück, wo er bereits 1503, 1509 und 1512 nachzuweisen war.

Zwar ist aufgrund der Verwicklungen des Malers in den schwäbischen Bauernkrieg in den Wirren des Jahres 1525 die Werkstatt und damit der reiche Schatz an Zeichnungen, Skizzen und halb oder ganz fertiggestellten Gemälde unwiderruflich verlorengegangen, dennoch können wir aufgrund der in diesem Katalog aufgezeigten künstlerischen Entwicklung des Malers auf fortschreitende manieristische Tendenzen schließen, die sich z. B. auch in den Werken des Nürnberger Künstlers Peter Flötner nachweisen lassen.

An dieser Stelle muß besonders auf den sogenannten Erlanger Entwurf eines Altares oder Epitaphaltares, in der Graphischen Sammlung von Erlangen, von der Hand Flötners eingegangen werden. Die Zeichnung, die um 1520 entstanden sein muß und die in unmittelbarem Zusammenhang mit der Verklärung Christi auf Berg Tabor von Grünewald von 1509/10 in der Frankfurter Dominikanerkirche steht, die ihrerseits nicht ohne Einfluß auf das Wandgemälde von Jerg Ratgeb mit der gleichen Thematik auf der Nordseite des Frankfurter Kreuzgangs geblieben war, die aber zugleich auch Bezug nahm auf die Zeichnung von Albrecht Dürer von 1510 mit der Darstellung der gleichen Szene. Das Heranziehen der Zeichnung von Peter Flötner ist hier nicht ohne Grund erfolgt, da in der älteren Literatur verschiedentlich ein Aufenthalt von Peter Flötner im Rhein-Main-Gebiet angesprochen wurde, was nicht eindeutig anhand von Urkunden bewiesen werden kann. Der Entwurf des Mainzer Marktbrunnens von 1526, den Albrecht von Brandenburg nach dem niedergeschlagenen Bauernkrieg errichten ließ, kann mit Sicherheit nicht für Flötner vereinnahmt werden. Auffällig ist, daß auf der Nordseite des Frankfurter Karmeliterkreuzgangs, dessen Ausmalung im Jahr 1516 angesetzt werden muß, auf dem grünen Zelt über dem Thron des Herodes zu einem sehr frühen Zeitpunkt Arabesken gemalt sind, die erst in den dreißiger und vierziger Jahren zu einem wesentlichen Bestandteil des Schaffens von Peter Flötner werden. Unberücksichtigt muß bleiben, daß auf dem von Claus Stalburg dem Reichen auf der Südwand des Kreuzgangs gestifteten Wandgemälde neben einem Vers die beiden Buchstaben P F angebracht waren; es ist noch abzuklären, ob nicht hier der Verfasser des Verses gemeint ist, dessen Name dann mit den gleichen Buchstaben beginnen müßte.

Zurück aber zu der künstlerischen Entwicklung des Malers Jerg Ratgeb. Das angeführte Beispiel einer Zeichnung von Peter Flötner soll helfen, schemenhaft eine Lücke zu schließen, die durch den Verlust des gesamten Werkstattbestandes entstanden ist. Möglicherweise wäre hier auch noch eine weitere Zeichnung der Darstellung des gleichen Themas in der Graphischen Sammlung der Staatsgalerie Dresden heranzuziehen, was aber noch genauer untersucht werden muß, wie auch die eventuell zwischen Jerg Ratgeb und Peter Flötner bestehenden Beziehungen. Auffällig ist mit Sicherheit, daß Peter Flötner, der 1522, von Ansbach kommend, sich in Nürnberg niederließ, sich zumindest in seiner Ansbacher Zeit in dem gleichen Personenkreis bewegte wie Jerg Ratgeb. Casimir, Markgraf von Brandenburg-Ansbach, war einer der Stifter der Wandgemälde von 1517 auf der Ostseite des Frankfurter Karmeliter-

kreuzgangs. Kann man die künstlerische Entwicklung des Malers von seinem und vom allgemeinen Zeitstil her erahnen, so sind wir aber im Bereich der ausgeführten Aufträge mit Sicherheit auf Spekulationen angewiesen.
Herzog Ulrich von Württemberg, der seit 1519 außer Landes war, scheidet als einer der möglichen Auftraggeber Ratgebs in der letzten Stuttgarter Zeit aus. Was bleiben würde, wären z.B. die Karmeliter in Esslingen oder andere Mitglieder des Hauses Württembergs, so z.B. die Herzoginwitwe Elisabeth, die 120 Gulden den Karmelitern in Esslingen für das Lesen von 500 Messen stiftete. Da Ratgeb für die Karmeliter in Heilbronn zwischen 1510 und 1512 und mit Sicherheit für die Karmeliter in Frankfurt zwischen 1514 und 1518 und um 1520 tätig war, möglicherweise um 1513 auch für die Karmeliter in Mainz, ist der Frage nachzugehen: war Ratgeb für die Karmeliter in Esslingen tätig?
Die Verbindung zum Hause Württemberg, die sich eindeutig durch den Herrenberger Altar belegen läßt, ebenso durch die Verwicklung des Künstlers in den schwäbischen Bauernkrieg, muß überprüft werden.
Da in diesem Katalog das Leben des Künstlers Jerg Ratgeb, trotz der immer wieder aufgewiesenen politischen Beziehungen, einwandfrei von dessen politischer Aktivität getrennt wurde, muß die Abhandlung über die Rolle, die Ratgeb im Bauernkrieg spielte, hier ausgeklammert werden. Die historischen und politischen Bezüge, die den äußeren Rahmen für das Leben von Jerg Ratgeb bildeten, sind viel zu wichtig, als daß sie auf wenigen Seiten abgehandelt werden könnten. Dem "Politiker" Ratgeb muß eine eigene Monographie gewidmet werden,die im Anschluß an diesen Katalog erscheint.
Kunst im Kontext der Geschichte sehen aber darf zweierlei nicht beinhalten: Kunst kann damit nicht mehr für politische Agitation eingesetzt werden, zum anderen muß auch der Künstler Ratgeb exakt vom "Politiker" Ratgeb getrennt werden, denn nur so erschließt sich von diesen beiden getrennten Aspekten die Modernität der Gestalt Ratgebs, der sowohl als Künstler als auch als politisch engagierter Mensch ein für seine Zeit einzigartiges Phänomen darstellt.

Die Karmeliter in Esslingen

Die Auftragserteilung für einen neuen Hochaltar der Esslinger Karmeliterkirche und dessen Ausführung zwischen 1522 und 1525?
W. Fraenger gibt in seinem Buch über Jerg Ratgeb an, daß dieser um 1525/26 seine Werkstatt in Esslingen gehabt habe, ohne bei dieser pauschalen Angabe auch nur eine Quelle zu zitieren.

Diesem Hinweis jedoch nicht weiter nachzugehen, wäre wahrscheinlich genauso töricht, wie die Angabe ohne Kontrolle zu übernehmen.

Die Durchsicht der Esslinger Urkunden des Katharinenhospitals - Esslinger Karmeliterkloster - im Stadtarchiv bietet kaum einen Hinweis für diese These Fraengers, abgesehen von der Tatsache, daß ein Auberlin Ratgeb von Grötzingen und eine Agatha Ratgebin in den Lehnsakten des Katharinenhospitals in den Jahren 1525 (23. Juni) und 1545 (27. März) vorkommen, zum anderen der Name Ratgeb bereits 1399 (1. April) in einer Urkunde des Katharinenhospitals auftaucht.

Die verwandtschaftlichen Beziehungen zwischen den verschiedenen Namensträgern müßten erst noch genau untersucht werden, da sich der Name in vielen Städten zwischen Salzburg und Leipzig, besonders aber im schwäbischen Raum, nachweisen läßt, um zu einem schlüssigen Ergebnis zu kommen; ob dies noch bei der stark dezimierten Quellenlage möglich ist, steht auf einem anderen Blatt.

Die zweite Möglichkeit, hier etwas Licht in das Dunkel zu bringen, besteht in der Untersuchung des Lebenslaufes von Jerg Ratgeb selbst. Der verbindende Aspekt wäre tatsächlich, daß Ratgeb seit 1509 für die Karmeliter gearbeitet hat, zunächst in Heilbronn - seine Briefe in diesen Jahren bis 1512 waren auf Papier mit dem Wasserzeichen des Heilbronner Karmeliterklosters geschrieben - Inful -, seit 1514 ist er bis nach 1517 nachweislich für die Frankfurter Karmeliter tätig gewesen.

Eine Verbindung zwischen dem Esslinger und dem Heilbronner Karmel bestand z. B. durch die Beziehung des Priors Dr. Theol. Johannes Busch/Rubi von Weinsberg, auch Dr. Johannes Weinsperger genannt, der aus dem Heilbronner Karmel hervorgegangen war und aufs engste mit Dr. Theol. Johannes Benzenreuther - 1475-1482 Prior des Heilbronner Karmels, dem er 1490-1493 zum zweiten Mal vorstand, aber auch gleichzeitig, bis zu seinem Tod 1499, Provinzial der Ordensprovinz Oberdeutschland war - befreundet war, aber mit Sicherheit auch mit dessen Nachfolgern Heinrich Molitor (1482-1484), Johann Kuttel von Straubing (1484-1486), Dr. Theol. Johann Bäcker von Heilbronn (1486-1490, 1492-1495), und zu Dr. Theol. Peter Wirt, der von 1495 bis 1514 dem Heilbronner Karmel vorstand, in besagter Zeit, in der Jerg Ratgeb in Heilbronn weilte und dort wahrscheinlich den neuen Hochaltar für die Karmeliterkirche schuf, noch in Verbindung stand. Aber auch die Kontakte zwischen Dr. Johannes Busch und Dr. Theol. Johannes Ruff scheinen weiterhin eine große Rolle gespielt zu haben, siehe weiter unten.

Busch entstammte der Weinsberger Bürgerfamilie Busch, die seit dem 15. Jahrhundert in Weinsberg, nur wenige Kilometer von Heilbronn entfernt, nachweisbar ist.

1436 verkauft der Weinsberger Bürger Hans Busch seinen Zehntanteil an das Klarissenkloster in Heilbronn. 1444 wird er dann als Zeuge im Zusammenhang mit einem Verkauf zusammen mit Hans Schweiner - wahrscheinlich ein Vorfahre des gleichnamigen Baumeisters der Heilbronner Kilianskirche - genannt.
Hans Busch und Conrad Busch werden dann in den Zinsbüchern der kurpfälzischen Herrschaft in den Jahren 1465, 1477 und 1493 als Besitzer von Wiesen und Weinbergen - heute noch beste Lagen, z.B. Schemelsberg - und in einer Urkunde von 1472 genannt.

Johannes Busch selbst gibt in einem Bittschreiben um Unterstützung zu seinem Lebensunterhalt an den Esslinger Rat an, daß er den Karmelitern in Esslingen 250 Gulden aus väterlichem und mütterlichem Erbe habe zukommen lassen.

Es wird angenommen, daß Johannes Busch 1460 geboren ist, da er in seinem Brief an den Esslinger Rat von 1543 sagt er sei 83 Jahre alt, dann ist er etwa zwischen 1476 und 1478 in den Heilbronner Karmel mit 16 bis 18 Jahren eingetreten, dem zu dieser Zeit der hochgebildete Johannes Benzenreuther (174-1482) vorstand. Benzenreuther wurde dann auf dem Esslinger Generalkapital von 1490 zum Provinzial der Oberdeutschen Ordensprovinz gewählt, stand aber auch gleichzeitig, bis zu seinem Tod 1499, noch dem Heilbronner Karmel zum zweiten Mal vor; bereits 1476 hatte er versucht, den Esslinger Karmel zu reformieren. Er hatte in Wien und Erfurt studiert und 1486 in Tübingen in Theologie promoviert. In Heilbronn war das theologische Hausstudium möglich, das zunächst Benzenreuther selbst leitete; ab 1479 war jedoch auch Symon Currificis aus Öhringen bei Heilbronn als Informator und Lektor tätig.

Aufgrund seiner guten Leistungen konnte Johannes Busch ab 1484 an der Universität in Freiburg i.Br. studieren, an der nur sehr selten Karmeliter als Studierende nachzuweisen sind. 1488 verließ er Freiburg und ging nach Toulouse, erwarb den akademischen Grad eines Bakkalaureus, nach zwei weiteren Jahren den Bakkalaureus formatus und nach einem weiteren Jahr den des Bakkalaureus biblicum.

1492 kehrte er nach Deutschland zurück und war drei Jahre Lektor im Karmel in Nördlingen. 1498 promovierte er an der Universität Tübingen in Theologie, an der auch Johannes Benzenreuther 1486 den Doktortitel erworben hatte. Eine Freundschaft muß Benzenreuther und Busch lebenslang verbunden haben, da der Provinzial der Oberdeutschen Ordensprovinz den Studierenden mit Geld unterstützt hatte. Busch selbst, der bereits 1497 zum Prior des Esslinger Karmels gewählt worden war, dem er bis 1519 vorstand, war zu einer der wichtigsten Persönlichkeiten in der Oberdeutschen Ordensprovinz geworden; die bedeutendste Zeit seiner steilen Karriere lag zwischen 1510 und 1514, gleichzeitig mit der Entstehung des Heilbronner Hochaltares und dem Arbeitsbeginn der Frankfurter Wandmalereien. Von 1522 ab bis 1536 war er als Prediger in Nürtingen tätig, dort starb er 1546. Die Herzogin von Württemberg, Elisabeth, die Witwe des Herzogs Eberhard II. von Württemberg, hatte in ihrem Testament von 1518 dem Esslinger Karmel, damals noch unter der Leitung von Johannes Busch, 120 Gulden für das Lesen von 500 Seelenmessen gestiftet. Ab 1522 ist er dann als ihr Beichtvater in Nürtingen ansässig: die Herzogin Elisabeth starb 1524.

Johannes Busch erwähnt in seinem Schreiben vom August 1543 an den Esslinger Rat zwar, daß er dem dortigen Karmel zu vielen Stiftungen verholfen und auch viele Kunstwerke angeschafft habe, aber von einem neuen Hochaltar ist nicht die Rede. Mit Sicherheit wäre es in diesem Schreiben an den jetzt zum neuen Glauben übergetretenen Esslinger Rat nicht ratsam gewesen, von einem neuen Hochaltar zu berichten, da einerseits eine Welle des Bildersturms vor 1543 bereits über das schwäbische Gebiet gelaufen war, zum anderen, will man die These nicht ganz als hypothetisch abtun, muß man wohl in der Herzogin selbst möglicherweise die Stifterin suchen; Johannes Busch hätte dann nur den Vermittler gespielt.

Erinnern wir uns aber auch gleichzeitig an den Ablauf des Bauernkrieges und das Verhalten des jungen Herzogs in den Schwierigkeiten, die er in seinem Land hatte; gerade ein Jahr später als die Herzogin Elisabeth den Esslinger Karmel durch ihre Stiftung bedachte, versuchte er vergebens die Reichsstadt Esslingen zu belagern und mußte unverrichteter Dinge wieder abziehen.

Auf der anderen Seite spielt in der Chronik der schwäbischen Bauernkriege auch die Stadt Nürtingen keine unwesentliche Rolle. Am 3. Mai 1525 verfaßten Martern Feuerbach und Hans Wunderer in Nürtingen ihre Aufforderung an den Adel, sich sofort in Degerloch zu melden. Hinzuzufügen wäre noch, daß bereits am 29. April 1525 Herzog Ulrich in Schaffhausen seinen Anschluß an die Bauern angekündigt hatte; das datierte Schreiben stammt vom Hohentwiel.

Es ist aus diesem Grund auch nicht auszuschließen, daß Dr. Johannes Busch, bewußt auch aus politischen Gründen, 1543 nicht auf Tatsachen, die 18 Jahre zurückliegen, anspielt, da vielleicht auch seine damalige Rolle zur Sprache gekommen wäre.

Vielleicht gab es auch zwischen Benedikt Farner, dem Vertrauten des jungen Herzogs, und Dr. Johannes Busch, dem Vertrauten der alten Herzogin, Beziehungen, die Jerg Ratgeb hier in Esslingen zu einem Auftrag verholfen hätten, eine wichtige Frage, die jedoch von den Historikern näher untersucht werden muß.

Von 1522 bis 1531 war Bernhardus Ruff als Prior des Esslinger Karmels nachzuweisen, in seine Amtszeit wäre dann die Ausführung gefallen. Daß Johannes Busch und Bernhardus Ruff auch in späterer Zeit noch in Kontakt gestanden haben, beweist die Tatsache, daß letzterer, als die Schwierigkeiten in Esslingen zu groß wurden, 1532 mit den Büchern, Akten, dem Siegel, möglicherweise auch mit den Kleinodien des Klosters nach Nürtingen, wo jetzt Johannes Busch als Prediger lebte, heimlich geflohen war.

Wie sich die Lage, nimmt man eine Tätigkeit Jerg Ratgebs in Esslingen vor 1525 an, nach dessen Verwicklungen in die Bauernkriege für den Esslinger Karmel gestaltete, ist nur schwer zu rekonstruieren. Im Hinblick auf diesen Gesichtspunkt muß noch der Urkundenbestand durchgesehen werden.

Es spricht aber auch noch eine andere Tatsache dafür, daß man diese These nicht ganz verwerfen kann, denn auch in Esslingen sind die gleichen bekannten Namen des Adels wie z. B. im Heilbronner Karmel oder dem in Ravensburg oder in anderen Niederlassungen der Oberdeutschen Ordensprovinz nachzuweisen: die Familien von Stammheim, von Lichtenegg, von Neuhausen, von Gemmingen, von Thalheim, von Mönsheim, Göler von Ravensburg und die Patrizier Näsin haben in Esslingen Seelenmessen für ihre verstorbenen Familienmitglieder gestiftet.

Besonders wichtig ist in diesem Zusammenhang wohl die Nennung des Namens „von Gemmingen", der aufs engste mit dem neuen Hochalter des Heilbronner Karmels in Verbindung zu stehen scheint. Auch die Besitzungen des Klosters, der durch Schenkungen und Stiftungen übertragene Grund und Boden im schwäbischen Raum – in Neuhaus, Grötzingen, Köngen, Uhlbach, Cannstadt, Vaihingen, Stetten, Stümpfenbach, Oberesslingen, Hegeberg, Zelle, Brackesheim und Güglingen (die beiden letzten Orte im Zabergäu gelegen, dessen Vogt der Graf von Neipperg war, siehe Barbaraaltar von Schwaigern von 1510), in Wolfschlugen –, Häuser und Straßen in Esslingen selbst, zeigen die ungeheuren Verpflechtungen zu Beginn des 16. Jahrhunderts, mit denen ebenfalls hier in Esslingen gerechnet werden muß.

Zusammenfassend ist auf die oben gestellte Frage zu sagen, daß trotz der wenigen noch bekannten Fakten nicht ausgeschlossen werden kann, daß Ratgeb für die Karmeliter in Esslingen tätig war.

Die endgültige Beantwortung kann erst nach Prüfung aller außerhalb von Esslingens erhaltenen Urkunden des Katharinenhospitals gegeben werden. Zum anderen muß das Umfeld um die Herzogin von Württemberg, Elisabeth, noch daraufhin kontrolliert werden, ob sich hier nicht mit den bereits bekannten Fakten eine Beweiskette rekonstruieren läßt. Der Beziehung zwischen den Esslinger Karmeliterprioren und dem Vertrauten von Herzog Ulrich von Württemberg, Benedikt Farner, muß ebenfalls noch nachgegangen werden.

Lit.: K. Pfaff, Gesch. der Reichsstadt Esslingen, 1840. - Oberamtsbeschr. 1845. - **C. Heideloff,** K. des MA in Schwaben, Stg. 1855. - **O. Mayer,** Geistl. Leben in der Reichsstadt Esslingen v. der Reformation der Stadt, **Württ. Vjh. f. Landeskde.,** 9, 1900. - **K. Müller,** Die Esslinger Pfarrkirche im MA, **Württ. Vjh. f. Landeskde.,** 1907. - **J. Rausch,** Die Prädikaturen in Württ. v. der Reformation, **Württ. Jb.,** 1908, II, S. 201. - **Schäfer, Bll. f. Württ. Kirchengesch.,** XXIII, 1919, S. 56f. - **P. Eberhard,** Aus Alt-Esslingen, Esslingen 1924. - **K. Müller,** Die ältesten Druckschr. der Esslinger Stadt-, Kirchen- und Schulbibl., **Württ. Vjh. f. Landeskde.,** 32, 1925, S. 26. - **O. Schuster,** Kirchengesch. v. Stadt. Bez. Esslingen, 1946, S. 44. - **R. Uhlig,** Die Esslinger Klöster, **Esslinger Stud.,** 8, 1961, S. 29-31.

Johannes Busch/Rubi aus Weinberg bei Heilbronn, auch genannt **Johannes Weinsperger,** Dr. Theol.
Lit.: K. Pfaff, Gesch. der Reichsstadt Esslingen, 1841. - **J. Rauscher,** Die Prädikaturen in Württ. v. der Reformation, **Württ.** Jb., 1908, S. 201. - **J. Rauscher,** Württ. Visitationsakten I (1534) 1536-1540, S. 103. - **C. Martini,** Der dt. Carmel, die oberdt. Prov., Bamberg 1928, II. Bd. - **J. Haller,** Die Anfänge der Univ. Tübingen 1477-1527, Bd. I. - **A. Deckert,** Die oberdt. Prov. der Karmeliten nach den Akten ihrer Kapitel v. 1421 b. 1529, 1963, S. 154 (Nr. 154), 200. - **F.-B. Lickteig,** The German Carmelites at the Medieval Universities, 1981, S. 200. - **R. Jooss,** Zwei Esslinger Karmeliten der Reformationszeit: Dr. Johannes Busch (Rubi) von Weinberg und Bernhardt Ruff von Aich, **Esslinger Stud.,** Jg. 21, 1982, S. 59-67.

Johann Ruff/Rueff von Aich, 1522-1531 Prior in Esslingen
Lit.: R. Schaffer, A. Stoß u. seine gegenreformator. Tätigkeit, 1926, S. 76f. - **A. Deckert,** Die oberdt. Prov. der Karmeliten nach den Akten ihrer Kapitel von 1421 bis 1529, 1963. - **F.-B.Lickteig,** The German Carmelites at the Medieval Universities, 1981. - **J. Sment,** Die Karmeliten, Gesch. der Brüder U. L. Frau vom Berge Karmel von den Anfängen (ca. 1200) b. z. Konzil in Trient, Freiburg i. Br. 1980/81, S. 296f. (47). - **R. Jooss,** Zwei Esslinger Karmeliten der Reformationszeit: Dr. Johannes Busch (Rubi) von Weinberg und Bernhardus Ruff von Aich, **Esslinger Stud.,** Jg. 21, 1982. S. 67ff.

Urk.Nr. 1
Stuttgart HSTA
Rep. der Esslinger Klöster v. 1663
Beil. z. Reg. schwäb. Klöster
Cod. hist.
Fol. 739^{m}

Urk.Nr. 2
Stadtarchiv Esslingen
Spitalarchiv
Fasz.28
1543 August
Brief des Dr. Theol. Johannes Busch/Rubi von Weinsberg an den Rat der Reichsstadt Esslingen

> An jährlichen Zinsen und Gülten, erkauften liegenden Gütern, köstlichen und scheinbarlichen Geweben, silbernen Kleinodien, großer und kleiner Monstranz, etlichen vergoldeten silbernen Kelchen (hab ich) bis an die 76 Mark eingebracht (1 Mark = 1 Pfund reines Silber), dazu viel samtene und allerlei farbige Meßgewänder je mit Rock und Chorkappen samt anderen Gotteszierden. Dazu viel guten Hausrat, Betten, Küchengeschirr, das alles mit erkauften 10 silbernen Bechern 8000 Sch an Kosten übertrifft, die ich z. T. bei Fürsten und Herren und gemeinem Adel durch Stiftung der Gottesdienste und mein Predigen und Sammeln auf dem Lande mit Begabung des Beichthörens dem Kloster erlangt und zugestellt habe, dabei auch 250 fl väterliches und mütterlich Erbe gegeben.

Lit.: R. Uhland, Die Esslinger Klöster, **Esslinger Stud.,** 8, 1961, S. 31 (Auszug der Urkunde). – **R. Jooss,** Zwei Esslinger Karmeliter der Reformationszeit: Dr. Johannes Busch (Rubi) von Weinsberg und Bernhardus Ruff von Aich, **Esslinger Stud.,** Jg. 21, 1982.

Urk.Nr. 3
Liste der Priore des Karmels in Esslingen
1423 (-1429) Johann Tolbug
1432 Johann Dollinger
1437 Johann Metzcher
1439 (-1441) Johann Metzcher (zum zweiten Mal)
1443 Paulus Kessler
1445 Johann Dolling (zum zweiten Mal)
1447 Johann Feldanschlacht
1449 F. Friedrich
1451 Matthias Cloppen/Kloppen
1452 Johann Schwyker
1454 Matthias Kloppen/Cloppen (zum zweiten Mal)
1458 Johann Crailshaim
1462 Johann von Waid
1464 Konrad Feige/Fici
1467 Matthias Schutz
1469 Johann Markdorf
1471 Johann von Waid (zum zweiten Mal)
1473 (-1474) Andreas Stöckel

1476 (–1490) Nikolaus Moz
1492 Johannes Dyemer
1494 Johannes Wimpfen
1497 Johannes Busch/Rubi von Weinsberg (Johannes Weinsperger)
1499 (1519) Johannes Busch/Rubi von Weinsberg (zum zweiten Mal)
1522 (–1531) Johannes Rueff/Ruff

Urk.Nr. 4
Esslingen
Provinzialakten des Dr. Andreas Stoß
Straubinger Manuskript
C. Martini, Der dt. Carmel. Die oberdt. Prov., II. Bd., S. 236.

Urk.Nr. 5 **Stadtarchiv Esslingen**
Urkunde aus dem Bestand des Katharinenhospitals F 91
23. Juni 1525
4264 (Original Pergament mit Siegel)

Hans Riecker, Hans Necker und Auberlin Ratgeb, alle seßhaft zu Grötzingen, bekennen, daß ihnen Ludwig Stahel, Vogt, Lienhard Datt und Hans Miller, Zunftmeister und beide Pfleger, und Ulrich Grieb, Meister des St. Katharinenhospitals zu Esslingen auf Lebzeit des H. Rieger das Lehen am Hof des Spitals zu Grötzingen verliehen haben. Sie sollen jährlich auf Martini daraus je 6 Scheffel Roggen, Dinkel und Haber geben, auf Michaeli 4 Pfund Heller Wieszins. Sie bezahlen 120 Pfund Heller für das Lehen. Als Unterpand setzen sie ein: Hans Rieckers 1 Janchert Acker in Lachen an Friedrich Clöwes und Hans B 1 Janchert im Bauholz an Adam Schwab von Wolfschlugen und Jörg Fuchs, 1 Mg-Wiese zu Alt Grötzingen an Hans Riemp und des Heiligen Kreuz Pfründe Wiese, Hans Meckers 1 Janchert auf dem Buitzberg, **Auberlin Ratgeb** 1 Mg. Acker am Bintzberg genannt der Krummacker an Ludwig Schaubers Hofacker, 1 Janchert auf dem Stell an der Frühmesse Acker und Michel Maier.

Siegler: der Schultheiß Hans Clöwer und die Richter zu Grötzingen mit Stadtsiegel.

Urk.Nr. 6
Stadtarchiv Esslingen
Urkunde aus dem Bestand des Katharinenhospitals F 91
27. März 1545
4272 (Original Pergament mit Siegel)

Jörg Rieckher zu Grötzingen bekannt, daß ihm Vogt, Pfleger und Meister des Spitals zu Esslingen ihren Fallhof auf Lebzeit verliehen haben, nämlich: in der Zelge auf der Höhe ob der Bainde 6 Janchert Acker und Wiese zwischen der Hailigen von Wolfschlugen Eigen und Hans Raupp, unten an Gall Hefner, 3 Janchert oberhalb der Höhe (Hœchin) zwischen Grötzingen zwischen Michel Kull und Hans Rieckers Witwe, 2 Tagwerk unterm Brunnen zwischen Hans Rieckers Witwe und Jacob Mayer, Mg. an Hans Schauber von Wolfschlugen und Michel Kull, 1 Tagwerk genannt der Dinckelacker. Jörg Rieckher soll daraus jährlich auf Martini 6 Scheffel Roggen, 6 Scheffel Dinckel und 6 Scheffel Haber Kaufmannsgut geben auf Michaeli 4 Pfund Heller Wieszins. Neben weiteren

Bedingungen wird bestimmt, daß das Gut unzerteilt bleiben soll. Das Spital erhält für das Lehen 140 Pfund Heller gemeiner Landeswährung. Als Unterpfand setzt er 1 Janchert Acker in Lachen an Jung Friedrich Clöwer und Ludwig Schauber, 1 Janchert im Bauholz zwischen Elias Beck und Claus Riecker genannt im Seewäckerlin an Conrad Schauber und Wolfschluger Zehnten, 3 Morgen an Theus Wintholz und Hans Fuchs, unten an Necker Barblas Zwerchacker, 1 Beet von 1/2 Morgen bei den Oberen Wiesen an Hans Schauber, Jos Beck und Kolbo Hans Kind von Altdord, 1 Janchert beim Esslinger Baum genannt das Krummenland zwischen Ludwig Schauber und Michel Fuchs, oben Jung Friedrich Clöwer, Stefan Backlobers Kinder und Gall Hefners Zwerchacker, 1/2 Janchert zwischen Hans Schauber und Anton von Harthausen, oben an Jacob Mayer, 1 Janchert am Langen Morgen an Jacob Mayer, Conrad Schauber und Peter Clœwer, 1/2 Janchert in der Bintzwiese zwischen Theus Wintholtz und Michel Fuchs, 1 Janchert in den Bainden zwischen Michel Fuchs und Ludwig Schauber, 1/2 Janchert bei der Scheuer Egart an Ruprecht Paur und Spitals Wiese, 1 Morgen daselbst zwischen Jung Michel Teuffel und Hans Fuchs;
in der Zelge Bintzberg 3 Janchert bei den oberen Wiesen an Hans Schmid, Müller, und Michel Fuchs, 2 Janchert am Esslinger Weg an Claus Rœsch und Hans Becks Zwerchacker, 1 Janchert Fuchs und der alten Grötzinger Gasse.
An Wiesen 2 Tagwerk im Brükel zwischen Becken Caspar und der Stadt Grötzingen Wiese, die halb dem Hotzbeck von Esslingen ist, oben an Bernhard Schmid, 2 Tagwerk in den oberen Wiesen an Ruprecht Paur und Felix Mayer, 1 Tagwerk am Pfarrgut zu Wolfschlugen, 2 Tagwerk unterm Brunnen zu Alt Grötzingen an Hans Strobel, 2 Mg. im Hellprett, zwischen Theus Wintholtz und Michel Teiffel, 1/2 Mg. daselbst an Michel Fuchs;
in der Zelge gegen Oberbirkach oberhalb der Alt Grötzinger Gasse 1 Mg an Hans Raupp und Theus Wintholtz 1 Mg an Hans Strobel und der Lachen Straße, 2 Mg. an Michel Fuchs und Ulrich Mayer, 1 Morgen an Hans Fröhlich und Michel Fuchs, 4 Janchert im Langen Morgen an Conrad Schauber und Ulrich Mayer, oben an Peter Clöwers Zwerchacker, 1 Janchert beim Mehlbirnbaum zwischen Gall Lutz und Hans Strobels Kind, unten an Claus Rieckher. 1 Janchert an Gall Ballierer und Claus Rieckher, 4 Mg an Barbara Necker und Gall Butz, 2 Janchert die jetzt Eitel Wiesen sind, zwischen Michel 1 Mg. Wiese zu Altgrötzingen zwischen Felix Mayers Kind uns Salomon Mayer, Gall Röschs Morgen Acker im Hallpret, 1 Mg in Lache zwischen Halo Jacob von Hardhausen und Paulus Hartmann, Auberlin Ratgebs 3 Achtel Weingärten in der Bechanderen zwischen Bastian Stoll und Jacklin Mayer, woraus Denkendorf zuvor 9 Heller bezieht, 1/2 Janchert Acker auf dem Gefäll zwischen Michel Mayer und Agatha Ratgebin.
Siegler: Hans Necker, Schultheiß, und die Richer zu Grötzingen

Abb. N1 Chronik von Jacobus Millendunck, Karmeltiterbücher Bd. 47b, S. 135 (Esslingen), Frankfurt, Stadtarchiv.

Esslinga.

Monasterium Esselingense Germaniae totius nonum.

Esselinga, sive Ezlinga in superiore germania, oppidum est Sueviae ad Neccarum situm, solum habens circumiacens gramineum [?],
Dioecesis Constantiensis. et vini feracissimum, a Sueviae Ducibus primitus conditum: ✝
Cuius Ecclesiam parochialem Fridericus Siciliae et Apuliae Rex, Regni Hierosolymitani haeres, Dux Sueviae anno Dni 1208. cum omnibus iuribus [?], pertinentiis, proventibus, ac iure patronatus Spirensi Ecclesiae (ubi maiorum suorum Romanorum Regum et Imperatorum ex Sueviae Ducibus creatorum solemnis fuit sepultura) donavit et incorporavit. Quam donationem idem Fridericus factus postmodum Romanorum Imperator istius nominis secundus, imperiali diplomate confirmavit, atque ipsum oppidum muro cinxit, privilegiisque et regalibus donavit: ex quo inter oppida regalia et civitates imperiales connumerari coepit.

Prima loci possessio [?] concessa est anno 1271 In hoc oppido fundatum et erectum fuit monasterium ordinis et in honorem B. Mariae virginis consecratum regnante Rudolpho primo Romanorum Imperatore, qui electus fuit anno Christi 1273
1273 dum fratres adhuc utebantur cappis barratis: ✝

1287 Anno 1287 in caplo gnali celebrato in Cvtu montis pessulani ex indulto Honorii papae 4ti bonae memoriae, totus ordo depositis pallijs barratis, assumpsit pallia alba.

1312 Anno 1312 in caplo pvoali celebrato Harlemij in Hollandia in octava Aplorum petri et Pauli praeside R.P. Wilhelmo de Ravenheim [?] pvoali, imponitur huic Cvtui annua taxatio 97 grossi Turonenses

1317 Anno 1317 fuit huius Cvtus prior et 2us pvae diffinitor in caplo Coloniae celebrato electus f. Henricus de Wadingen.

1318 Anno 1318 in caplo gnali Burdegalae celebrato dividitur Germania in duas pvas, superiorem et inferiorem, ~~fed[?]~~

1327 Verum anno 1327 in Capitulo gnali Albiae in pvia Aquitaniae celebrato iterum Unitur. (Anno 1329 dantur priori Esselingensi pro sua Curia – 40 grossi

1333 Anno 1333 prior f. Ulricus.

1348 Anno 1348. Quo anno in caplo gnali Metensi, Germania rursus divisa fuit in duas pvas, nunquam amplius reunita, superiorem et inferiorem, et mansit hic Cvtus in pvia superiore Conventus quartus, qui alias inter Cvtus Germaniae totius fuerat nonus.

Post separationem ~~pvae~~ Germaniae.

1455 Anno 1455. monasterium hoc conflagravit incendio; anno vero 1489 denuo fuit restauratum.

1524 In hac civitate olim fuit Camera imperialis usque ad annum 1527. Quo anno inde translata fuit Spiram per Carolum Romanorum Imperatorem quintum, optimisque ab eodem legibus instituta, et reformata.

Zusammenfassung

Der vorliegende Katalog versucht das Œuvre von Jerg Ratgeb von falschen Zuschreibungen zu befreien, so von der Tafel mit der Darstellung des Abendmahls in Rotterdam, der zerstörten Tafel in Berlin mit der Darstellung des Passahfestes und der Tafel in Bern mit der Darstellung des Abschieds von der Mutter. Die drei aufgeführten Objekte weisen keine Augsburger Schulung des Künstlers auf; hinzu kommt, daß die Rotterdamer und Berliner Tafel von einer anderen Hand stammen als die Berliner Tafel, die einwandfrei im Schweizer Kunstkreis, der seinerseits aber beeinflußt war von der oberrheinischen Kunst, verankert ist.
Aufgrund der Augsburger Schulung von Jerg Ratgeb werden die beiden Stalburg-Bildnisse erneut in die Diskussion gebracht, sie stammen von der Hand Ratgebs.
An Neuzuschreibungen werden folgende erhaltene Werke vorgestellt:
die Rückseite des Caldenbach-Altares im Landesmuseum Mainz, die nicht erhaltene, aber durch Archivaufnahmen belegte Ornamentnische in der Frankfurter Karmeliterkirche und das erhaltene, heute aber nicht zugängige Wandgemälde im Kapitelsaal des Mainzer Doms.

Die drei Dresdener Zeichnungen erweisen sich als Zeichnungen aus der Werkstatt von Jerg Ratgeb, die als Lehr- und Lernzeichnungen Visierungen von Altarrissen von der Hand Ratgebs widerspiegeln.
Das Porträt des Kanonikus Rucker im Landschaftsmuseum Seligenstadt ist eine Arbeit des 19. Jahrhunderts in der Manier von Ratgeb; der fehlende Kreidegrund und die Art der Zeichnung lassen dies erkennen.
Die einzige Zeichnung von der Hand Ratgebs ist die Vorzeichnung, die durch Infrarotaufnahmen auf der kleinen Stuttgarter Tafel mit der Darstellung der Kreuztragung Christi entdeckt wurde; sie läßt Rückschlüsse auf den Zeichenstil Ratgebs zu.
Die Problematik um die Schüler von Ratgeb und um die nachweisbaren Nachahmungen in den Werken anderer Künstler mußte aus den Untersuchungen ausgeklammert werden. Die Aufarbeitung der Beziehungen zwischen Ratgeb und dem Meister W B und Conrad Faber von Creuznach stehen noch aus, ebenso die zwischen Ratgeb und Hans Backoffen. Es ist zu hoffen und zu wünschen, daß sich die Fachkollegen mit dem großen Fragenkomplex, den das Werk und das Leben von Jerg Ratgeb aufwirft, auseinandersetzen, denn drei Monographien über diesen wichtigen Maler des frühen 16. Jahrhunderts sind zu wenig, da ja die Auseinandersetzung mit dem Werk von Ratgeb immer unter neuen Gesichtspunkten erfolgen muß.

Exkurs: Vortrag vom 19. Oktober 1984 auf einem Symposion der Stiftung Ostdeutscher Kulturrat in Würzburg.

Der Einfluß der deutschen Kunst im frühen 16. Jahrhundert auf die Kunst in Osteuropa

In meiner bereits 1975 abgeschlossenen und 1978 in Bamberg gedruckten Dissertation über den „skulptierten Altar der Frührenaissance in Deutschland" habe ich versucht, aufgrund der bekannten Handelsbeziehungen, der familiären Bindungen von Künstlern, Stiftern oder Königshäusern die Einflüsse der deutschen Kunst auf die Altarbaukunst in Südosteuropa nachzuweisen. Eine Komponente in diesem Vermittlungsprozeß wurde jedoch nicht aufgezeigt: die Rolle der Orden, insbesondere die des Karmels, blieb unberücksichtigt. Ausgehend von der damaligen Konzeption – Form, Funktion und Inhalt des Altarretabels zu untersuchen – konnte dem Vermittlungsprozeß und dem ungedruckten Urkundenmaterial nur wenig Raum im Rahmen der Abhandlung gegeben werden.
Bei der fast abgeschlossenen Überarbeitung für die Herausgabe im Buchhandel und durch meine jetzigen Vorbereitungsarbeiten für die Ausstellung „Jerg Ratgeb – Spurensicherung" über die auch heute noch umstrittene Künstlerpersönlichkeit, die das Historische Museum Frankfurt im Mai/Juni 1985 im Frankfurter Karmeliterkloster plant, bin ich auf eine weitere Komponente gestoßen, durch die sich der Vermittlungsprozeß in Südosteuropa noch klarer nachweisen läßt.
Das Archiv der Ordensprovinz Niederdeutschland befindet sich fast ausschließlich in Frankfurt, was die Untersuchungen über die Hintergründe des großen Auftrags für die Ausmalung des Frankfurter Kreuzgangs und des Refektoriums sehr erleichtert hat. Vor allem aber können die hier gewonnenen Erkenntnisse ohne jede Abwandlung auf die Verhältnisse in Südosteuropa übertragen werden, was ich im Anschluß an die Ausführung über Frankfurter Verhältnisse näher erläutern werde.
Im allgemeinen aber ist es auffällig, wie viele repräsentative Aufträge im frühen 16. Jahrhundert in der Ordensprovinz Nieder- bzw. Oberdeutschland von den Karmelitern initiiert wurden:

1. Wahrscheinlich schon 1506 wurde die Planung der Fugger-Kapelle bei St. Anna in Augsburg, am Ort der Grablege der Familie Fugger, von Jakob Fugger Albrecht Dürer übertragen; der Auftrag, an dem die namhaften Augsburger Künstler beteiligt waren, zog sich dann bis 1518 hin. Die Summe für die entstandenen Kosten bezifferte Jakob Fugger im Jahre 1517 Antonio de Beatis gegenüber (Die Reise des Kardinals Luigi d'Aragona ... beschrieben v. A. d. B.) auf 23.000 Gulden. Zeitgenössige Schätzungen reichen von 11.964 bis 30.000 Gulden.
2. Um 1510 wurde die Ausmalung des Refektoriums in Hirschhorn am Neckar, das der Diözese Worms angehörte, ausgeführt; aufgrund des stark zerstörten Zustandes ist eine einwandfreie Zuschreibung an Jerg Ratgeb in Frage zu stellen, ebenso wissen wir nichts über die Höhe der Bezahlung.

3. Zwischen 1509 und 1512 malte Jerg Ratgeb den neuen Hochaltar im Chor der Heilbronner Karmeliterkirche; die Visierungen der Flügelinnenseiten, Mariengeburt und Geburt Christi links und rechts des mit Sicherheit geschnitzten Mittelschreins - das alte geschnitzte Gnadenbild wurde nach Ingolstadt überführt und ist erhalten - sind uns aus Nachzeichnungen bekannt, die sich heute im Kupferstichkabinett in Dresden befinden. Der Altar, der vermutlich von der Familie Gemmingen - Stammsitz in Gemmingen bei Heilbronn - gestiftet wurde, ist nicht erhalten; das Haus zur Nessel wurde im Dreißigjährigen Krieg zerstört. Über die Höhe der Kosten für den Hochaltar ist nichts überliefert.
4. Nach einem Brand im Mainzer Karmeliterkloster im Dezember 1513 wurde das Sommerrefektorium, das auch für die Abschlußfeierlichkeiten des bestandenen Doktorexamens an der Universität Mainz genutzt wurde, neu hergerichtet und ausgemalt; Prior Diether von Mainz, der auch den Hochaltar 1517 neu gestalten ließ, bezahlte allein für das Refektorium 1.025 Goldgulden.
5. Ab 1514 malte dann Jerg Ratgeb den Kreuzgang des Frankfurter Karmeliterklosters aus: 1514/15 auf der Südwand die Anbetung für Claus Stalburg den Reichen am Ort der Grablege der Familie, dann die West- und Nordseite, zwischen 1515/1516 und 1517 das Refektorium; im gleichen Jahr wurde dann die Ostseite, die komplett zerstört ist, vervollständigt. Diese Arbeiten zogen sich bis in das Frühjahr bzw. den Sommer des Jahres 1518 hin. In den Karmeliterbüchern wird eine Bezahlung von 223 Gulden angegeben; dieser Betrag bezieht sich aber nur auf die Zahlungen der Annabruderschaft für das Refektorium, nicht auf die Aufträge der Frankfurter Patrizier, der Reichsfürsten und der Auswärtigen für die Ausmalung des Kreuzgangs des Frankfurter Karmeliterklosters; heute sind von den ursprünglich etwa 59 bekannten Segmenten nur noch ca. 30 erhalten, bekannt aber sind uns 86 Stifter davon 31 Stifterpaare. Der Gesamtauftrag, die Ausmalung des Kreuzgangs, des Refektoriums einschließlich der etwas späteren Raumfassung, die Ornamentnische in der Karmeliterkirche und der zu erschließende Altar für Walter von Schwarzenberg, dürfte zwischen 2.000 und 4.000 Goldgulden gekostet haben.
6. 1522 wird Dr. Andreas Stoß, der älteste Sohn des Bildschnitzers Veit Stoß, auf dem Kapitel in Straubing zum Prior des Karmels in Nürnberg ernannt, dem er bis 1526 vorstand. Aber bereits 1520, als der Prior der Nürnberger Karmeliter, John Zeidelmayer, in Nürnberg starb, schlug der Rat der Reichsstadt Dr. Andreas Stoß als Nachfolger vor. Der Convent nahm die Anregung auf, und das Provinzialkapitel bestätigte 1522 die Wahl. Das ihm in Aussicht gestellte Amt des Priors des Karmels in Nürnberg veranlaßte Dr. Andreas Stoß, bereits 1520 einen neuen Hochaltar für die Nürnberger Karmeliterkirche bei seinem Vater in Auftrag zu geben.
7. 1519 fertigte Loy Hering den Epitaph der Margaretha von Eltz für die Bopparder Karmeliterkirche.

Vermutlich hat Jerg Ratgeb nach 1521 einen neuen Hochaltar für die Karmeliterkirche in Esslingen gemalt.

Die systematische Untersuchung der Aktivitäten des Karmeliterordens auf dem Sektor Kunstaufträge im frühen 16. Jahrhundert muß noch einmal generell aufgerollt werden, dennoch läßt sich bereits jetzt zusammenfassend sagen, daß es sich bei den hier aufgezählten Aufträgen fast immer um repräsentative Ausschmückungen der Karmeliterklöster handelte.

Aus der Spezialuntersuchung der Frankfurter Verhältnisse muß der Schilderung der allgemeinen Verhältnisse noch folgendes hinzugefügt werden:

Es ist sehr auffällig, daß sich eine Dreiecksbeziehung zwischen den Ordensangehörigen, den Stiftern und den ausführenden Künstlern rekonstruieren läßt, in der die familiären Bindungen

sich in jeder der drei Gruppen gesondert und in verschiedenen Fällen sogar noch untereinander rekonstruieren lassen.
Lassen Sie mich deshalb noch einmal auf das Frankfurter Beispiel zurückkommen: Claus Stalburg der Reiche hat als erster das Wandgemälde der Anbetung am Ort der Grablege seiner Familie 1514/15 im südlichen Kreuzgang malen lassen; der Ratsherr Heinrich von Rein, der ebenfalls unter den Stiftern genannt wird, war ein Verwandter von Stalburgs Hausfrau Margarete von Rein. Die Frankfurter Patrizierfamilie Frosch ist in vielfachen Beziehungen hier eingebunden; die Tochter des Heilbronner Bürgermeisters Conrad Erer heiratete 1499 den Frankfurter Patrizier Wicker Frosch; Katrin Froschin heiratete in die Familie von Holzhausen ein, Anna Holzhausern wiederum heiratete Georg Frosch und Anna Froschin Jacob Stralenberg. Die Beziehungen zwischen der Frankfurter Patrizierfamilie Frosch und dem Prior des Augsburger Karmels Johann Frosch/Rana, der in Bamberg geboren wurde, sind noch nicht abgeklärt.
Weitere Fäden lassen sich über Heilbronn nachweisen. Der Bürgermeister Conrad Erer stiftete 1517 in seiner Eigenschaft als Vogt von Flein einen Altar in der Dorfkirche, der von einem Schüler von Hans Seyfer geschnitzt wurde; in der Kilianskirche, in der der Hochaltar von Hans Seyfer seit 1498 aufgestellt war, ließ er am Triumphbogen im Mittelschiff sein Wappen anbringen. Jerg Ratgeb lebte in Heilbronn von 1509 bis 1512, mit Hans Seyfer war er möglicherweise noch in Stuttgart, als dieser die Kreuzigungsgruppe für St. Leonhard schuf, zusammengetroffen; letzterer verstarb 1509 in Heilbronn. Auch der Stifter eines Wandgemäldes im Frankfurter Karmeliterkloster, Hans Reiman von Oringen, stammte aus der Stadt Öhringen unweit von Heilbronn. Eine andere Bürgerin von Öhringen hat 1499, im Jahr der Heirat von Ursula Ererin und Wicker Frosch, ihr Vermögen der Stiftskirche St. Bartholomäus in Frankfurt vermacht, der Notar war Dominicus Baldung, ein Verwandter von Hans Baldung Grien, der wie Jerg Ratgeb aus Schwäbisch Gmünd stammte und für das Frankfurter Dominikanerkloster den Altar mit der Taufe Christi (Städel) malte.
Ähnlich verhält es sich mit den Prioren des Karmels, nicht selten sind ihre Brüder oder Verwandten ebenfalls als Stifter nachzuweisen. Adamus Heck/Hock von Ursel, aber auch Adamus von Frankfurt genannt, und sein Bruder Wendelinus Heck von Ursel waren Lektoren am Frankfurter Karmel. Adamus ging nach Hirschhorn und stiftete dann um 1517 einen Abschnitt des Wandgemäldes von Jerg Ratgeb im Frankfurter Karmeliterkloster; sein Bruder Wendelinus war zu diesem Zeitpunkt bereits verstorben und in der Klosterkirche in Kassel begraben. Von 1520–1531 war Adamus Heck Prior in Weinheim an der Bergstraße, 1528 kehrte er für zwei Jahre als Prior in den Frankfurter Karmel zurück und war anschließend erneut fünf Jahre Prior in Weinheim.

Aus diesen Ausführungen läßt sich als Fazit ziehen:

1. Persönliche Beziehungen und Empfehlungen scheinen auch im 16. Jahrhundert den verschiedenen Künstlern zu Aufträgen verholfen zu haben. Langjährige Verbindungen der Familien zum Karmeliterorden scheinen nicht unwesentlich zu sein. So hat z.B. ein Verwandter von Jerg Ratgeb, Christoph Ratgeb, bereits um 1450 den Kreuzgang der Karmeliter in Metz, das zur französichen Ordensprovinz gehörte, ausgemalt.
2. Das Amt des Priors bei den Karmelitern war ein Wahlamt, das auf dem in der Regel alle zwei Jahre stattfindenden Provinzkapitel einem Anwärter angetragen und nach der Ernennung später jeweils nur noch bestätigt werden mußte. Dadurch kam eine ständige Umschichtung innerhalb der verschiedenen Ordensprovinzen zustande. Durch den ständigen Ortswechsel war der Informationsstand über die jeweiligen ortsansässigen Künstler ausgezeichnet; deshalb darf die Rolle des Karmels in diesem Vermittlungsprozeß nicht unterschätzt werden. Die Priorlisten von Dr. Andreas Stoß (Manuskript Straubing) helfen hier,

umfassend die Wanderwege der verschiedenen Ordensmitglieder nachzuweisen. Die Beziehungen der verschiedenen Ordensprovinzen des Karmels untereinander werden ebenfalls faßbar. Der Austausch zwischen der Ordensprovinz Nieder- und Oberdeutschland oder der französichen Ordensprovinz ist zwar nachzuweisen, war aber nicht so intensiv wie der zwischen den Provinzen Oberdeutschland und Sachsen (Mittel- und Ostdeutschland) und Böhmen, letzterer Provinz gehörten nicht nur Böhmen sondern auch Polen, das ehemalige Preußen, Ungarn und Thüringen an.

Die Listen von Dr. Andreas Stoß zeigen eine sehr deutliche personelle Verknüpfung der Ordensniederlassungen in Wien, Lienz/Osttirol, Voigtsberg, Steiermark und Budapest, Fünfkirchen und Parbit/Ungarn.

Der 1502-1505 eingesetzte Prior Johann Bertold in Wien war zuvor von 1482-1502 in Lienz/Osttirol. Lienz seinerseits ist durch die Priore Dyemer (1479-1482) mit Esslingen - denn er war danach dort Prior (1492-1494) - und Stephan Ringel, Prior des Karmels in Lienz/Osttirol (1482-1484), mit Voigtsberg - hier war er von 1490 bis 1492 Prior und mit Augsburg verbunden, wo er von 1472-1479 das Amt des Priors innehatte. Die Beziehungen der in Personalunion zusammengeschlossenen Klöster, was z.B. auch für Frankfurt und Köln nachweisbar ist, sind bisher ebenfalls in bezug auf den Vermittlungsprozeß im Sektor Kunstaufträge nicht untersucht worden. Andreas Gulden stand 1492-1495 als Prior dem Karmel in Budapest vor, von 1494-1497 dem in Fünfkirchen/Ungarn und von 1499-1502 dem Karmel in Voigtsberg. Johannes Zeilmeier war von 1505 bis 1508 Prior in Fünfkirchen und von 1505-1510 gleichzeitig Prior des Karmels in Budapest, Parbit und Epperjes/Ungarn. Last not least Dr. Andreas Stoß, er war von 1513-1522 Prior in Budapest, von 1522 bis 1526 Prior des Karmels in Nürnberg und ab 1529 Prior in Bamberg.

Diese Verflechtungen werden noch von einem anderen Punkt her evident: es ist auffällig, daß immer die gleichen Namen vorkommen. Bei den gängigen Namen Capentarii/Wagner, Molitor/Müller, Kaiser/Caesaris, Bauer braucht dies noch nicht für eine Familienzusammengehörigkeit zu sprechen, aber die Namen Hambach, Kreuzer, Ringel, Stoß:

Hambach	Ulrich (1462-1467, Fünfkirchen) Johann (1454-1462, Budapest)
Kreuzer	Johannes (1488-1490, Straubing) Leopold (1526-1529, Budapest)
Ringel	Stephan (1492-1495, Budapest, ab 1499 Voigtsberg/Steiermark) Johann (1492-1492, Fünfkirchen/Ungarn)
Stoß	Dr. Petrus Stooz/Stoß (1451-1452, Provinzial der Sächsischen Provinz) Dr. Andreas Stoß

scheinen hier eindeutig auf familiäre Bindung der Ordensangehörigen untereinander hinzuweisen, zumal auch annähernd die gleichen Daten bei den Amtszeiten dafür sprechen.

Der Lebenslauf von Dr. Andreas Stoß liefert uns weitere Anhaltspunkte: Er wurde als erstes von insgesamt dreizehn Kindern des Bildschnitzers Veit Stoß noch in Nürnberg geboren, wo letzterer Barbara Hertz geheiratet hatte; im gleichen Jahr aber zog Veit Stoß mit seiner Familie nach Krakau, um den Marienaltar für die Marienkirche zu Krakau anzufertigen. 1496 kehrte auch Andreas Stoß mit der Familie nach Nürnberg zurück, wo er noch im gleichen Jahr in den Orden eintrat. Auf dem Provinzialkapitel in Ravensburg am 17. April 1502 wurde sein Studium der Philosophie in Krakau genehmigt, obwohl Krakau nicht zu den Universitätsstädten zählte, in die die Ordensprovinz Oberdeutschland sonst ihre Studenten

schickte. Veit Stoß hatte sich bereit erklärt, die Kosten für das Studium seines Sohnes zu übernehmen. Auch hier zeigt sich, daß der Orden bewußt bereits bestehende Familienbindungen nutzte, um seinen Einfluß auszubauen. 1508 immatrikulierte sich Andreas Stoß an der Universität Wien, jedoch verstarb der berühmte Humanist Conrad Celtis noch im gleichen Jahr. Bereits 1513 wurde Andreas Stoß auf dem Provinzialkapitel in Ravensburg zum Prior des Karmels in Budapest ernannt und auf dem in Nürnberg (1517) und in Bamberg (1519) jeweils für zwei bzw. drei weitere Jahre neu bestätigt. Am 13. Mai 1517 erwarb er den Doktortitel an der Universität in Ingolstadt (kanonisches Recht).
In die Zeit seines Priorats in Ungarn fällt u. a. um 1518 die Entstehung des Mühlbächer Altares in Siebenbürgen in der Marienwallfahrtskirche. Der Marienaltar mit dreizehn Metern Höhe ist einer der imponierendsten Altäre an der Wende von der Spätgotik zur Frührenaissance. Zum anderen waren die Stifter die Jagiellonen König Wladislaus II. (1490-1516) und sein Sohn, König Ludwig II. (1516-1526), seit 1515 mit der Österreicherin Maria von Habsburg verheiratet; nach dem Tod des ungarischen Königs Matthias I. Corvinius (*1443, ab 1458 König, beanspruchte von 1469-1471 den Titel des Königs von Böhmen) war Ungarn unter Wladislaus II. wieder mit Böhmen vereint. Der Altar trägt einem alten Lesefehler zufolge - bei einer der zahlreichen Restaurierungen unterlaufen - die Jahreszahl 1418; daraus ist zu schließen, daß das Entstehungsdatum 1518 war, wofür auch der Stil und die geschichtliche Situation sprechen.
Als Prior des Karmels in Budapest scheint Dr. Andreas Stoß die Vergabe eines solch repräsentativen Auftrages an einen Schüler seines Vaters oder gar an seinen jüngeren Bruder selbst mit beeinflußt zu haben. Seine Jugend in Krakau, ebenso seine Studienzeit in der gleichen Stadt hatten dazu geführt, daß er sich auch nach der Auflösung der väterlichen Werkstatt 1496 noch bestens in der Kunstszene auskannte und möglicherweise die Verbindung zu den Jagiellonen bereits in jener Zeit geknüpft hatte. Der Altar zeigt deutlich den Einfluß der Stoß-Schule, der Altarplan ist nicht ohne die gleichzeitig in Nürnberg entstandenen Altäre denkbar und in gewissem Sinn bereits die Vorwegnahme des Bamberger Altares, den Dr. Andreas Stoß bei seinem Vater dann 1520 für die Nürnberger Karmeliterkirche in Auftrag gab.
Die exakte Erforschung der Einflüsse der Karmeliter im Vermittlungsprozeß deutscher Kunst auf die in Südosteuropa, bzw. auf die jeweils lokalen Kunstrichtungen, die hier nur punktuell aufgewiesen werden konnten, muß noch durchgeführt werden. Aus diesem Grund habe ich mich entschlossen, die Altarbaukunst in Südosteuropa aus der neuen Veröffentlichung der überarbeiteten Dissertation im Buchhandel auszuklinken und als gesonderten Band herauszugeben.
Mit Sicherheit könnten noch mehr Querverbindungen aufgezeigt werden, dennoch ist nur ein Teil jener Ketten zu rekonstruieren, die von Bedeutung waren; da die Verluste durch die Zerstörung der Karmeliterklöster in Ungarn beim Türkeneinfall 1529 und durch den Übertritt vieler Karmeliter der Ordensprovinz Sachsen zum Protestantismus groß waren, ist vieles von dem nicht mehr erhalten, was noch in den Urkunden erwähnt wird.

Bibliographie zum Leben und Œuvre von Jerg Ratgeb

Ch. Anhalt, Rez. z. **W. Fraenger,** J. R. Ein Maler u. Märtyrer aus dem Bauernkrieg, hrsg. v. **G. Fraenger u. I. Fraenger-Baier,** Dresden 1972, **Zs. f. Kg.,** 39, 1976, S. 236–239. – **F. Arens,** Mainzer Inschr., Bd. 3 (Manuskript).

J. G. Battonn, Oertl. Beschr. der Stadt Ffm., hrsg. v. **L. H. Euler,** Ffm. 1869, H. 5, S. 82–87. – **J. Baum, Frankfurter Ztg.,** 10. Mai 1908. – **J. Baum, Schwäb. Merkur,** 29. Juli 1910. – **J. Baum,** J. R., **Neue Züricher Ztg.,** 17. Sept. 1947. – **F. Baumgart,** Renss. u. die K. des Manierismus, Köln 1963, S. 169. – **P. Baye,** Staatsgal. Stg., Stg. 1984, S. 68–73, Abb. – **O. Benesch,** Z. Werk J. Ratgebs, **Zs. f. bild. K.,** 61, 3, 1927/28, S. 49–53. – **O. Benesch,** Der Zwettler Altar u. die Anfänge J. Breus, **Beitr. z. Gesch. der dt. K.,** Bd. II, Augsburger K. der Spätgot. u. Renss., Augsburg 1928, S. 229. – **E. Buchner,** Stud. z. mittelrhein. Mal. u. Graph. der Spätagot u. Renss., V. Der Meister der Stalburgbildnisse, **Münchner Jb. f. bild. K.,** N. F. 4, 1927. S. 314–325. – **E. Buchner,** Der ältere Breu als Maler, **Beitr. z. Gesch. der dt. K.,** Bd. II, Augsburger K. der Spätgot. u. Renss., Augsburg 1928, S. 273. – **E. Buchner,** Das dt. Bildnis der Spätgotik u. der frühen Dürerzeit, Bln. 1953, S. 56, Nr. 42f. – **H. Burgin-Kreis,** Die Geißelung Christi auf dem Herrenberger Altar v. J. R., **Das Münster,** 2, 1948/49, S. 272ff. – **A. Burkhard,** Introduction to German Paintings (Ch. L. Kuhn), A. Cat. of German Paintings of the Middel Adge and Renss. in America, Cambridge/Mass. 1936. – **A. Burkhard,** The Herrenberger Altar of J. R., Cambridge/Mass. 1965. – **B. Bushart – H. R. Fuhrmann,** J. R. Der Maler des Herrenberger Altares, **Aus Schönbuch u. Gäu, Heimatbeil. z. Böblinger Boten,** 1959, S. 3ff. – **B. Bushart – H. R. Fuhrmann,** J. R. Der Maler des Herrenberger Altares, Böblingen 1959. – **B. Bushart,** J. R., **Zs. f. württ. Landesgesch.,** 33, 1974, S. 272–278. – **B. Bushart,** Rez. z. **W. Fraenger,** J. R., Ein Maler u. Märtyrer aus dem Bauernkrieg, hrsg. v. **G. Fraenger u. I. Fraenger-Baier,** Dresden 1972, **Pantheon** I, XXXIIII, 1975, S. 80.

F. X. Deblers, Alphabet. Verz. der zw. 1362 u. 1462 in Schwäb. Gmünd reg. Geschlechter, Schwäb. Gmünd., Stadtarchiv, QR. – **A. Deibele,** J. Ratgebs Vaterstadt, **Gmünder Heimatbll.,** 23, 1962, S. 33ff. – **G. Dehio,** Khist. Aufsätze, Mchn. 1914, S. 141f. – **G. Dehio,** Hdb. der dt. Kdm., Bd. 3. Hdb. der dt. Kdm., Bd. 4. – **Dehio-Gall,** Hdb. der dt. Kdm., Bd. Hessen, Mchn. 1966, Bd. Baden-Württ., bearb. v. **F. Piel,** Mchn. 1964, S. 185, 313, 441. – **O. Donner-v. Richter, Dt. Kunstbl.,** II, 1882, Nr. 1-4. – **O. Donner-v. Richter, Kchr.,** I, 1882, S. 482. – **O. Donner-v. Richter, Arch. f. chr. K.,** 1, 1883, S. 22f. – **O. Donner-v. Richter,** J. R., **Allgem. Dt. Bibliograph.,** Bd. 27, Lpz. 1888, S. 345. – **O. Donner-v. Richter,** J. R. Maler v. Schwaeb. Gmuend, seine Wandmal. im Karmeliterkloster z. Ffm. u. sein Altar-Werk in der Stiftskirche in Herrenberg, Ffm. 1892, Mappe mit 17 Lichtdrucken.

P. Eich, Die Flügel des Stalburgaltares, **Städel-Jb.,** N.F. 1, 1967, S. 140–145. – **W. Ettle,** Neuentdeckte Mal., Ein Selbstbildnis J. Ratgebs in Maulbronn, **Die Unterhaltung, Beil. z. Stuttgarter Tagesbl.,** 28.8.1937, Nr. 234, S. 9. – **H. Eßwein,** Das Bild des 16. Jhs., Mchn. 1923, Nachwort, S. 22, **Das Bild. Atlanten der K.,** Bd. 8/9.

H. Feurstein, M. Grünewald, **Rel. Schriftenreihe,** Bd. 6, Bonn 1930, S. 33, 73, 118ff., Abb. 47–50. – **W. Fleischhauer,** Renss. im Herzogtum Württ., Stg. 1971, S. 159-163. – **O. Fischer,** Gesch. der Dt. Mal., **Bruckmanns Dt. Kg.,** Bd. III, 1942, S. 274f. – **M. J. Friedländer,** Von K. u. Kennerschaft, 1946. – **J. Forderer,** J. R. u. sein Herrenberger Altar, **Festbeil. der Tübinger Chr.,** 20. Juli 1929. – **J. Forderer,** J. R. u. sein Herrenberger Altar, **Tübinger Bll.,** N. F. 21, 1931, S. 17ff. – **J. Forderer,** Ein Jugendwerk J. Ratgebs, **Tübinger Bll.,** N. F. 22, 1931, S. 13ff. – **W. Fraenger,** J. R., der Schöpfer des Herrenberger Altares, Ein Maler u. Märtyrer aus dem Bauernkrieg, **Stuttgarter Neues Tagebl.,** Ostern 1937, Feuilleton. – **W. Fraenger,** J. R., Ein Maler u. Kämpfer aus dem Bauernkrieg, 1937. – **W. Fraenger,** J. R., ein Maler und Kämpfer aus dem Bauernkrieg,

Frankfurter Wochenschau, 1938, S. 133-137. - **W. Fraenger,** J. R. - frihetskämpe met svärd och pensel, **Konstrevy,** Stockholm 1959, Nr. 2, S. 62-69. - **W. Fraenger,** J. R. u. sein Herrenberger Altarwerk, **Bild. K.,** 1958, S. 309-317. - **W. Fraenger,** J. R., ein Maler u. Märtyrer des Bauernkrieges, Ein Vortrag, **Castrum Peregrini,** Den Haag 1956, XXIX, S. 5-25. - **W. Fraenger,** Eine neue Zchg. J. Ratgebs im Dresdner Kk., **Bild. K.,** Dresden 1960, H. 12, S. 803ff. - **W. Fraenger,** J. Ratgebs Vaterstadt, **Forschgn. u. Fortschritt,** 36, XXXVI, 1962, S. 310ff. - **W. Fraenger,** J. Ratgebs Vaterstadt, **Gmünder Heimatbll.,** 23, 1962, S. 17ff. - **W. Fraenger,** Der Name Ratgeb in Gmünder Urkunden, II. Teil, **Gmünder Heimatbll.,** 23, 1962, 25f. - **W. Fraenger - A. Deibele,** J. Ratgebs Vaterstadt, Sonderdruck aus den **Gmünder Heimatbll.,** Schwäb. Gmünd 1963. - **W. Fraenger,** Eine med. Allegorie J. Ratgebs, **Beitr. z. Sprachwiss. Volkskde. u. Literaturforschg., Fs. W. Steinitz, Bln. 1965, Veröff. d. Sprachwiss. Komm. der Dt. Akad. der Wiss. z. Bln.,** 5, 1965, S. 116ff. - **W. Fraenger,** J. R., Ein Maler u. Märtyrer aus dem Bauernkrieg, hrsg. v. **G. Fraenger u. I. Fraenger-Baier,** Dresden 1972, Neuaufl. Mchn. 1981. - **H. R. Fuhrmann,** J. R. der Maler u. sein Herrenberger Altar, **Aus Schönbuch u. Gäu, Heimatbeil. z. Böblinger Boten,** Nr. 31, 32, 1951, 1959, S. 19ff.

C. Glaser, Zwei Jh. dt. Mal., Mchn. 1916, S. 251. - **C. Glaser,** Die Altdt. Mal., 1924, S. 389. - **H. Graf,** Unterländer Altäre 1350-1540, Heilbronn 1983, S. 81f. - **Ph. F. Gwinner,** K. u. Künstler in Ffm. v. 13. Jh. b. z. Eröffnung des Staedel'schen Kunstinst., Ffm. 1862, S. 42-47.

W. Hausenstein, J. R., **Frankfurter Ztg.,** 26. Nov. 1924 (erstes Morgenbl.), Nr. 883f., S. 26f. - **K. J. Herrmann,** J. Ratgebs Heimatstadt, Herrenberg od. Schwäb. Gmünd? Eine Thesenzusammenfassung, **Gmünder Heimatforum, Eine kulturhist. Beilage der Rems-Ztg.,** Nr. 9/10. Aug. 1976. - **G. F. Heß,** Herrenberger Chr., Stg., Württ. Hauptarch. (Kopie Württ. Landesarch.). - **Heyd,** Ulrich, Herzog z. Württ., Tübingen 1841, 2 Bde. - **N. v. Holst,** Frankfurter K.- u. Wunderkammern des 18. Jhs., **Rep. f. Kw.,** 52, 1931, S. 50.

J. M. Zum Jungen, Frankfurter Geschlechterchr., 1632-1634, Wiesbaden, Hess. Landesarchiv. - **J. M. Zum Jungen,** Annales rei publicae francofurtensis v. Jahre 172 b. auf das 1634. jahr gesammelt, Ffm., Stadtarchiv (Kriegsverlust).

Inventare: Oberamtsbeschr. v. Brackenberg, S. 403. - **Württ. Inv.,** Schwarzwaldkrs., S. 111, 505. - **Beschr.** des Oberamtes Herrenberg, 1855, S. 111. - **Inv. Thüringen,** Slg. Schloß Meiningen, Herzogtum Sachsen-Meiningen, I, S. 148, 151, Abb.

Kataloge: Baseler/Kat., 1872, Nr. 333. - **Kat.** der Ausst. **Kunstwerke aus Baseler Privatbesitz,** Basel 1928, Nr. 2. - **Staedel Kat.** 1900, S. 269. - **Weizsäcker,** Cat. der Gem. gal. des Staedel'schen Kunstinst. in Ffm., Ffm. 1909. S. 267-270. - **Kat. Staatsgal. Stg.,** 1931, S. 129ff. - **Kat. Staatsgal. Stg.,** 1957, S. 211ff., Abb. - **Kat. Staatsgal. Stg.,** 1962, Alte Meister, S. 158ff. - **Kat. der Slg. Figdor,** Wien, Mchn. 1924. - **U.-N. Kaiser,** Der skulpt. Altar der Frührenss. in Dtld., Diss. Ffm. 1975, Druck 1978, S. 26f., 248ff. (171, 177, 179). - **G. Kauffmann,** Die K. des 16. Jhs., **Propylen Kg.,** Bd. 8, 1970, S. 157. - **P. Kautsch - E. Neeb,** Der Dom z. Mainz, Hess. Kdm. - **B. Klaus,** Gmünder Künstler, II. Maler, I. J. R., **Württ. Vjh. f. Landesgesch.,** 1896, N. F., Bd. 5, S. 306. - **P. Klepper,** Württ. kirchl. Alterthümer, 1888, S. 52. - **H. Kissling,** Probleme um J. R., Z. Frühwerk des Malers, zugleich eine Auseinandersetzung mit den Anschauungen u. Thesen W. Fraengers, **Gmünder Stud., Beitr. z. Stadtgesch.,** 1, 1976, S. 169-200. - **E. Klunkert,** Die Erzählform des spätma. Simultanbildes, Diss. Tübingen 1974. - **K. Klunzinger,** Gesch. des Zabergäus, IV, Stg. 1844, S. 42ff. - **K. Klunzinger,** Gesch. des Zabergäus u. des jetzigen Oberamtes Brackenberg, 3 Bde., Stg. 1844, S. 69. - **G. L. Krieg,** Urkundenverz. der Frankfurter Bürgermeister v. deren ersten Erwähnung 1311 b. z. Untergang der städt. Freiheit im Jahre 1862, Frankfurter Bürgerzwisten u. Zustände im MA., Ffm. 1862, S. 474ff., 478. - **B. Kurth,** Ein unbekanntes Jugendbildnis J. Ratgebs, **Beitr. z. Gesch. der dt. K.,** Hrsg. **E. Buchner u. K. Feuchtmayr,** Bd. I, Augsburg 1924, S. 186ff, Abb. S. 50.

K. Lange, Die Farbe bei J. Ratgeb, Diss. Ffm. 1982. - **A. A. v. Lersner,** Frankfurter Chr., Bd. 1, Ffm. 1706, Teil I, 5. Cap., S. 129ff., Teil II, 10. Cap. - **K. Löcher,** Staatsgal. Stg., Altdt. Meister 1972/73, hs. Manuskript. - **F. Lübbecke,** J. R. (Die Fresken im Karmeliterkloster z. Ffm.), **Das Kunstwerk,** 1. Jg., 1946/47, H. 4, S. 20–34. - **W. Lücking,** Mathis, Nachforschungen über Grünewald, Bln. 1983, S. 159ff., 167, 169, 171.

C. Martini, Der dt. Carmel, Bd. 1, Niederdeutschld. u. Sachsen, Bamberg 1923, S. 00. - **H. Merz,** J. R., Das Altarwerk in der Stiftskirche zu Herrenberg, **Chr. Kunstbl. 4,** 27, 1885, S. 17–24. - **P. Metz, Cicerone,** Mai 1929. - **H. T. Musper,** Zwei neue Taf. v. J. R., **Münchner Jb. f. bild. K.,** 3/4, 1952/53, S. 191ff. - **H. T. Musper,** J. R., Der Herrenberger Altar, **Dt. K.,** Bd. 4, Taf. 55ff.

G. v. der Osten, Dt. u. niederl. K. der Reformationszeit, Köln 1973, S. 114.

A. Pfeffer, Neues z. Herrenberger Altar v. J. R., **Chr. K.,** 1928/19, S. 378ff. - **W. Pinder,** Die dt. K. der Dürerzeit, Mchn. 1940 (3. Aufl.), S. 313f. - **W. Pinder, Diaskalia,** Nr. 31, 4. IX. 1927. - **Rhein-Main Volksztg.,** 3. III. 1925. - **M. v. Rauch,** Z. Gesch. des Malers J. R., **Württ., Vjh. f. Landeskde.,** N. F. 18, 1909, S. 212ff. - **M. v. Rauch,** Urkundenbuch der Stadt Heilbronn, bearb., 3 Bde., 1501–1524, **Württ. Geschichtsquellen,** 19. Bd. Stg. 1916. S. 236f., Nr. 2162a–d. - **M. v. Rauch,** Urkundenbuch der Stadt Heilbronn, Bd. 4, Stg. 1922, S. 15, Nr. 2773. - **E. Rettich,** Staatsgal., Altdt. Meister, Stg. 1978, Abb. - **E. Rettich,** Das Abendmahl des Herrenberger Altares, **Große Gem.gal.,**hrsg. v. **E. Steingräber,** Mchn. 1980, S. 447, Abb. - **E. Rheinwald,** Die Herrenberger Chr. u. ihr Verfasser, G. F. Heß, **Bll. f. Württ. Familienkde.,** 9, 1944, S. 121–129. - **H. Rott,** Urkundenbücher der Stadt Stg., **Württ. Geschichtsquellen,** Bd. 13, Stg. 1912, S. 543. - **H. Rott,** Quellen u. Forschgn. z. südwestdt. u. Schweizer Kg. im 14. u. 15. Jh., Bd. II (Altschwaben u. die Reichsstädte), Stg. 1934, S. 279–283.

A. Schmal, Die Stiftskirche zu Herrenberg, **Aus Schönbuch u. Gäu,** Beil. des Böblinger Boten, 1966, 11, S. 41–44; 1966, 12, S. 45ff. - **O. Schmid,** Das kirchl. Leben Herrenbergs im Jh. der Reformation, **Bll. f. Württ. Kirchengesch.,** N. F. 40, 1936, H. 3/4, S. 232. - **O. Schmid,** Aus Herrenberg um das Jahr 1505, Sonntagsglocken, **Unterhaltungsbeil. z. Gäu- u. Ammertalboten,** Nr. 47, 1924. - **T. Schmolz,** J. R. - Leben u. Werk, **Ausst. Herrenberg** 1976, Herrenberger Altar, S. 1–12. - **E. Schneider, Württ. Vjh. f. Landesgesch.,** III, 1883, S. 263. - **G. Schoenberger,** R.-Stud. **Städel-Jb.,** V, 1926, S. 55–74. - **E. Schopf,** J. R., **Monatsschr. Württ.,** 1930, H. 8, S. 349ff. - **M. Schuette,** Der schwäb. Schnitzaltar, **Stud. z. dt. Kg.,** H. 91, Straßburg 1907, S. 159, 269–271. - **G. Schwarz,** J. R. u. der Herrenberger Altar, **Hochld.,** 36, 1938/39, II, S. 81–84. - **R. Sehg,** R.-Fresken in Ffm., **Kchr.,** N. F. 35, 1925/26, S. 717. - **K. Sitzmann,** Künstler u. Handwerker in Unterfranken, Kulmbach 1957, S. 187. - **E. Graf zu Solms-Laubach,** Der Meister M3-J. R.?,**Wall.-Rich. Jb.,** 34, 1972, S. 77-104. - **H. Spielmann,** J. Ratgebs Interpretationen der plat. Proportionslehre im Herrenberger Altar, **Fs. Wenzel,** S. 193-198. - **A. Stange,** J. R., zugleich ein Beitr. z. Verarb. ital. Formmittel in Dtld., **Fs. f. H. Wölfflin,** Mchn. 1924, S. 195-208. - **A. Stange,** Ein Bildnis v. J. R. u. einige Bemerkungen z. seiner K., **K. in Hessen u. am Mittelrhein,** 6, 1966, S. 42-51. - **A. Stange,** J. R., **Kindelers Malerei Lex.,** Mchn. 1982, Bd. 10, S. 231. - **A. Stolz,** Gesch. der Stadt Pforzheim, nach **A. Allgaier,** Pforzheim 1910.

G. Toepke, Die Matrikel der Univ. Heidelberg v. 1386 b. 1662, bearb. u. hrsg., Bd. 1, Heidelberg 1884, S. 340. -

Urkundenbuch der Stadt Stg. (Württ., Geschichtsquellen, Bd. 13, Stg. 1902, S. 543. - **A. Walzer,** Bespr. **B. Bushart u. F. R. Fuhrmann,** der Maler des Herrenberger Altares, Böblingen 1959, **Zs. f. Württ. Landesgesch.,** 25, 1966, S. 451f. - **W. Wegner,** J. R., der Maler einer dt. Zeitenwende, **Nationalsozialist. Mhh.,** 11, 1940, S. 687-692. - **K. Wehlte,** Dt. K. u. Dpfl., 1938. - **K. Wehlte,** Kriegswichtige Dpfl., J. R. in Ffm., **Dt. Zs. f. Maltechnik,** 59, 1943, S. 33-37. - **H. Weigel,** Die Deutschordenskomturei Rothenburg im MA., Lpz.-Erlangen 1921, S. 34, 110, 130. - **H.**

Winter, Gewalt u. Schrecken, **K. u. Unterrricht, Zs. f. alle Bereiche der ästhet. Erziehung,** H. 34, 1975, S. 42f. - **H. Wölfflin,** Die K. A. Dürers, 2. Aufl. 1908, S. 21. - **A. Wolters,** Schicksale u. Wiederherstellung der Wandmal. z. Ffm., J. R. im Kreuzgang des Karmeliterklosters z. Ffm., **Dt. K.u. Dpfl.,** 1938, H. 9/10, S. 221ff. - **A. Wolters,** J. R. Vermächtnis, **Ffm. - lebendige Stadt,** 1959, H. 1, S. 16.
W. K. Zülch, J. R., Th.-B., Bd. 28, Lpz. 1934, S. 30f. - **W. K. Zülch,** Frankfurter Künstler 1223-1700, Ffm. 1935, S.276ff. - **W. K. Zülch,** Der hist. Grünewald, Mchn. 1938, S. 342f., Abb. - **W. K. Zülch,** J. R. Maler, **Westdt. Jb. f. Kg.,** 12/13, 1943, S. 165-197. - **W. K. Zülch,** Wall.-Rich. Jb., 1943.

Inhaltsverzeichnis

Vorwort
Dr. habil. Rainer Koch 5- 6

Einleitung 7- 8

Die Familie Ratgeb 9- 10
Liste der Namensvertreter 11- 12
Urkunden 13- 23

Tabellarischer Lebenslauf 24- 27
Kritische Auseinandersetzung mit dem neuerstellten Lebenslauf des Malers Jerg Ratgeb 28- 29

Oeuvreverzeichnis 30- 31
Anmerkungen zum Oeuvreverzeichnis 32
Schulung und Wanderjahre 33
Abb. A 1-10 Frankfurter Dominikaner Hochaltar von Hans Holbein d. Ä. 34- 43

Die ersten Frankfurt-Aufenthalte 1501, 1503 bis 1507 und 1509? 44- 46
Urkunden 47- 48
Problematik der Urkunden mit der Erwähnung des Malers „Meister Jorg Maler" 49
Urkunden 50- 52
Zur Problematik um den Rödelheimer Altar 53
Abb. A 1-12 Vergleich Dominikaner Hochaltar und Nordwand im Frankfurter Karmeliterkloster 54- 55
1. Der Mainzer Caldenbach-Altar 56- 57
Abb. B 1 58
2. Der Stalburg-Altar in Frankfurt 59- 63
Abb. B 2,3 64
Dokumente 65
3. Weitere Aufträge von Claus Stalburg dem Reichen 66
Dokumente 67- 70
4. Der Altar der Lucia Heller 71- 72
Abb. B 5 73

Der Heilbronn-Aufenthalt zwischen 1509 und 1512 74-109
1. Die Tätigkeit Jerg Ratgebs in Heilbronn 74- 75
Urkunden 75
2. Die Karmeliter in Heilbronn 76- 80

Urkunden 81- 82
Urkunden 87
Urkunden 98-102
Dokument 103
Abb. C 1-4 Urkunden und Kopie der Visierung der Altarflügel 83- 86
3. Die beiden Federzeichnungen im Kupferstichkabinett in Dresden 104
4. Der Schwaigerner Altar 105-109
Abb. E 1-10 87- 95
Dokumente 109

Rückkehr nach Stuttgart 110
Urkunden 111
Abb. G 1-14 Frankfurter Karmeliterkloster, Wappen der Stifter 112-130

Der zweite Frankfurt-Aufenthalt zwischen 1514 und 1518 131-132
Das ikonographische Programm der Wandgemälde im Frankfurter Karmeliterkloster 133-140
Abb. G 15-17 Urkunden 141-148
Das ikonographische Programm mit den dazugehörigen lateinischen Inschrifttafeln (Tabelle) 149-150
Allgemeine Einführung in die Problematik der Restaurierungsarbeiten an dem Wandgemäldezyklus von Jörg Ratgeb im ehem. Karmeliterkloster zu Frankfurt a. M. 151-154
Mag. Barbara Jachacz (Warschau)
(dt. Übersetzung Mag. Adam Wieczorek)
Reichsfürsten und Frankfurter Patrizier als Stifter der Wandgemälde von Jerg Ratgeb im Frankfurter Karmeliterkloster 155-160
Liste der Stifter der Wandgemälde von Jerg Ratgeb im Frankfurter Karmeliterkloster 161-163
Die Spiegelungen der Wandgemälde von Jerg Ratgeb im Frankfurter Karmeliterkloster in den Werken der Frankfurter Künstler des 19. Jh. 164-170
Abb. H 1-96 171-267
Die beiden Stuttgarter Tafeln 268-276
Abb. J 1-7 268-274

Der Herrenberger Altar (1518-1519) 277-281
Urkunden 282-285
Summe des weitgehend aus dem Herrenberger Armenkasten bezahlten neuen Hochaltares 286
Dokumente 287
Exkurs: **The History of the Herrenberger Altarpieces**
Lisa Faber (Princeton University) 288-295
Abb. K 1-16 296-312

Der dritte Frankfurt-Aufenthalt zwischen 1519 und 1521/22 313
1. Das Wandgemälde im Kapitelsaal des Mainzer Domes 314-320
Abb. 1-5 315-319
2. Die erhaltene Ornamentnische in der Frankfurter Karmeliterkirche und die Raumfassung des Sommerrefektoriums 321
Abb. M 1-4 322-325

Der letzte Stuttgart-Aufenthalt von 1522 bis 1525 326–327
Die Karmeliter in Esslingen 328–331
Urkunden 332–335
Zusammenfassung 336
Exkurs: **Der Einfluß der deutschen Kunst im frühen 16. Jahrhundert auf die Kunst in Osteuropa** 337–341
Bibliographie 342–345